奥迪/大众车系数据流诊断宝典

郭俊辉 戴 斌 编著

机械工业出版社

内容简介

本书介绍了通过数据流快速获取电子控制单元（ECU）接收到的来自传感器和其他相关系统的输入信号、执行器的控制和状态信号以及向其他系统发出的通信信息的方法，并由此分析 ECU 的判断和控制过程信息，为售后维修人员全面了解车辆状态、快速定位故障部位提供了强有力的诊断工具。本书从奥迪/大众车系各种车型的数据流分析入手，结合具体故障案例进行讲解说明，并配有大量彩色插图，结合原理分析以及作者本人亲身经历过的维修案例，给广大维修人员提供有益的借鉴和帮助。本书可作为汽车发动机维修技术人员的参考资料，也可作为职业院校相关专业学生的学习参考用书。

图书在版编目（CIP）数据

奥迪/大众车系数据流诊断宝典/郭俊辉，戴斌编著. —北京：机械工业出版社，2021.1（2024.12 重印）
　ISBN 978-7-111-67372-9

　Ⅰ.①奥… Ⅱ.①郭… ②戴… Ⅲ.①汽车–电子系统–控制系统–故障诊断 Ⅳ.①U472.41

中国版本图书馆 CIP 数据核字（2021）第 017630 号

机械工业出版社（北京市百万庄大街 22 号　邮政编码 100037）
策划编辑：徐　霆　　　责任编辑：徐　霆
责任校对：张　征　　　封面设计：马精明
责任印制：张　博
北京建宏印刷有限公司印刷
2024 年 12 月第 1 版第 10 次印刷
184mm×260mm · 17 印张 · 458 千字
标准书号：ISBN 978-7-111-67372-9
定价：99.00 元

电话服务　　　　　　　　网络服务
客服电话：010-88361066　　机　工　官　网：www.cmpbook.com
　　　　　010-88379833　　机　工　官　博：weibo.com/cmp1952
　　　　　010-68326294　　金　书　网：www.golden-book.com
封底无防伪标均为盗版　　　机工教育服务网：www.cmpedu.com

序

本书的作者郭俊辉有在博世公司工作的经历。博世公司为奔驰、宝马、奥迪、大众和很多国产汽车提供发动机控制单元,并将发动机机械与电子结合起来,通过标定调整多种参数,以满足动力性、经济性、驾驶性能和排放等要求。较多重要的参数以数据流的形式通过诊断仪显示,包括控制单元采集到的传感器信号数据、如何对信号进行处理和计算、输出的控制命令(例如喷油脉宽、节气门开度、VVT调节角度等),为售后维修人员了解车辆状态、快速定位故障部位提供了强有力的诊断工具。

本书作者具有汽车发动机研发的深厚技术基础,对技术原理和故障案例能从底层逻辑进行正确分析、充分论证。作者又长期在一线处理疑难杂症,将维修的核心技术——数据流应用到实际维修中,解决了大量的问题。本书对奥迪/大众的每个数据项进行了详细的分析说明,相当于对发动机管理系统进行解释,并配以故障案例,加深维修人员对数据流的认识。本书遵从"授人以鱼,不如授人以渔"的宗旨,不是简单地罗列"从故障现象到更换什么配件解决",或者"由于更换什么配件后故障不再出现,因此说明这个配件有问题",而是从维修人员的角度进行原理说明,讲述如何按正确的流程进行故障诊断和分析,然后说明故障解决方案,让维修人员能举一反三。本书配以大量说明技术原理的彩色图片,给读者提供了非常清晰的解决问题的思路。

能将发动机原理讲解透彻、每个数据项的功能和作用详细分析、故障案例诊断推理流程合理准确的书很少。本书是一本难得的好书,希望广大读者能从中获益。

庄人隽
2020年2月于清华大学

前　言

随着人们对车辆的环保、舒适、动力、安全等方面的技术要求不断提高，汽车新技术不断涌现，系统和功能不断增多和复杂，单纯凭借维修故障码已很难准确快速地进行故障定位。而通过数据流，能快速获取电子控制单元（以下简称ECU）接收到的传感器和其他相关ECU的输入信息、ECU控制执行器控制信号和反馈以及向其他系统发出的请求信息，从中还能分析出ECU的判断过程信息。因此，熟练掌握数据流每个数据的物理含义，有助于准确把握整个控制的实际状态和分析，从而在汽车维修中能起到事半功倍的效果。

本书第一作者多年在一线从事实际维修工作。之后加入博世（BOSCH）公司任培训老师，并多次被博世公司派到德国总部接受专业培训。后到一汽-大众汽车公司任现场技术经理，一直参与现场的故障诊断、解决疑难杂症并编写相关技术指导建议。

本书对奥迪/大众车系的数据流进行分析，并结合故障案例进行说明，希望能起到抛砖引玉的作用，给广大维修人员提供有益的借鉴和帮助。

本书配有大量的彩色插图、较深入的原理分析以及亲身经历过的维修案例，既可作为职业院校发动机、汽车专业的辅助教材，也可作为汽车维修人员的参考书和自学成才的好帮手，同时还可为一线维修人员提供一定的技术指导。

本书由郭俊辉、戴斌共同编写，由庄人隽、王凯明、周敬肇、陈国宏等老师亲自指导，并得到了郭健源、邓伟、于爽、孟祥文、刘井奎、钟晓华等领导和同事们的大力支持，在此深表谢意。我们本着对读者负责和精益求精的精神，对本书所有的原理、数据、故障案例，参照原版资料进行了认真核对，力求防止和消除错误和猜测的成分。但由于水平有限、技术不断创新和修订，书中难免还会出现缺点或错误，敬请读者批评指正。同时借此机会，向使用本书的广大维修人员、大中专职业院校师生、技术研究人员，以及给予我们关心、鼓励和帮助的同行、专家及学者致以由衷的感谢！

编　者

2020年2月于广东佛山

目　录

序
前　言

第一章　数据流分析说明 ... 1

第一节　常用故障诊断、排除方法对比 ... 1
一、常用的故障诊断、排除方法 ... 1
二、本书的一些说明 ... 1

第二节　奥迪/大众常用诊断仪的使用 ... 2
一、奥迪/大众原厂诊断仪的发展 ... 2
二、奥迪/大众原厂早期诊断仪 VAS ... 3
三、奥迪/大众现在使用的诊断仪 ODIS ... 8
四、VCDS/5053 ... 8
五、故障案例 ... 9

第二章　奥迪/大众发动机管理系统 ... 10

第一节　汽油发动机技术的发展 ... 10

第二节　奥迪/大众发动机系列 ... 10
一、EA111/EA211 ... 10
二、EA113/EA888 ... 11

第三节　博世发动机管理系统 ... 12
一、ME-Motronic（采用电子节气门的 Motronic） ... 12
二、MED-Motronic（带缸内直喷的 Motronic） ... 12
三、燃烧模式 ... 16
四、工作模式 ... 17
五、MED 高压油泵 ... 22
六、高压喷油器 ... 24
七、故障案例 ... 25

第四节　西门子/大陆汽油喷射系统和点火系统的发展 ... 29

第三章　000~009组 基本功能　　32

第一节　001~003组 基本功能（一）　　32
　　一、数据流说明　　32
　　二、相关原理说明　　34
　　三、常见故障码　　47
　　四、故障案例　　47

第二节　004组 ECM 供电电压　　57
　　一、数据流说明　　57
　　二、相关原理说明　　57
　　三、常见故障码　　60
　　四、故障案例　　60

第三节　005~007组 基本功能（二）　　65
　　一、数据流说明　　65
　　二、相关原理说明　　66
　　三、故障案例　　67

第四节　008组 制动真空泵　　70
　　一、数据流说明　　70
　　二、相关原理说明　　70
　　三、故障案例　　73

第五节　009组 保养间隔　　73
　　一、数据流说明　　73
　　二、相关原理说明　　73
　　三、故障案例　　77

第四章　010~029组 点火和爆燃　　79

第一节　010~019组 点火控制组　　79
　　一、数据流说明　　79
　　二、失火的原理说明　　80
　　三、失火相关故障码　　82
　　四、故障案例　　83

第二节　020~029组 爆燃控制组　　86
　　一、数据流说明　　86

二、爆燃传感器相关故障码 ··· 88
　　三、故障案例 ··· 89

第五章　030~049、070~079、145~149组 空燃比和排放控制　95

第一节　030~043组 空燃比控制组 ·································· 95
　　一、数据流说明 ··· 95
　　二、相关原理说明 ·· 101
　　三、故障案例 ··· 109

第二节　046~049组 催化器效率组 ································ 112
　　一、数据流说明 ·· 112
　　二、TWC 相关原理说明 ·· 112
　　三、TWC 相关故障码 ··· 118
　　四、故障案例 ··· 118

第三节　070~073组 排放控制组 - 油箱蒸气通风系统 ········ 121
　　一、数据流说明 ·· 121
　　二、相关原理说明 ·· 121
　　三、EVAP 相关故障码 ·· 125
　　四、故障案例 ··· 125

第四节　074~076组 排放控制组 - 排气再循环（外部 EGR）····· 127
　　一、数据流说明 ·· 127
　　二、EGR 相关原理说明 ··· 128

第五节　077~078组 排放控制组 - 二次空气 ····················· 129
　　一、数据流说明 ·· 129
　　二、二次空气喷射相关原理说明 ·· 129

第六节　079组 排放控制组 - 排气翻板 ··························· 130
　　一、数据流说明 ·· 130
　　二、排气翻板相关原理说明 ·· 131

第七节　145~149组 增强型排放控制组 ··························· 131
　　一、数据流说明 ·· 131
　　二、主要数据流解释 ·· 132

第六章　050~069、137组 转速控制　133

第一节　050、057、137组 空调压缩机控制组 ·················· 133

一、数据流说明 ·· 133
　　二、相关原理说明 ·· 134
　　三、故障案例 ·· 136
　第二节　050~059 组 急速转速控制 ······························ 141
　　一、数据流说明 ·· 141
　　二、相关原理说明 ·· 143
　　三、故障案例 ·· 145
　第三节　060~069 组 电子节气门控制 ···························· 149
　　一、数据流说明 ·· 149
　　二、相关原理说明 ·· 155
　　三、相关故障码 ·· 158
　　四、故障案例 ·· 161

第七章　090~098、110~119、142~144 组 动力提升　　167

第一节　090~098 组 可变正时机构（VVT）组 ····················· 167
　　一、数据流说明 ·· 167
　　二、可变气门正时和可变气门升程相关原理说明 ················ 172
　　三、常见故障码 ·· 178
　　四、故障案例 ·· 181

第二节　095 组 可变进气管长度组 ······························ 192
　　一、数据流说明 ·· 192
　　二、可变进气管长度相关原理说明 ···························· 193
　　三、故障案例 ·· 196

第三节　110~119 组 涡轮增压组 ································ 197
　　一、数据流说明 ·· 197
　　二、涡轮增压器相关原理说明 ································ 201
　　三、涡轮增压器相关故障码 ·································· 204
　　四、故障案例 ·· 204

第四节　142~144 组 进气翻板控制 ······························ 207
　　一、数据流说明 ·· 207
　　二、进气翻板相关原理说明 ·································· 208
　　三、故障案例 ·· 208

第八章　101~107、140~141组 燃油喷射　　212

第一节　101~107组 燃油喷射组　　212
第二节　106/140~141组 高压油泵组　　213
　　一、数据流说明　　213
　　二、高压油泵相关故障码　　216
　　三、故障案例　　217

第九章　130~139组 冷却系　　227

第一节　130~132组 电子节温器控制组　　227
　　一、数据流说明　　227
　　二、相关原理说明　　230
第二节　106/133~139组 电子扇控制组　　233
　　一、数据流说明　　233
　　二、相关原理说明　　236
　　三、故障案例　　238

第十章　089、099~100、120~129、170~171组 其他功能　　242

第一节　089组 状态代码组　　242
　　一、数据流说明　　242
　　二、故障案例　　242
第二节　099~100组 旧系统兼容组　　246
　　一、数据流说明　　246
　　二、相关原理说明　　247
第三节　120~129组 控制单元通信组　　248
　　一、数据流说明　　248
　　二、相关原理说明　　249
　　三、故障案例　　252
第四节　170~171组 起动机控制组　　256
　　一、数据流说明　　256
　　二、起停系统相关原理说明　　257
　　三、故障案例　　258

第一章

数据流分析说明

第一节 常用故障诊断、排除方法对比

一、常用的故障诊断、排除方法

常用的故障诊断方式有通过诊断仪读取电子控制单元（ECU）的数据流、故障码，利用示波器读取波形，利用万用表、缸压表、真空表等进行测量，采用换件方法等。用诊断仪对车辆进行诊断，能获取 ECU 接收到的传感器信号、执行器信号、其他 ECU 的相关信息，以及 ECU 判断分析过程。如果熟练掌握数据流分析，能快速诊断故障、降低维修成本、提高一次修复率和客户满意度。

二、本书的一些说明

1.缩略语

ATDC：上止点后
B1：气缸列 1
B1S1：气缸列 1 传感器 1
BTDC：上止点前
CW 或 KW：曲轴转角，以度（°）为单位
ECU：电子控制单元
ECM/PCM：发动机控制单元
EGR：排气再循环
EPC：电子节气门
EVAP：油箱蒸气通风系统
GPF：微粒过滤器

HFM：热膜式空气流量计
LSF：普通（平板式）/二态氧传感器
LSU：宽域氧传感器
MAP/DS-S：进气歧管压力传感器
MPI：进气歧管多点喷射
PCV：曲轴箱通风
TSI：带涡轮增压的缸内直喷
TWC：三元催化器
VVT：可变气门正时机构
λ：空燃比调节

2.数据流中状态位的定义

按计算机/数据流标准的定义，状态位（bit0）应是最右位为第 0 位，然后向左计数。但本书根据习惯用法，将第一位定为在最左侧，如图 1-1 所示。

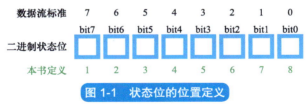

图 1-1 状态位的位置定义

第二节
奥迪/大众常用诊断仪的使用

奥迪/大众原厂诊断仪经过几次升级，现都采用 ODIS，特别是 MQB 平台车辆，仅能用 ODIS 进行诊断。另一个售后常用的诊断仪是 VCDS，又名 5053 诊断仪。它有些功能甚至比原厂诊断仪还要强大，因而广受维修人员的喜爱。

一、奥迪/大众原厂诊断仪的发展

VAG 已淘汰，现在一般使用 VAS 和 ODIS。其发展历程如图 1-2 所示。现简要介绍 VAS 和 ODIS 的使用方法。

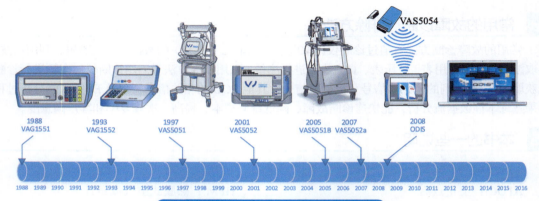

图 1-2　奥迪/大众原厂诊断仪的发展历程

奥迪/大众诊断接口符合 SAE-J1962、ISO 15031-3 和 GB 18352—2016 要求，一般位置于驾驶员侧仪表板下方，如图 1-3 所示。

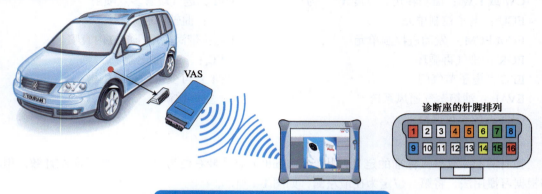

图 1-3　奥迪/大众 16 针诊断座的针脚定义

大众常用的诊断协议包括 KW1281，使用 K 和 CAN 的 KWP2000，以及全新的 UDS。其诊断座针脚定义见表 1-1。

数据流分析说明 第一章

表1-1 奥迪/大众诊断座针脚定义以及使用万用表/示波器测量的结果

针脚	OBD 定义	奥迪 / 大众定义	万用表测量	示波器波形
1	（未定义）	KL15（连接点火开关）	>+12V	>+12V
2	SAE J1850-P	（未使用）		
3	（未定义）	（未使用）		
4	车身接地	KL31 车身接地	接地	接地
5	信号接地	KL31 车身接地	接地	接地
6	高速 CAN_H	高速 CAN_H	≈2.6~2.7V	2.5~3.5V 方波
7	ISO 9141-2_K	K 线（KW1281、KWP2000）	≈10V（仅旧款车）	0~12V 方波
8	（未定义）	低速 CAN_H（预留）		
9	（未定义）	低速 CAN_L（预留）		
10	SAE J1850-N	（未使用）		
11~13	（未定义）	（未使用）		
14	高速 CAN_L	高速 CAN_L	≈2.1~2.3V	2.5~1.5V 方波
15	ISO 9141-2_L	L	≈10V（仅旧款车）	0~12V 方波
16	蓄电池电源	KL30（连接蓄电池正极）	>+12V	>+12V

KW1281 是奥迪 / 大众最初使用的诊断协议，基本上已淘汰了。KWP2000 是较新的诊断协议，一般在 2002 年后所有的车型使用，但在 2007 年被淘汰。UDS 全称叫"全球统一车载电脑（ECU）自诊断服务"。UDS 协议，也就是 ISO 14229 协议，既可以用于 CAN 总线，也可以用于 K 线。

二 奥迪/大众原厂早期诊断仪VAS

VAS 最高版本为 V19，以后奥迪 / 大众就不提供升级了。限于篇幅原因，本书仅对它的常用功能和维修站容易忽略的问题进行说明，其余的请参考相关说明书。

1.进入诊断功能

开机后，选"车辆自诊断"→"车载诊断（OBD）"→"读取网关安装列表"，如图 1-4 所示。

图 1-4　VAS 选择车辆信息

现在的车型基本上所有控制都通过网关与诊断仪相连接，如图 1-5 所示。

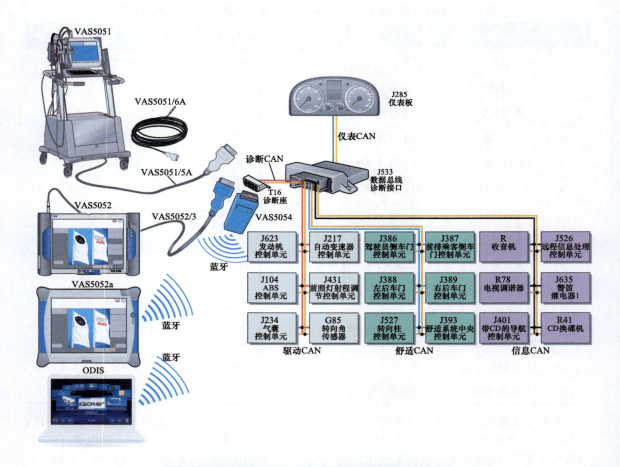

图 1-5 通过数据总线诊断接口来进行诊断通信（举例）

选择"车载诊断（OBD）"后，再选择"1000- 读取网关安装列表"，进入图 1-6 所示屏幕。

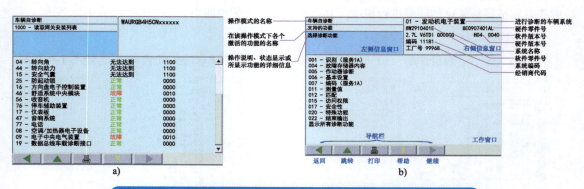

图 1-6 "读取网关安装列表"视屏和"选择诊断功能"视屏项目定义

该功能将从 J533 数据总线车载诊断接口读取所有控制单元的列表及其状态。视屏第三列为控制单元的状态，其含义见表 1-2。其中，x 表示显示 0 或 1。

数据流分析说明 第一章

表1-2 网关控制单元中的故障状态

状态值	故障状态	含 义
0000	正常	该控制单元与诊断仪通信正常,并且没有记忆故障码
1000	正常	由于偶发的通信故障,网关控制单元中已记忆故障码
11xx	无法达到	该控制单元已经登录到网关上了(已编码),诊断仪无法与它进行通信
x010	故障	此控制单元已记忆故障码,可选择该控制单元并读出故障内容
x0x1	未响应	诊断仪检测到该控制单元已经装在车上并可以进行数据通信,但该控制单元在J533数据总线诊断接口未登录(未编码)

在"读取网关安装列表"视屏中选择了一个车辆系统并通过诊断总线成功地实现了通信,则会显示图1-6b所示视屏。

在维修时,要注意"软件版本号",因为奥迪/大众经常通过售后软件升级,解决标定时未发现的一些小问题(或称为"瑕疵")。这些小问题通常是除升级或更换新版本的控制单元外都无法解决的。

2. 001-识别(服务1A)和002 - 识别(服务22)

采用KWP2000诊断协议的控制单元,在地址码001;如果车辆系统支持全新的UDS,在地址码002,如图1-7所示。

a) 采用KW1281和KWP2000　　　b) 采用UDS

图1-7 VAS的识别服务视屏

3. 004-故障存储器内容

"004 - 故障存储器内容"可提供图1-8所示的功能。

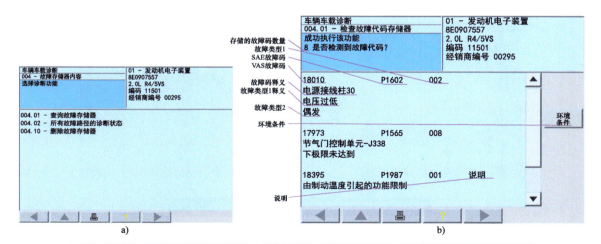

图1-8 故障存储器内容的视屏和"查询故障存储器"视屏并带按钮"环境条件"的示例

"004.01 - 查询故障存储器"的功能：诊断仪查询该车辆系统的故障存储器，并显示图1-8b所示的内容。

相关内容解释如下：

1）VAS故障码：由大众集团定义的故障码，由5位数组成。

2）SAE故障码：VAS故障码后可能附加一个符合SAE标准的故障码。如果此处为空，可能是没有对应的SAE故障码。

3）故障类型1：由3位数据组成，进一步说明故障症状。

4）故障类型2：描述了故障出现的方式，例如"静态"或"偶发"。如果没有说明，则故障类型为"静态"。

这是故障不是由本系统内部产生，并且故障优先级在6或以上时才提示。

5）环境条件：如果存储故障的同时还存储了环境条件，则会一并显示。环境条件给出有关故障的进一步说明。显示数据的范围和结构取决于控制单元的组成状态。如果先选择一个故障然后按下"环境条件"按钮，则只显示所选故障以及相应的环境条件。

6）标准数值：包含以下环境条件（图1-9）：

① 日期和时间：车辆系统确认发生故障并记忆故障码当时的日期和时间。如果车辆系统判断日期/时间不可信，或不能从仪表中取得日期/时间，则以红色字体显示。

② 里程表读取：车辆系统确认发生故障并记忆故障码，当时从仪表板中的里程表读取行驶里程。

③ 优先权：车辆系统按故障的影响严重程度，依次从重到轻划分为1~15级，实际上常到用0~8级，见表1-3。

④ 故障频率计数器：表示在整个运转循环周期内，故障发生的次数。例如该值为11，表示从记忆故障码后相同的故障共发生了11次。该计数器的计数范围在0~54之间，每发生一次相同的故障计数器就加1。

⑤ 未学习计数器/驱动循环：故障码复位（控制单元自动将故障码清除）计数器。它是预先定义给每个故障码的一个数值，它表示发生故障并记忆故障码后，如果总共经过运转循环的次数达到这个数值都没有发生故障，车辆系统自己将此故障码清除。例如该值为40，如果经过一个运转循环后没有发生相同的故障，则此故障就将标记为"偶发"，该值为39。

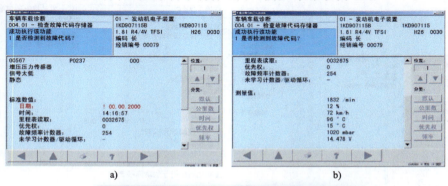

图1-9 "查询故障存储器"视屏，显示环境条件

7）测量值：扩展的环境条件。它包括第一次发生故障时的发动机转速、负荷、车速、冷却液温度（俗称"水温"）、外界温度、大气压力、蓄电池电压等8个数据。

数据流分析说明 第一章

表1-3　故障码环境条件中的优先权说明

优先权	含义	故障严重程度
0	生产商未定义	
1	这种故障对车辆的可用性具有重大影响，必须立即停车	严重
2	这种故障要求将车立即开到服务站进行检修	
3	这种故障并不要求马上去服务站，但可能带有保养期限提示	
4	这种故障需要采取规定行动。在某些情况下，车辆的可用性受限（例如静态电流增大）	
5	这种故障对车辆的可用性无影响，或与售后服务无关	最不重要
6	这种故障对车辆的可用性具有长期的影响且与售后服务有关（例如油/液的液面高度、磨损、老化）	仅提示，不是故障
7	这种故障对舒适功能有影响，但不会影响车辆的可用性，且与售后服务无关	
8	一般说明	

4. 005-作动器诊断

当选择功能"005 - 作动器诊断"，则诊断仪将激活第一个作动器。左侧信息窗口中会显示以下提示说明："正在等待测试作动器，要求继续切换"。当按下按键"继续"后，显示窗口的下方便会显示相应作动器的测量值，左侧信息窗口中则显示"作动器测试正在运行，允许继续切换"，如图1-10所示。

图1-10　视屏"作动器诊断"和采用KWP2000的控制单元"基本设置"视屏

在有些情况下，此过程可通过视觉（例如控制灯点亮）或听觉（例如控制继电器工作）判断是否正常工作，也可从车辆自诊断切换至测量技术，使用例如万用表或示波器等仪器检查被激活的作动器是否正常工作。按"继续"按钮便可调出并显示下一个作动器，按"返回"按钮将中断作动器的诊断。

5. 006-基本设置

选择菜单选项"006 - 基本设置"后，输入所需的显示组，点击屏幕键盘上的按键"Q"确认输入。在视屏（图1-10b）"基本设置"中按"激活"键便可在各自的屏幕区域内显示基本设置中的测量值和非基本设置中的测量值。

7

其余功能不再赘述。

三 奥迪/大众现在使用的诊断仪ODIS

　　ODIS（Offboard Diagnostic Information System）是非车载（离线）诊断信息系统的英文缩写，其特点是诊断程序不再存储在车辆上的控制单元内，而是存储在诊断仪当中，这样可以降低控制单元的采购成本。ODIS 与 VAS 的使用界面有较大的区别。ODIS 进入诊断后自动识别所有控制单元，控制单元有联网图（图 1-11）、控制单元列表、安装列表三种显示方式。红色是有故障，黑色是正常，灰色是该车没有配备或者无法进入。

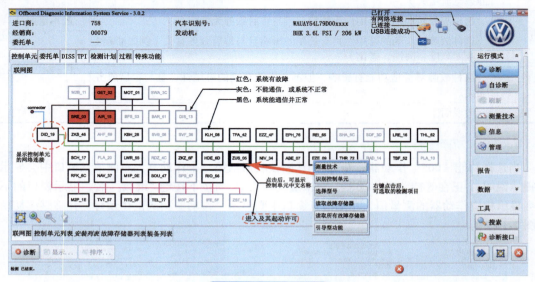

图 1-11 ODIS 联网图

四 VCDS/5053

　　由美国 Ross-Tech 公司出品的 VCDS，早期称为 VAG-COM，国内也有人称为 5053 诊断仪，其功能及特点如下：

　　1）数据流的长期记录功能。它有两个用途：可对车辆进行独立维修、数据长时间连续记录功能。

　　2）数据流的波形曲线模式。VCDS 可以将数据流转换为波形曲线模式，观察起来非常方便，如图 1-12 所示。

　　3）MOST 光纤诊断功能。通过一级 MOST 测试，可以直接找到 MOST 网络上某个控制单元的问题。

　　4）SRI 保养归零一键复位功能。该功能可非常便捷地一键完成保养时间及保养里程间隔设置。

　　5）控制单元通道号扫描记录保存功能。VCDS 具备扫描控制单元通道号并保存成 EXCEL 表格的功能。

　　6）编码/通道号更改过程记录功能。VCDS 进行编码和通道号更换时，自身带有自动过程记录功能。

　　7）安全访问/登录码自动提醒功能。VCDS 对很多控制模块都有显示登录码功能。

8）编码帮助功能。VCDS 对控制单元的很多编码都加有非常详细的编码注解，方便调试出想要的功能。

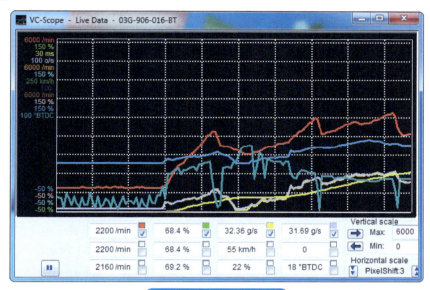

图 1-12　VCDS 波形曲线

9）数据流的高级功能。VCDS 会将控制单元的数据流单独设置到高级功能的列表中。

10）车辆加速度测试功能。可使用 VCDS 对车辆进行加速度测量、维修后加速度数据对比，数据非常直观。

五　故障案例

故障现象：诊断与所有控制单元无法通信。

故障诊断过程：

1）查看 5054 接头指示灯的状态。正常状态应是：连接上诊断座后，指示灯长亮；数据传输过程，指示灯闪亮。

2）打开点火开关，用万用表或示波器测量诊断座的电压或波形，其结果应与表 1-4 所列一致。

3）如果电压正常，仍不能连接，可能是诊断仪故障；如果电压不正常，应检查诊断座的电源线和地线，必要时尝试更换网关。

表1-4　用万用表或示波器测量诊断座

针脚编号	奥迪大众定义	说明	万用表测量	示波器测量
1	KL15	连接点火开关电源	>+12V	>+12V
4	KL31 车身接地		接地	接地
5	KL31 车身接地		接地	接地
6	高速 CAN_H	速度 500kbit/s	≈2.6~2.7V	2.5~3.5V 方波
7	K 线	使用 KW1281、KWP2000 协议	≈10V（仅旧款车）	0~12V 方波
14	高速 CAN_L	速度 500kbit/s	≈2.1~2.3V	2.5~1.5V 方波
15	L	使用 KW1281、KWP2000 协议	≈10V（仅旧款车）	0~12V 方波
16	KL30	连接蓄电池电源	>+12V	>+12V

第二章 奥迪/大众发动机管理系统

第一节 汽油发动机技术的发展

发动机开发的主要目标是降低排放、减少油耗、增大动力和更具驾驶乐趣。但随着各国制定更严格的排放标准,必须采用新的技术才能满足要求。相关技术如图2-1所示。

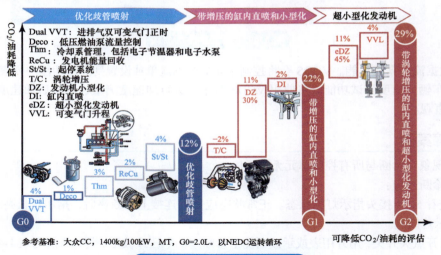

图2-1 汽油发动机技术的发展

第二节 奥迪/大众发动机系列

在国内,常见的奥迪/大众发动机系列是EA111/EA211和EA113/EA888。

一、EA111/EA211

1970年,EA111发动机上市。其特点是直列三缸/四缸、顶置凸轮轴横流缸盖,正时带驱动,如图 2-2a 所示。

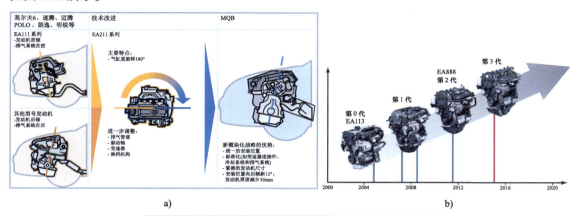

图 2-2 EA111/EA211 和 EA113/EA888 发动机发展历程

二 EA113/EA888

1993 年 EA113 上市，在国内已被 EA888 取代。EA113/EA888 系列发动机发展历程如图 2-2b 所示。

其主要特点是：

第 0 代：2007 年 1 月到 2007 年 7 月，EA888 试产，仅 1.8TSI 一款发动机。

第 1 代：分 1.8L 和 2.0L 两款发动机，按需调节的燃油系统，正时链驱动凸轮轴，进气侧 VVT，以及改进曲轴箱通风。

第 2 代：按需调节的机油供给，奥迪系列的排气侧有可变气门升程 AVS；新增制动真空泵，采用第三代日立高压泵、HFM6 空气流量计。

第 3 代：缸盖内集成排气歧管 IAGK；创新温度管理（ITM）采用调节元件来调节发动机温度；采用带电动排气旁通阀的涡轮增压；MPI 和 FSI 双喷射系统，达到节能减排的目的（图 2-3）。

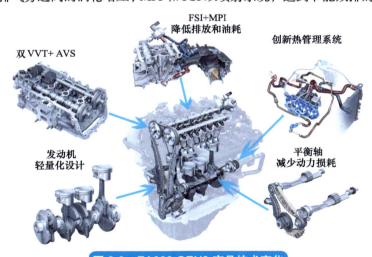

图 2-3 EA888 GEN3 产品技术变化

第 3B 代：新式 TFSI；奥迪系列的进气侧有气门升程；替换 1.8L 发动机。

奥迪／大众的发动机管理系统有两家供应商：博世（Bosch）和大陆（Continental），其中博世占的比例最大。早期的西门子（Siemens）汽车部向奥迪／大众提供发动机管理系统，后来与同做汽车零部件的威迪欧（VDO）合并成为 Siemens-VDO 公司，现在加入大陆公司，并以大陆（Continental）品牌向奥迪大众供应发动机管理系统。以下分别介绍。

第三节 博世发动机管理系统

博世（Bosch）早期曾向奥迪／大众提供点火和喷油控制分开的 Jetronic、机械喷射 K/Ketronic、拉索式节气门的 Motronic，这些产品基本淘汰了，现在主要采用 ME 或 MED 系统。

一　ME-Motronic（采用电子节气门的Motronic）

装车时间：1989 年—现在。

ME-Motronic 系统采用了电子节气门（Electronic Throttle Control，简称 ETC 或 E-Gas），使得发动机的进气量不直接由加速踏板来控制，而是由电控单元采集分析诸多信号后通过控制节气门开度来精确确定。系统原理图如图 2-4 所示。

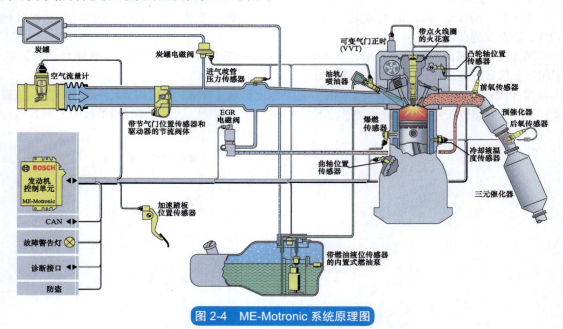

图 2-4　ME-Motronic 系统原理图

二　MED-Motronic（带缸内直喷的Motronic）

装车时间：1999 年—现在。

MED 是以 ME 为基础，将汽油直接喷射入燃烧室中，它分为 MED7、MED9 和 MED17 三种版本。发展路线图如图 2-5 所示。

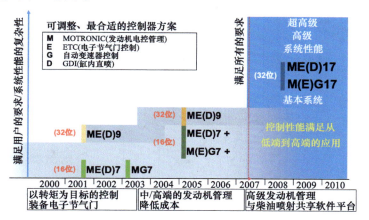

图 2-5　博世发动机管理系统发展路线图

1. MED9

代表车型：进口迈腾 3.2。

MED9 是第一个配置按需调节燃油系统的直接喷油系统。油箱（低压侧）中的电动燃油泵以及高压泵（高压侧），按需要输送燃油。系统原理图如图 2-6 所示。

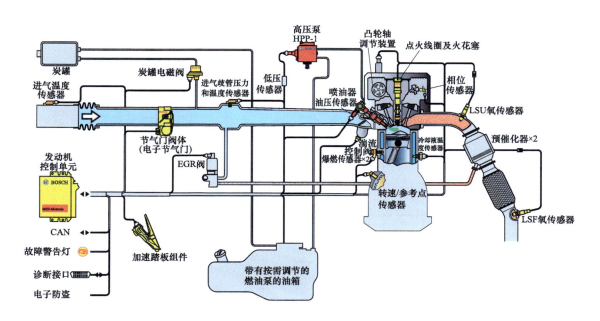

图 2-6　MED9 系统原理示意图

根据年份不同，MED9 有两种版本，如图 2-7 所示。

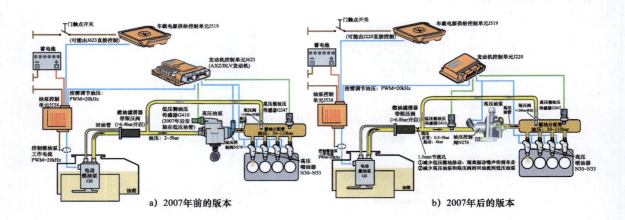

图 2-7 MED9 供油系统示意图

2. MED17.5

代表车型：装备第 1 和第 2 代 EA888 发动机迈腾/速腾 1.8TSI、迈腾/高尔夫 2.0TSI。MED17.5 的系统原理图如图 2-8 所示。

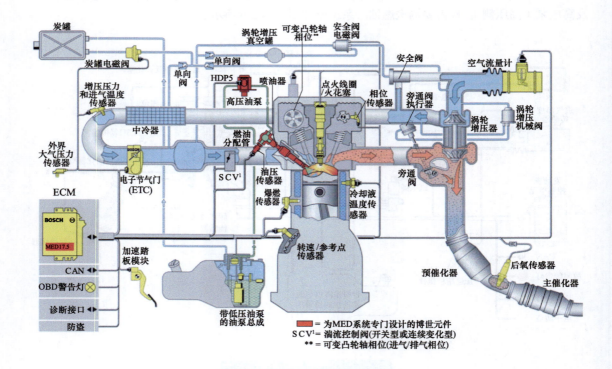

图 2-8 MED17.5 系统原理图

供油控制系统如图 2-9 所示。左前门是经 CAN 送到发动机控制器，打开驾驶员车门时将信号输送到油泵控制单元上。

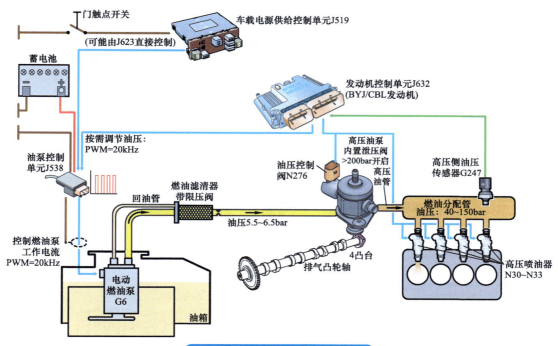

图 2-9　MED17.5 供油系统示意图

3. MED17.5.20

代表车型：采用 EA111 发动机的速腾 / 高尔夫 1.4TSI。

MED17.5.20 供油系统如图 2-10 所示。

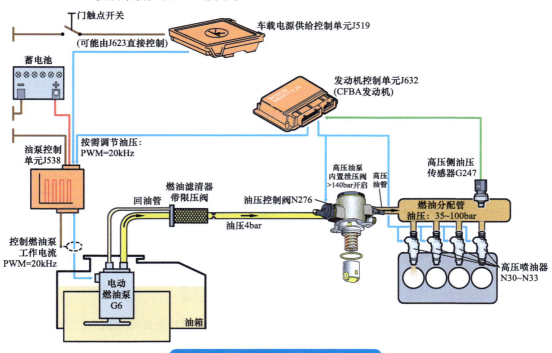

图 2-10　MED17.5.20 供油系统示意图

4. MED17.5.21/MED17.5.25

代表车型：采用 EA211/1.4TSI 发动机的高尔夫 A7、速腾、朗逸，以及奥迪 A1 等。

特点是高压燃油系统中，急速工况的高压油压都为高压，如图 2-11 所示。高压能够使所喷出燃油有更好的雾化，以形成更佳的混合气，降低废气排放和减少炭黑。此外，喷油器的喷射形态经过优化，以确保喷射燃油时不接触到燃烧室中的任何组件。

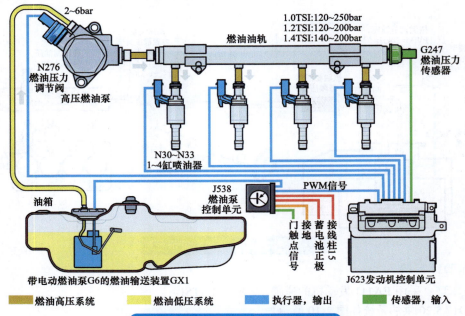

图 2-11　MED17.5.25 供油系统示意图

三　燃烧模式

燃烧模式是指空气和燃油混合并在燃烧室中将能量转换的方法。根据喷油器在燃烧室的位置和燃烧模式，可分为以下 3 类（图 2-12）：

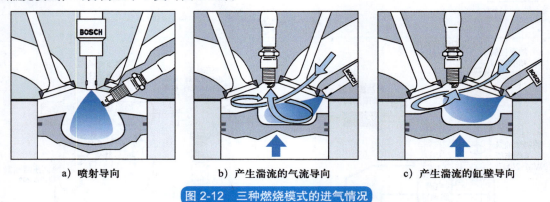

图 2-12　三种燃烧模式的进气情况

1）喷射导向（中置）：喷油器离火花塞很近，高压燃油喷射后立即雾化混合，并在精确时间点火燃烧。

2）气流导向（侧置）：产生由上向下的柱形或湍流的气流，并由一个明显偏置的活塞凹槽导向火花塞。

3）缸壁导向（侧置）：新鲜空气进入燃烧室时沿气缸壁产生水平旋转的紊流，也称为"湍流燃烧模式"。

四 工作模式

MED 有多种工作模式，发动机管理系统根据不同的工况采用最恰当的模式。MED 常见的 9 种模式见表 2-1。

表2-1　MED工作模式

工作模式	简称	λ	EGR	喷油次数	工况
分层 - 起动模式			×	1	（起动过程）
分层模式	SCH	1.6~3	√	1	C
均质加热三元催化器模式	HSP	1	×	2	（起动后）
分层加热催化器模式	SKH	1	×	2	C
均质模式	HOM	1	×	1	ABCDE
		1	√	1	BCD
均质稀燃模式	HMM	1.55	√	1	BCD
均质分层模式	HOS		×	2	D
均质防爆燃模式	HKS		×	2	E

表 2-1 中的工况，如图 2-13 所示。

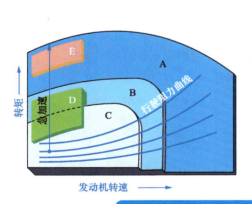

图 2-13　MED 工作模式特性曲线和喷油点火正时关系图

现对这些工作模式进行说明。

1.分层模式

空燃混合气通过缸壁导向形成的湍流导向火花塞附近燃烧。为减少节气损失，节气门打开至尽可能大的位置，如图 2-14 所示。湍流控制阀关闭进气歧管下半部，进气气流在进气歧管上半部的流速加速并形成湍流进入气缸。

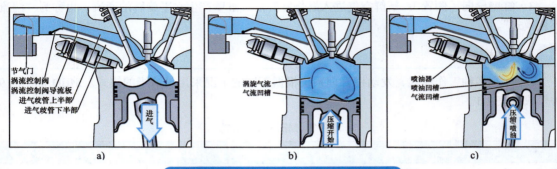

图 2-14　分层模式的进气、压缩、喷油行程

燃油喷入燃油凹槽的方向。喷射的形状按空燃混合气的扩散要求而设计，如图 2-15 所示。

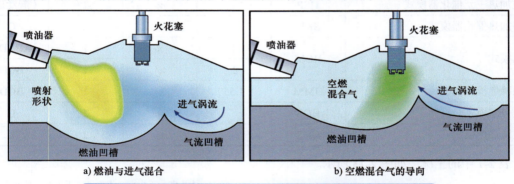

图 2-15　分层模式压缩行程的燃油与进气混合、空燃混合气的导向

空燃混合气通过三种方法送至火花塞附近：经燃油凹槽的特别设计形状、由活塞的向上推力、在进气涡流运动辅助。

1）混合气形成过程。在分层充气模式的工况，在燃烧室中央围绕火花塞形成高可燃混合气。它由稳定的新鲜空气和 EGR 包围在外层，如图 2-16 所示。全燃烧室总的 $\lambda = 1.6 \sim 3$。

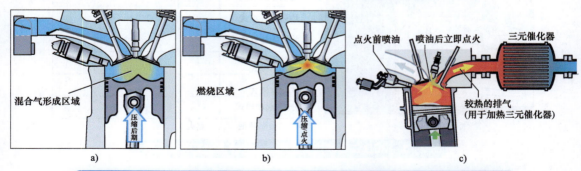

图 2-16　分层模式压缩行程后期、点火燃烧过程以及均质分层加热三元催化器原理

2）点火燃烧。当空燃混合气刚位于火花塞区域时，开始点火过程，如图 2-16b 所示。

2. 均质加热三元催化器模式（两次喷射）

均质加热三元催化器模式是均质分层模式的特例。它主要工作在起动后阶段，尽可能让三元催化器快速达到工作温度，并降低行驶噪声、减少排放和油耗，如图2-16c所示。

1）第一次喷油。在进气行程中，开始第一次喷油，这有助于实现空气和燃油混合的均衡分布。

2）第二次喷油。在压缩行程中，开始第二次喷油，但油量较少。此时对发动机有稳定作用，可将点火角极大地延迟到TDC后15°~30°。这部分混合气体燃烧很迟才进行燃烧，它不会增加转矩，但可使废气温度增加。炽热的废气加热了三元催化器，使它更快地达到最佳的工作温度，如图2-17所示。

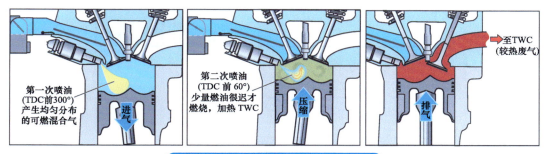

图2-17 均质分层加热三元催化器模式

3. 均质稀燃模式

它的工作范围在分层模式和均质模式过渡工况的特性曲线中。稀薄均质的混合气充满整个燃烧室。此时 $\lambda \approx 1.55$，与分层模式相似。

1）进气。与分层模式类似，节气门尽可能打开，减少节气损失；湍流控制阀关闭，在气缸内产生强烈的湍流，如图2-18a所示。

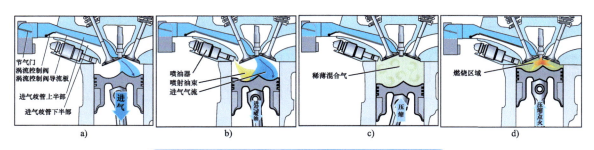

图2-18 均质稀燃模式的进气、喷油、压缩、点火行程

2）喷油。在进气行程，汽油在点火TDC前300°（进气TDC后60°）直接喷射入气缸。喷油量由发动机控制单元控制，使 $\lambda \approx 1.55$。

3）压缩。由于喷油时间提前，有更多时间生成点火混合气，在燃烧室内形成均质的混合气。

4）点火燃烧。由于采用均质充气模式，燃烧室充满均质的混合气，点火提前角可选择的余地较大。燃烧过程发生在整个燃烧室。

4. 均质分层模式

在均匀分层模式下，整个燃烧室充满了均匀且稀薄的可燃混合气。在压缩行程时进行二次喷射（两次喷射），这样可在火花塞周围形成较浓混合气。这种分层喷射的可燃混合气很容易点燃，火焰传播并点燃燃烧室其他部位的均匀稀薄混合气。

5. 均质模式

发动机在均质充气模式的工作与歧管喷射方式很相似。本质区别在于缸内直喷发动机将汽油直接喷射入气缸内。

发动机转矩由点火提前角（瞬时修正）和进气量（长期修正）确定。喷油量按 $\lambda=1$ 确定。分层模式与均质模式的切换工况，如图2-19所示。

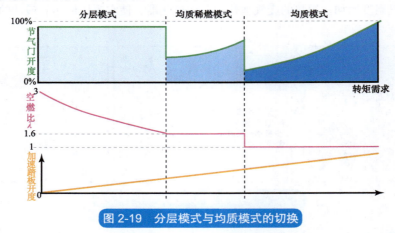

图2-19 分层模式与均质模式的切换

1）进气。中低负荷和转速时，湍流控制阀关闭。湍流控制阀根据不同工况确定打开还是关闭。随着负荷和转速的增加，湍流阀打开（图2-20）。

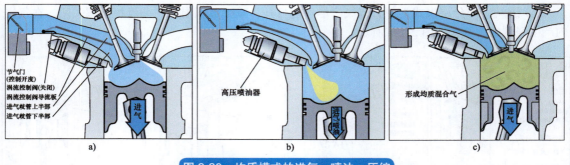

图2-20 均质模式的进气、喷油、压缩

2）喷油。在进气行程，高压汽油（最高可达100~150bar，根据系统的不同）直接喷射入气缸，如图2-20b所示。

3）混合气形成。由于喷油在进气行程进行，所以有足够的时间形成均质混合气，燃烧室内 $\lambda=1$。

4）混压缩行程终了的点火燃烧。在均质模式，点火提前角是影响发动机转矩、油耗和排放的主要因素，如图2-21所示。

6. 均质防爆燃模式（两次喷射）

对缸内直喷发动机来说，当转速低于3000r/min而节气门全开时，燃油与空气的混合不均匀，为防止爆燃而将点火角延迟。当采用两次喷油（图2-22），就可防止这种情况发生，并可将转矩增加1~3N·m。

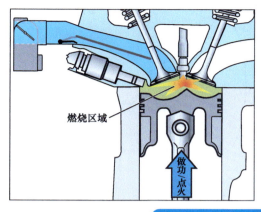 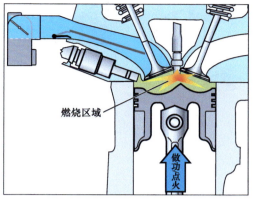

图 2-21　均质模式中的点火和做功行程

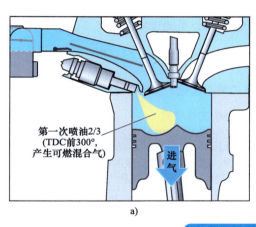 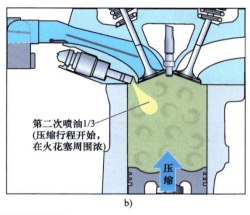

a)　　　　　　　　　　　　　　　　b)

图 2-22　均质防爆燃模式

1）第一次喷油。在进气行程中，当曲轴转度为上止点前约 300° 时，开始第一次喷油，喷油量约为 2/3。

2）第二次喷油。在压缩行程开始时喷油，在气缸壁上就积聚了较少的燃油。燃油几乎完全蒸发并且改善了混合气的分布。而且，与燃烧室的其他区域相比，火花塞区域的混合比较浓。这样就改善了燃烧并且降低了爆燃的风险。

7. 分层加热催化器模式（两次喷射）

采用此模式，可快速加热三元催化器。在分层模式下，燃烧室存在过量的空气，在压缩行程进行第一次喷射（与分层模式相同）。在做功行程进行第二次喷射，由于这部分燃油燃烧开始时刻非常迟，导致排气行程中继续燃烧的高温混合气进入排气管。此模式一般不用于发动机冷机时加热三元催化器，因为均质加热三元催化器模式的效果更好。

8. 再生模式

再生模式是指将 NO_x 存储催化器中的 NO_x 和 S（硫）释放，并转换为 N_2 和 SO_2。

1）NO_x 再生。在分层模式中，NO_x 储存催化器最多能存储 90s NO_x，然后启动持续约 2s 的再生过程，如图 2-23a 所示。

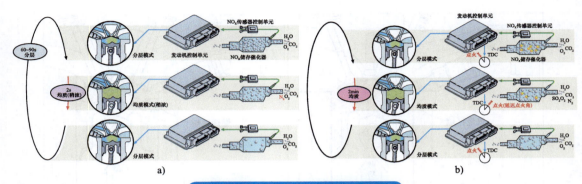

图 2-23 NOx 再生和 S（硫）再生过程

2）S（硫）的再生

当 NOx 储存催化器的饱和时间不断缩短，表示燃油含有较多的 S。NOx 控制单元将此信息发送给发动机控制单元，NOx 储存催化器的空间已充满了 S，不能再储存 NOx 了，此时进入硫的再生过程，如图 2-23b 所示。

9. 奥迪/大众对工作模式的优化

奥迪/大众根据自身发动机的特点，对工作模式做了优化，见表 2-2。

表2-2　奥迪/大众车型的工作模式

工况		喷射次数	策略
起动	水温 <18℃	3	单次喷射时间较少，燃油喷入燃烧室的距离缩短，降低燃油接触到燃烧室内组件的可能，形成更佳的混合气，达到快速起动
	水温 >18℃	2	
暖机过程加热催化器		2~3	在多次喷射加热催化器时，能快速加热催化器。第一次喷射时，进气循环中喷出总燃油量的绝大部分。这样可使燃油和空气实现均匀的混合。多次喷射使得发动机在延迟点火的情况下运行更平稳。得益于延迟燃烧，可达到更高的废气温度，且更多的仍可燃烧的可燃混合气经过催化器，加热的速度更快，可减少废气排放、降低油耗
急速		1	
部分负荷到全负荷		1~3	多次喷射有利于形成更均匀的混合气。第一次喷射发生在进气行程中的上止点之前。根据发动机运行情况，喷出总燃油量的 50%~80%。剩余的燃油量在第二次（或可能在第三次）喷出，所以沉积在气缸壁上的燃油更少。燃油几乎完全蒸发，改善了混合气的形成特性。此外，在火花塞区域形成的混合气比燃烧室其他区域形成的混合气稍浓一些。由此改善了燃烧性能，减少了爆燃现象的发生

五　MED高压油泵

高压油泵的作用是将低压（有可能是 2~6bar，与系统有关）加压到高压（35~150bar，与系统和工况有关）、尽量减少油轨压力波动、防止燃油和机油混合。根据系统的不同，已发展了三代高压油泵。

1. 第一代高压泵

与 MED 匹配：主要装备在后期的 MED7 系统中。工作原理如图 2-24 所示。

当达到所需的燃油压力，则燃油压力调节阀通电，阀针完成电磁操作。它将打通与燃油进口相连的路径。在泵腔内的高压下降，而排气阀关闭。减压器用来在调节阀打开时快速降低峰压，并避免在低压燃油系统中压力脉冲化。

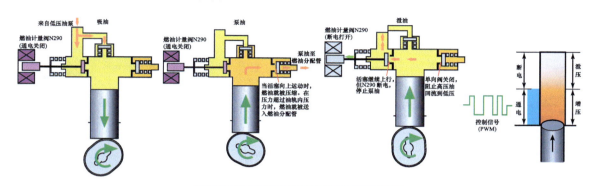

图 2-24　第一代高压泵工作原理示意图

2. 第二代高压泵

与 MED 匹配：主要装备在早期的 MED9 系统中，大众称为"第一代日立泵"。

当发动机控制器向燃油压力调节阀 N276 加载电压时，进气阀才闭上，燃油压力上升。其工作原理如图 2-25 所示。

维修操作提示：在这种泵结构形式中，为了在燃油高压系统上工作，可以在电动机运转的情况下，将燃油压力调节阀上的插接件拔掉。高压泵再也不能生成压力，在几秒内，燃料压力就下降。还有一个降压可能性，就是激活自我诊断，基本调节，显示组 140。但是，维修人员需要立刻开始工作，否则热量堵在一起，燃油又要生成压力。

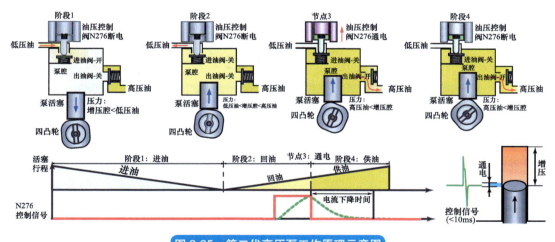

图 2-25　第二代高压泵工作原理示意图

3. 第三代高压泵（博世泵）

与 MED 匹配：主要装备在 MED17 系统中。

它的特点是，在无控制（如果拔掉燃料压力调节阀上插接件，燃油压力上升）情况下的满负荷输送。

在泵油行程，当回油结束后，燃油压力调节阀不再通电。弹簧力将阀门关闭，输送开始。燃油高压达 50~100bar。其工作原理如图 2-26 所示。

维修中需注意：在这个变种系统中，不要试图将燃油压力调节阀上的插接件拔下使燃油压力降下来，此时油压不降反而会上升到 140bar。只有通过自诊断功能才能将高压油降压。

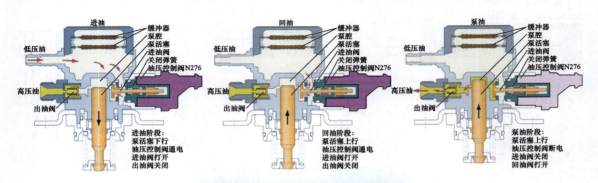

图 2-26　第三代高压泵工作原理示意图

4. 日立高压泵

常见的日立高压泵有两款：第一代和第三代，如图 2-27 所示。

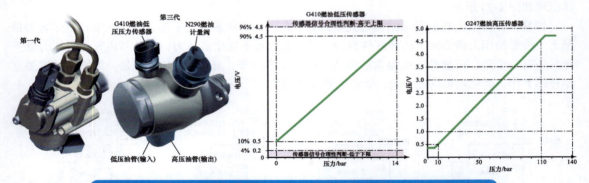

图 2-27　第一代、第三代日立（HITACHI）高压泵及高低压传感器信号特性

六　高压喷油器

1. 介绍

高压喷油器简称 HDEV（High-pressure injector）。HDEV 安装在气缸盖上，并且把高压燃油雾化后定时定量直接喷入气缸中。其安装位置如图 2-28a 所示。

2. 喷油脉宽的控制

在缸内直喷系统中，仅允许较短的时间进行喷油，与歧管喷射的喷油脉宽区别如图 2-28b 所示。

3. MED7的HDEV工作原理

为确保精确和不断重复的喷油过程，HDEV 必须通过复杂的电流控制式电路进行控制。ECM 内的喷油器驱动模块根据喷油信号控制 HDEV。其硬件原理如图 2-29 所示。

奥迪/大众发动机管理系统 **第二章**

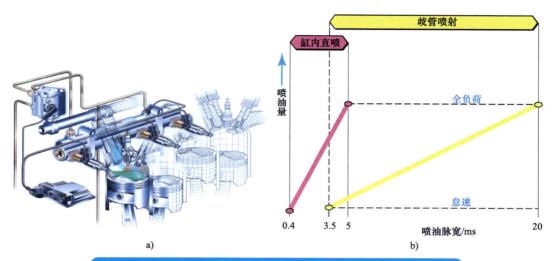

图 2-28　HDEV 安装示意图以及缸内直喷与歧管喷射的喷油脉宽对比

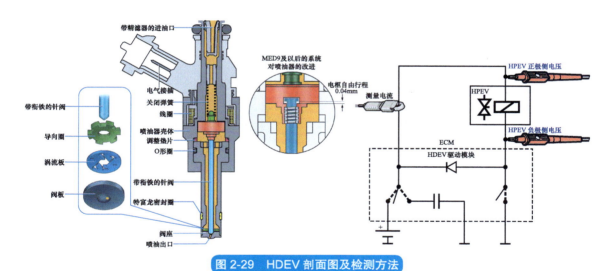

图 2-29　HDEV 剖面图及检测方法

　　HDEV 电阻为 1.1~1.4Ω，它只能在电流驱动型的电路中，因此故障判断时测量电路的电流波形才是最准确的。由于其电路电压可能高达 120V，因此测量时必须小心。

4. MED9和MED17的HDEV工作原理

　　MED9 及以后的版本将 HDEV 驱动模块重新设计，控制电压从 90V 下降到 60V，并取消激励阶段。图 2-30 所示为实测 EA111 1.4TSI 发动机怠速时的喷油器波形。

　　急加速需要增加喷油脉宽时，针阀提升的电压和时间不变，延长 PWM 式调节喷油电压即可。

七　故障案例

　　案例：通过火花塞燃烧状态判断发动机故障。

　　说明：火花塞在点火过程产生高压，并且直接暴露在高温高压的燃烧室中，通过观察火花塞头部的燃烧状态，能判断发动机的部分故障点。

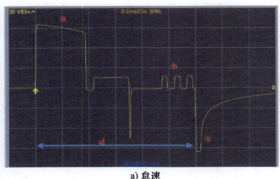
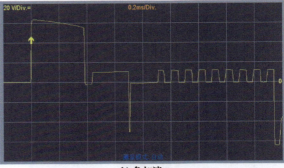

a）怠速　　　　　　　　　　　　　　　b）急加速

图 2-30　EA111 1.4TSI 正极实测电压波形图

（1）正常工况的火花塞

外观：绝缘管呈灰白、灰黄到棕色，轻微电极损耗，如图 2-31 所示。

判断：发动机点火顺序、热值、空燃比和点火正时正确，没有失火和过热。

图 2-31　正常工况的火花塞

（2）过度损耗

外观：侧电极和中心过度损耗并呈现圆形，如图 2-32 所示。

导致后果：起动困难、急加速失火。

建议：更换火花塞。

图 2-32　过度损耗的火花塞

（3）积炭

外观：在绝缘管和电极附着干燥绒状的黑色积炭，如图 2-33 所示。

可能原因：混合气过浓、点火过迟、分火线接触不良、热值过冷、长期短途行驶。

导致后果：难起动、失火、加速不良。车辆起动后长期处于低速状态，发动机温度过低，燃烧不完全，或由于燃油质量导致燃烧不正常，造成火花塞积炭严重，从而引起发动机缸内失火和抖动，起动能力差。

建议：检修空燃比。针对低里程新车发动机失火抖动抱怨，建议对抱怨车辆挂空档，并高转速至3000~4000r/min，保持3min，加大进气量燃烧去除火花塞上的积炭。

图2-33　积炭的火花塞

（4）机油污染

外观：在绝缘体、电极和壳体有闪亮的烟灰或积炭残渣，如图2-34所示。

可能原因：燃烧室有太多的机油。机油油位过高，活塞环、缸体和气门导管磨损。

导致后果：失火、难起动。

建议：大修发动机、更换火花塞。

a) 受机油污染　　　　　　　　b) 过热　　　　　　　　c) 积聚灰垢

图2-34　受机油污染、过热和积聚灰垢的火花塞

（5）铅污染

外观：在绝缘管上有黄色或棕褐色煤渣状堆积物，或是闪亮的釉涂层，有可能存在绿色斑点，如图2-35所示。

图2-35　受铅污染的火花塞（最右图为严重的铅污染）

可能原因：使用高含铅的汽油。

导致后果：急加速或重负荷时失火，但一般工况时正常。如果铅污染严重，粒状的铅在大负

荷时会变成导体，导致失火。

建议：清洗油箱更换无铅汽油，更换火花塞。

（6）过热

外观：绝缘管非常白并带少量黑斑点，电极损耗较快，如图 2-34b 所示。

可能原因：火花塞紧固不足、发动机冷却系散热不良、点火正时过早、火花塞热值过冷、严重爆燃。

导致后果：高速 / 重负荷动力不足。

（7）早燃

外观：中心电极和 / 或侧电极熔化或烧蚀，绝缘管起泡，铝或其他金属物沉积在绝缘管上，如图 2-36 所示。

可能原因：类似过热的原因。早燃发生在点火正时产生火花前，燃烧室积炭严重、燃油质量太差、火花塞过热等。

导致后果：失火、失去动力并使发动机损坏。

解决：检修发动机的点火和供油系统；安装热值合适的火花塞。

图 2-36 早燃故障的火花塞

（8）汽油添加剂污染

外观：绝缘管和侧电极红色，如图 2-37 所示。

可能原因：使用含锰（Mn）添加剂的汽油，以提高辛烷值。

导致后果：难起动、失火、急加速不良和动力不足。燃油内使用锰基抗爆燃添加剂，燃烧后红褐色的锰氧化物会附着在火花塞绝缘体与电极表面，导致火花塞失火，发动机燃烧不稳定，在高转速高负荷工况下抖动。

图 2-37 受汽油添加剂污染的火花塞

（9）积聚灰垢

外观：绝缘管和侧电极积聚较厚的灰垢，结构松散类似煤渣，如图2-34c所示。

可能原因：有合金成分，由于机油或汽油添加剂积聚导致。

导致后果：早燃、动力不足甚至损坏发动机。

建议：检修发动机、更换新的火花塞，使用另一型号的机油。

第四节　西门子/大陆汽油喷射系统和点火系统的发展

西门子（Siemens）/大陆（Continental）/威迪欧（VDO）的系统以Simos为命名，单数为低端系统，双数为高端系统。其设计与博世类似。现仅介绍最新的Simos 12/18系统。

代表车型：采用第三代EA888的奥迪和迈腾1.8TSI和2.0TSI。

进气系统的主要变化是通过增压压力定位器V465进行电动废气旁通阀调节以及增压压力定位器G581的位置传感器，如图2-38a所示。

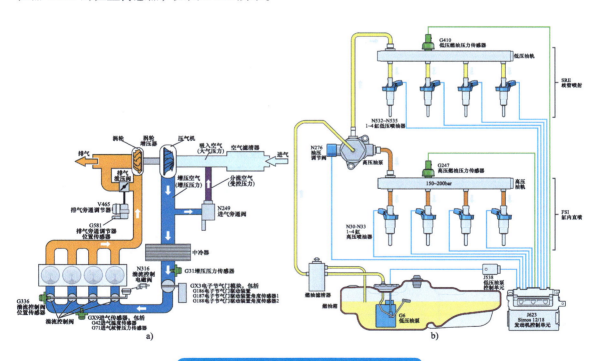

图2-38　Simos12/18进气系统和供油示意图

供油系统包括MPI歧管喷射和FSI缸内直喷，其工作原理如图2-38b所示，主要部件如图2-39所示。

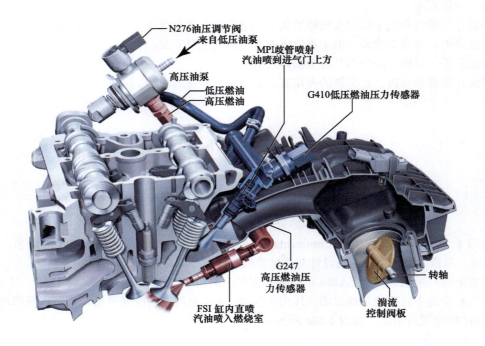

图 2-39　MPI 和 FSI 主要部件位置图

发动机管理系统根据特性曲线（主要参数是水温、转速和发动机负荷），主要目的是减少颗粒、降低机油稀释的可能和防止爆燃，采用包括 MPI 单次喷射、FSI 单次喷射、FSI 二次喷射和 FSI 三次喷射的喷射方式，见表 2-3。

表2-3　MPI和FSI模式控制方式

发动机工况	MPI	FSI	其他控制
起动且水温 <45℃		压缩行程三次喷射	
暖机和加热三元催化器		进气和压缩各喷一次	点火角延迟、湍流控制阀关闭
部分负荷且 >45℃	单喷	为防止高压泵内燃油烧焦，短时激活一次	湍流控制阀多数情况下关闭
全负荷		进气和压缩各喷一次	
紧急运行	任一系统发生故障，另一系统替代		排放警告灯点亮

采用 SRE（歧管喷射）+FSI（缸内直喷）的原因，是 FSI 的颗粒物（炭烟）排放超过欧 6 标准（图 2-40），因此通过特性曲线计算所采取的喷射方式，以使颗粒物最少、冷起动时机油稀释和爆燃较轻。

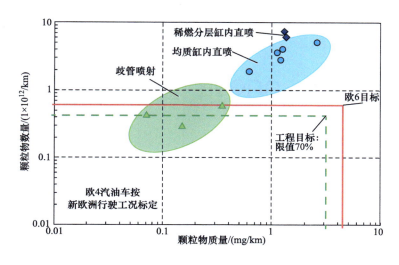

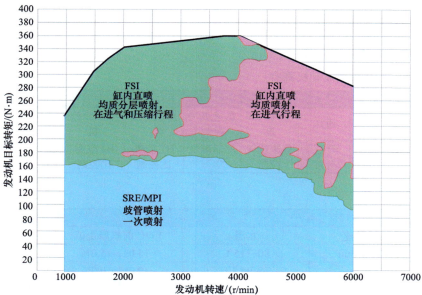

图 2-40 SRE 和 FSI 工况的颗粒物排放控制和喷射类特性曲线

第三章

000~009组 基本功能

第一节

001~003组 基本功能（一）

一、数据流说明

1. 第000组 发动机基本数据

000组数据，不是每款发动机都有。

区号	1	2	3	4	5	6	7	8	9	10
单列	水温	负荷	转速	电压	节气门开度	急速进气控制	急速进气学习	空燃比控制	急速空燃比学习	部分负荷空燃比学习
双列	水温	负荷	转速	节气门开度	急速进气控制	急速进气学习	B1空燃比控制	B2空燃比控制	B1空燃比加修正	B2空燃比加修正

2. 第001组 基本功能

001	单列	急速		
数据项	发动机转速	水温	TWC前氧修正值	基本设定所需的工况
规定值	500~860r/min	80~115℃	−15.0%~15.0%	11111111
经验值	680r/min	84~94.5℃	−10.0%~10.0%	11111111
	双列	急速		
数据项	发动机转速	水温	B1前氧修正值	B2前氧修正值
规定值	500~860r/min	80~115℃	−15.0%~15.0%	−15.0%~15.0%
经验值	680r/min	84~94.5℃	−10.0%~10.0%	−10.0%~10.0%

第001组第4区：基本设定所需的条件（单列）

1	2	3	4	5	6	7	8	含义
							1	冷却液温度 >80℃
						1		转速 <2000r/min
					1			节气门处于急速位置（没有外负荷，无须进行急速提速）
				1				λ 调节正常
			1					急速状态（急速开关接通）
		1						空调压缩机已切断
	1							TWC>350℃
1								自诊断无故障码

000~009组 基本功能 第三章

3. 第002组 基本功能

002	装备 MAP/MPI	急速		
数据项	发动机转速	发动机负荷	喷油脉宽	进气压力
规定值	500~860r/min	18%~23%	2~4ms	400mbar
经验值	680r/min	18%	3ms	290~320mbar
	装备 MAP/MPI	急速		
数据项	发动机转速	发动机负荷	喷油脉宽	进气压力
规定值	500~860r/min	16%~23%	0.51~4ms	400mbar
经验值	680r/min	17%	0.51~0.75ms	290~320mbar
	装备 HFM/TSI	急速		
数据项	发动机转速	发动机负荷	喷油脉宽	进气量
规定值	500~860r/min	16%~23%	0.51~4ms	2~5g/s
经验值	680r/min	17%	0.51~0.75ms	2.9g/s
	装备 HFM/TSI 双列	急速		
数据项	发动机转速	发动机负荷	进气量1	进气量2
规定值	500~860r/min	16%~23%	3~5g/s	3~5g/s

主要数据流解释：

002_2：发动机负荷 Engine load。

根据 GB 18352.6—2016《轻型汽车污染物排放限值及测量方法（中国第六阶段）》中关于"车载诊断（OBD）系统"的规定：

计算负荷值（Calculated Load Value，CLV）是指当前空气流量除以最大空气流量（如适用，对最大空气流量进行海拔修正）的指示值。该定义提供了一个与发动机无关的无量纲数，并向维修人员提供了发动机能力使用比例的指示值（节气门全开时为100%）。

$$CLV = \frac{当前空气流量}{最大空气流量（海平面处）} \times \frac{大气压力（海平面处）}{大气压力}$$

002_2	可能的故障原因	故障排除
<10%	发动机处于倒拖工况	
10%~15%	有未经计量的空气进入	检查进气泄漏、检查空气流量计
>35%	急速抖动、某缸工作不良 开启了电气设备 动力转向处于极限 AT 已挂入行驶档 空气流量计损坏	喷油器或火花塞故障 关闭电气设备 将方向盘转至正中位置 将变速杆处于 P 或 N 位 检查空气流量计

4. 第003组 基本功能

003	装备 HFM	急速		
数据项	发动机转速	进气量	节气门开度（G187）	点火提前角
规定值	500~860r/min	2~5g/s	0%~4.0%	−15~50°BTDC
经验值	680r/min	2.9g/s	0.2%~4.0%	3~6°BTDC

(续)

数据项	装备 MAP	急速		
	发动机转速	进气压力	节气门开度（G187）	点火提前角
规定值	500~860r/min	400mbar	0%~4.0%	-15~50°BTDC
经验值	680r/min	290~320mbar	0.2%~4.0%	3~6°BTDC

主要数据流解释：

003_3	可能的故障原因	故障排除
>4%	发动机控制单元未进行节气门匹配 节气门位置传感器故障 节气门卡滞	进行节气门匹配 检查节气门 检查原因，包括清洗节气门

二 相关原理说明

1. 曲轴位置传感器G28

G28 作为检测曲轴位置和转速的主要输入变量之一，可确定点火和喷油定时的测量基准值。它一般安装在单独的 G28 信号盘（图 3-1a）或压装在曲轴密封法兰上（图 3-1b、图 3-1c）。

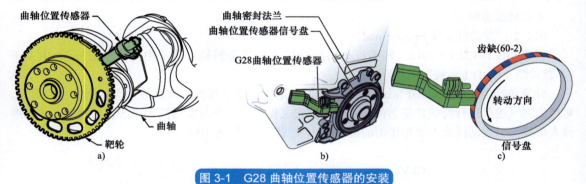

图 3-1　G28 曲轴位置传感器的安装

（1）G28 的类型

常见的 G28 有三种：磁感应式/被动型，代号 DG-6；霍尔式/主动型，代号 DG-23；能识别正反向型，代号 DG-23i。具体参数见表 3-1。

表3-1　G28类型及性能

型号	DG-6	DG-23	DG-23i
原理	磁感应式	霍尔式	霍尔式
可检测转速范围 /r/min	20~7000	0~8000	向前 0~8000 向后 0~4000
耐温性能 /℃	-40~150		
线圈电阻 /Ω（20℃时）	860±86		
输入电压 /V	—	5	5
输出电压 /V	0~200	0 或 5	0 或 5
安装间隙 /mm	0.3~1.8	0.2~1.8	0.5~1.5

1）磁感应式/被动型，代号 DG-6。其设计电路如图 3-2 所示。

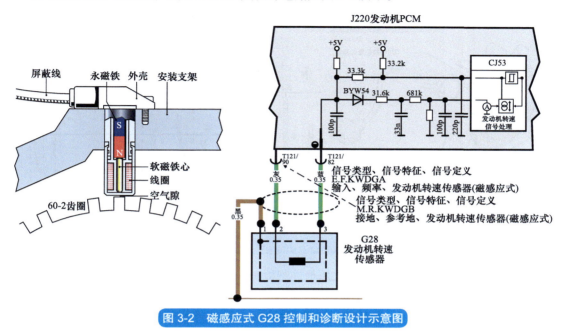

图 3-2　磁感应式 G28 控制和诊断设计示意图

G28 正对信号盘。当信号盘随曲轴转动时，G28 与信号盘中的齿的气隙发生变化，导致磁通量发生变化，从而在 G28 中的线圈产生感生电动势。感生电动势的频率和幅值与转速成正比，如图 3-3 所示。

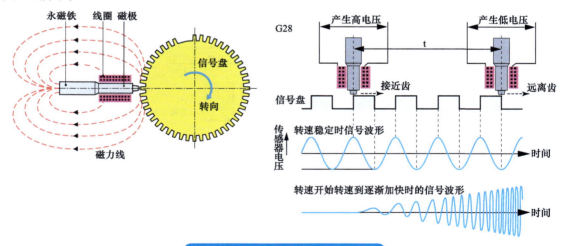

图 3-3　磁感应式 G28 信号产生原理

2）霍尔式/主动型，代号 DG-23。较多车型采用一个带有集成式发动机转速传感器轮的曲轴密封法兰（图 3-1b）。发动机转速传感器轮由一个涂有橡胶混合物的钢环组成。在橡胶混合物中含有大量的金属屑，这些金属屑以交替方式磁化为 N 极和 S 区域。作为发动机转速传感器的基准标记，传感器信号盘上有一个较大的 N 极（60-2）。传感器轮压装在曲轴法兰上且定位精确。

另一种形式是将霍尔元件和磁铁集成在 G28 中，检测 60-2 齿的信号盘，如图 3-4 所示。

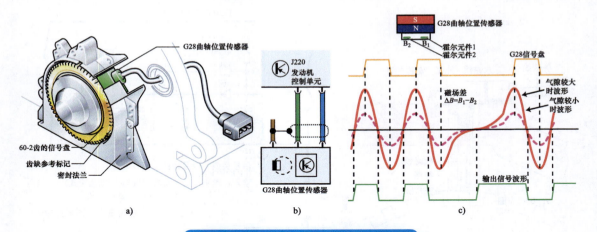

图 3-4　DG-23 安装位置、电路图和原理图

其工作原理是利用磁敏元件差动式原理进行检测，如图 3-4c 所示。其优点是对间隙和温度不敏感、输出信号大、不易受磁场干扰。

3）能识别转向的霍尔式 / 主动型，代号 DG-23i。EA211 及以后所有 TSI 发动机，均配备有识别发动机转向的 G28。

在装备有起停系统的车辆中，当发动机自动停机后，为了迅速再次起动，发动机控制单元需识别曲轴的准确位置。发动机进入停机工况，发动机会再转几圈才完全停转。如果某缸活塞在压缩上止点前，那么该活塞会被压缩压力向回推，发动机逆向转动。新款 G28 是由三个霍尔元件组成，能识别顺转和逆转，并将处理后的信号输送给发动机控制单元，如图 3-5 所示。

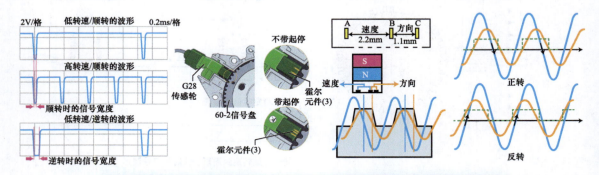

图 3-5　识别正反转的 DG-23i 型 G28 曲轴位置传感器的信号波形及检测原理

（2）曲轴上止点缺齿信号

系统一般采用 60-2 齿的测速方法，60-2 感应齿圈安装在飞轮上。当 ECM 检测到某两个下降沿间的距离大于两个齿间距，就会确认上止点齿缺信号。曲轴每转一圈，系统就会接收到一个曲轴上止点齿缺信号，并根据这个信号与曲轴位置保持"同步"，进而确保系统能正确地控制喷油和点火正时，如图 3-6 所示。

（3）转速信号

ECM 通过 G28 检测曲轴转速，作为发动机管理基本的重要参数之一。

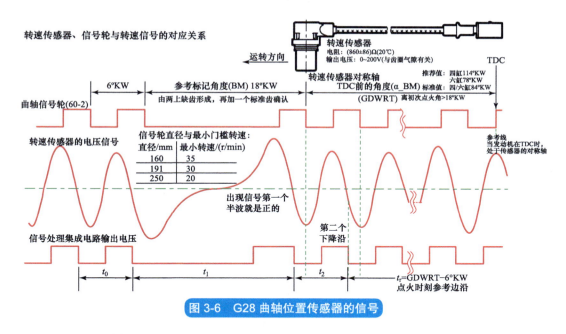

图 3-6　G28 曲轴位置传感器的信号

2. 相位（凸轮轴位置）传感器 G40

G40 的作用是向 ECM 提供发动机凸轮轴相位信息，结合 G28 信号，可区分曲轴是处于 1 缸压缩上止点和排气上止点。

（1）G40 类型

1）PG-1 挡板式霍尔式传感器。它应用于早期车型上。当发动机凸轮轴带动触发钢制转子旋转，叶片周期性通过空气隙引起磁路变化的开关状态。由此产生相应的霍尔电压以及输出电平脉冲信号，如图 3-7 所示。

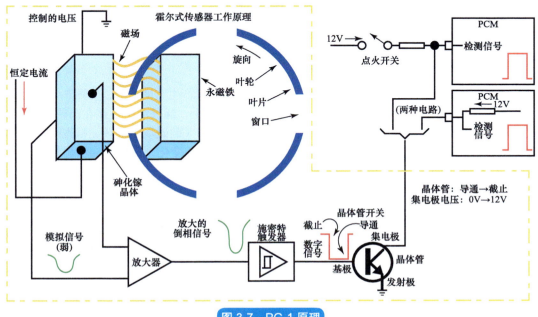

图 3-7　PG-1 原理

采用快速起动功能的车型，装备了带两个宽板和两个窄板（两个大窗、两个小窗）的快速起动信号盘。如果霍尔传感器中出现一个隔板，那么传感器信号输出电平就为高，如图3-8所示。

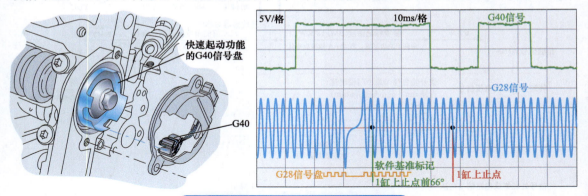

图3-8 带快速起动功能的PG-1及其波形

2）PG-3.3差分式霍尔传感器。PG-3.3的信号盘设计成相邻的双轨道式，互为反相布置。双轨道的设计能确保生成的信号更精确。当霍尔元件1处于轨道金属位置时，霍尔元件2就处于空隙，如图3-9所示。霍尔元件1和2的差值，用于评估并产生输出信号。

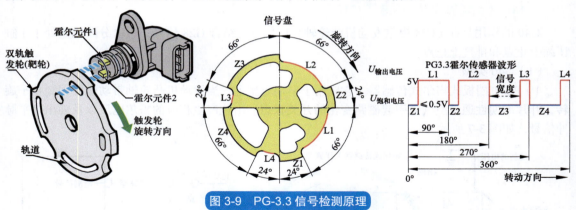

图3-9 PG-3.3信号检测原理

3）PG-3.5单霍尔元件的传感器。它主要是利用霍尔原理产生交变信号，如图3-10所示。

4）PG-3.8单霍尔元件的传感器。PG-3.8安装在发动机上，通过测量连接在凸轮轴信号盘的齿或磁环变化来确定凸轮轴位置和转速。由于信号盘在PG-3.8的磁场里旋转，根据磁感应原理，信号盘旋转时会改变磁通量的大小，带动传感器线圈里电流的变化，从而改变输出信号的大小。通过ASIC对信号处理从而得到测量数据，如图3-11所示。

（2）G40和G28共同判断1缸上止点

1）G40信号盘为普通型。在发动机起动过程，装备普通凸轮轴信号盘的发动机中，ECM检测到第一次G28缺齿信号后，曲轴再转一圈才能进行准确判断1缸上止点，如图3-12所示。

2）G40信号盘为快速起动型。如果装备了快速起动凸轮轴信号盘，ECM可借此快速识别出下一个气缸的上止点，于是发动机就可快速起动，不必一定要与1缸同步了，如图3-13所示。

（3）G40失效后判断1缸压缩上止点的方法

当G40失效、G28正常时，现在的发动机仍能判断1缸压缩上止点，发动机仍能起动，但进入跛行回家模式。以下通过四缸发动机说明其原理。

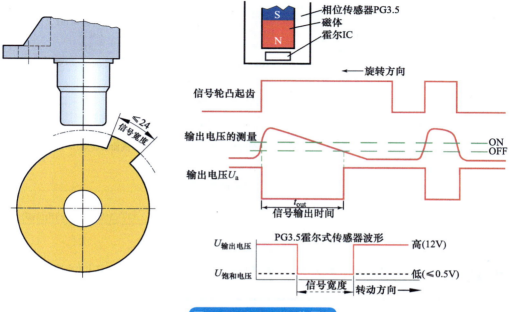

图 3-10　PG-3.5 工作原理

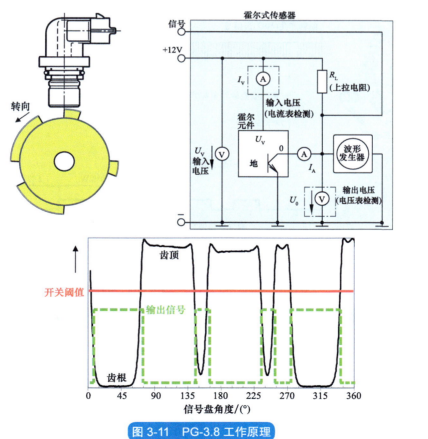

图 3-11　PG-3.8 工作原理

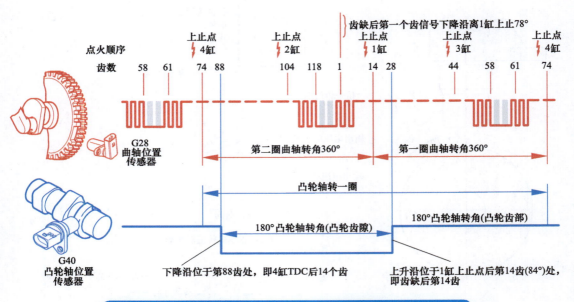

图 3-12 四缸发动机装备普通凸轮轴信号盘的 G28 与 G40 对应关系

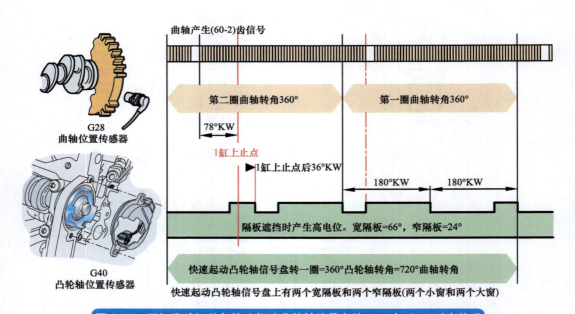

图 3-13 四缸发动机装备快速起动凸轮轴信号盘的 G28 与 G40 对应关系

当ECM在起动时检测到G28有效信号，但没有G40信号时，判断G40故障，ECM采用主动诊断的方法进行判缸。此时，发动机停止某缸（例如1缸）喷油，通过G28能判断出1缸或4缸压缩上止点。在1缸或4缸上止点，ECM对1缸和4缸同时点火，就会出现以下情况（图3-14）：

1）如果此时为1缸上止点，由于此缸没有燃油，发动机转速减慢。
2）如果此时为4缸上止点，由于此缸有正常的燃油，发动机转速加快。

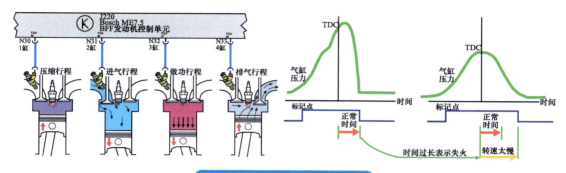

图 3-14 故障失火法的判缸技术

实现此功能的前提条件是 G40 失效前，发动机正常工作。

此判缸方法的准确率达 50%，就是说，如果判断错误，发动机转速下降甚至熄火，可能要重新起动。如果判缸正确，只要不熄火，就不需要再次判缸，可实现顺序喷油。

3. 点火控制

（1）点火正时 / 点火提前角

发动机控制单元根据发动机转速和负荷信号计算点火正时，并实现单缸点火提前角控制，如图 3-15 所示。

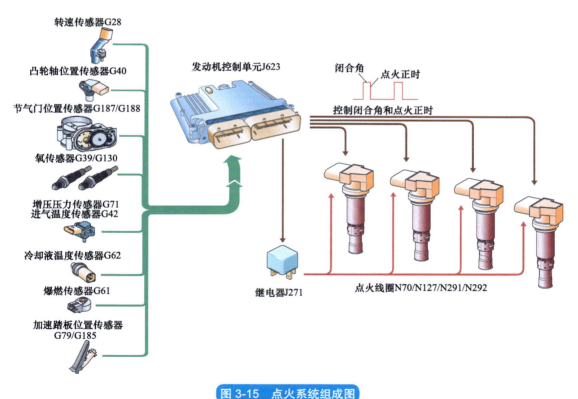

图 3-15 点火系统组成图

（2）爆燃控制

相关内容参看第 020~029 组 爆燃控制组。

4. 空气充量数据采集

（1）空气充量

在汽油发动机管理系统中，空气充量是计算喷射油量和点火正时的主要参数。在基于转矩的系统中，气缸充量也作为计算发动机瞬时转矩的基础。现在发动机管理系统多采用热膜式空气质量流量计 G70（简称 HFM）监控气缸充量。

（2）热膜式空气质量流量计 G70

现在使用的空气流量计有以下几款，它们的区别见表3-2。

表3-2　热膜式空气流量计类型

类型	HFM2	HFM5	HFM6	HFM7	HFM8
首装年份	1990	1996	2002	2007	2017
输出信号	模拟 0~5V		数据/频率		
检测反向气流			标准装备		
进气温度传感器			选装		
湿度传感器				选装（模拟信号）	
进气压力传感器				选装	

1）HFM5。HFM5 有一个加热到特定温度的热区，在这个区域的各边温度都会下降。吸入空气对传感器元件产生冷却效应，空气流在进气端产生更急剧的温度变化。加热过程模型结果如图 3-16 所示，根据温差就可计算出进气量，并可检测逆向气流。

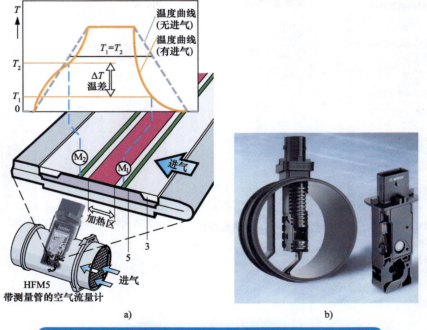

图 3-16　HFM5 原理和 HFM7 示意图（红圈所示为湿度传感器）

2）HFM6。2007 年开始，奥迪/大众开始采用 HFM6 空气流量计。其主要改进是输出频率的数字信号，提高了抗干扰能力，如图 3-17 所示。

 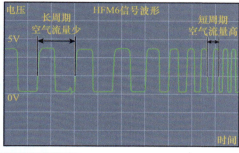

图 3-17 HFM6 原理

3）HFM7 和 HFM8

HFM7 主要变化是增加了湿度传感器，检测更精确，如图 3-16b 所示。HFM8 比 HFM7 的精度更高、稳定性更好。

5. 发动机负荷

发动机管理的基本测量参数是发动机转速和发动机吸入的空气量。由这些参数确定的每次循环吸入的空气量就是发动机负荷工况的直接度量，如图 3-18a 所示。

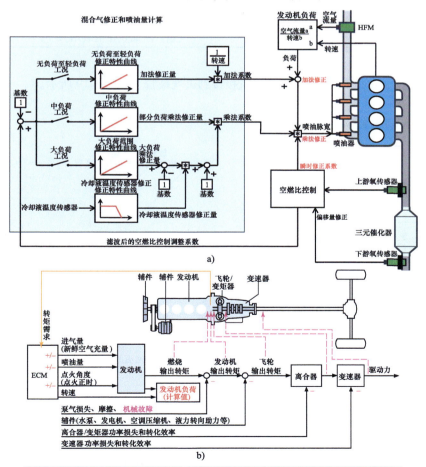

图 3-18 发动机负荷主要参数及计算、发动机负荷及驱动转矩影响因素

数据流分析中,发动机负荷是一个非常重要的数据。影响发动机负荷的参数如图 3-18b 所示。

急速时的发动机负荷,就是克服本身机械运转和部分必须运转的部件(例如水泵、发电机)的阻力,保证发动机稳定工作即可。就是说,通过负荷值,能初步判断发动机是否存在机械故障。经验值是 TSI 发动机为 15%~17%,非 TSI 为 18%。

表 3-3 所列为几种导致发动机负荷数据异常的情况。

6. 曲轴箱通风(PCV)/油气分离器

PCV 的作用是降低了机油中水的含量,避免了机油蒸气和窜缸混合气直接排放到大气中。按其控制方式,可分为不带涡轮增压型和带涡轮增压型。

表3-3 发动机负荷数据异常的可能原因

故障情况	负荷(计算值)	原因
节气门后方漏气,包括进气管漏气、曲轴箱通风/PCV漏气等	小	未经计量的空气进入燃烧室
发动机机械故障,例如某缸工作不良、水泵阻力过大等	大	ECM检测到发动机阻力过大可能熄火,需要提高进气量
空气流量计故障,输出信号比实际值大	大	根据进气量计算出的负荷值比实际输出高
外界信号错误,例如液力转向开关长接通等	大	ECM接收到外界负荷请求信号后,会增大进气量,从而负荷值会增大

(1)不带涡轮增压型的 PCV

不带涡轮增压型的 PCV,曲轴箱通风直接接到进气歧管,如图 3-19 所示。

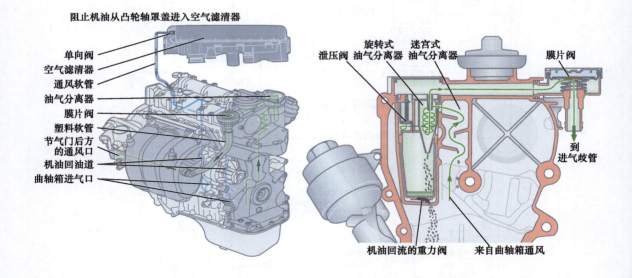

图 3-19 不带涡轮增压型的 PCV 组成

其中,膜片阀确保具有统一的压力和曲轴箱内的良好通风。它通过膜片分成两个室体,一个室体与外界空气相连,另一个与进气歧管相连,如图 3-20 所示。

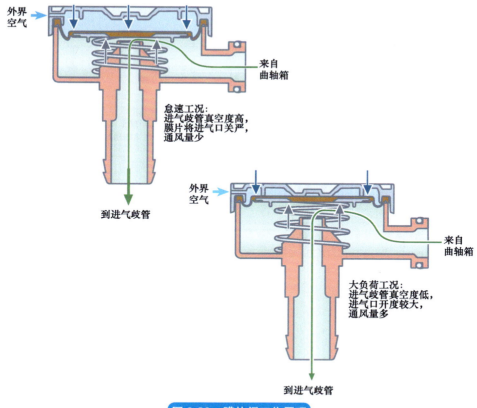

图 3-20 膜片阀工作原理

（2）带涡轮增压型的 PCV

以 EA888 Gen3 为例，其曲轴箱通风的特点是：油气粗分离器集成在缸壁内部；油气精分离器不是在进气歧管端的通风管上，而是直接集成在缸盖上；AKF 电磁阀（炭罐电磁阀 N80）直接连接在油气精分离器上。其原理如图 3-21 所示，真空管路连接如图 3-22 所示。

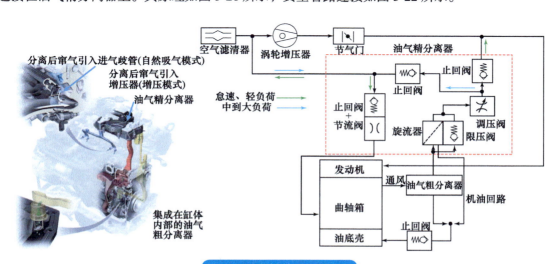

图 3-21 曲轴箱通风原理图

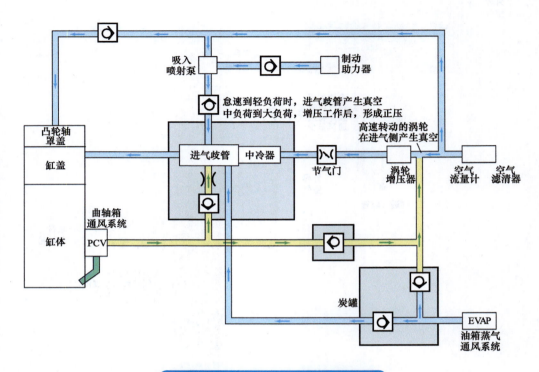

图 3-22　带涡轮增压的发动机真空管路图

EA888 Gen3 油气精分离器（曲轴箱通风系统/PCV）的工作原理如图 3-23 所示。

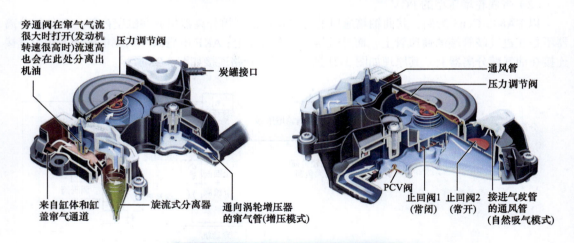

图 3-23　EA888 Gen3 油气精分离器原理图

故障案例：一辆装备 CGM 发动机的迈腾 2.0TSI，怠速时排出大量的白烟，行驶 10km 后排气正常，怠速 5min 后又排白烟。检查发现由于油气精分离器严重堵塞，导致曲轴箱压力过高，机油通过涡轮增压器的泵轮侧溢出，产生白烟。更换油气精分离器后故障排除。

三 常见故障码

故障码	故障码含义	诊断程序	监控策略	故障判据和阈值
P0102	空气流量计输入信号过低	检查空气流量计 G70	低于最小值	进气量 <0.66g/s
P0103	空气流量计输入信号过高	检查空气流量计 G70	高于最大值	进气量 >45g/s
P0321	曲轴上止点齿缺信号不合理	曲轴位置传感器 G28：信号盘故障、G28 故障/线路/安装	合理性检查	① 有曲轴信号且检测到已转 5 圈，但没有检测到齿缺信号 ② 曲轴转 8 圈时检测到的齿缺信号 +/-1
P0322	没有转速信号	曲轴位置传感器 G28：断路或短路	信号主动检查	已检测到 5 个相位信号（凸轮轴位置传感器）的有效边沿，但没有检测到转速传感器的有效脉冲信号
P0506	急速空气控制原因导致急速转速过低	检查电子节气门 J338	低于目标转速下限	急速转速低于目标值 100r/min 急速进气控制超过最大值 8%
P0507	急速空气控制原因导致急速转速过高	检查电子节气门 J338 检查进气管路是否泄漏	高于目标转速上限	急速转速高于目标值 100r/min 急速进气控制低于最小值 -5%
P2279	进气系统泄漏	检查 PCV 检查进气管路是否泄漏	超过空燃比控制窗口的合理性	空燃比信号不合理

大众技术信息"01-15-07TT"说明，出现故障码 P1386—发动机控制单元故障，应更换 G28 或信号盘。

四 故障案例

1. 奥迪A6L的G336和G40相互错接导致发动机动力不足

车型：装备 BDW V6 发动机、01J 变速器的 2006 款奥迪 A6L，行驶里程约 17 万 km。

故障现象：冷车和热车起动时间都要在 10s 以上，熄火后立即再次点火就能快速顺利起动；急加速无力；车速超 80km/h 后就很难再提速。

维修过程：通过诊断仪读取发动机控制单元共有 3 个故障码：18502—可变进气管始终打开；18507—可变进气管位置传感器 电气故障；16725—凸轮轴位置传感器 G40 信号错误。经对 G336、G40、N156、N205 的电源线和接地线进行检测，正常；更换新的部件，故障码仍存在，起动困难的故障仍未排除。最后检查线束，发现 G336 与 G40 线束长度差不多，接插口可以互插，现在的问题是这两个接插互为反接。电路图如图 3-24 所示。

故障排除：按要求将 G336 和 G40 插好。

故障现象说明：由于 G40 得不到正确的信号，导致起动困难。

2. 空气流量计故障导致新领驭易熄火

车型：装备 CDE 发动机、01V 变速器的 2009 款帕萨特新领驭 1.8T，行驶里程 17 万 km。

故障现象：急速不稳、行驶时易熄火。

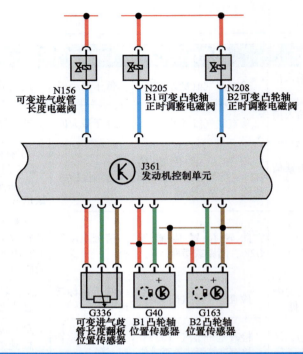

图 3-24 采用 Simos 的 05/06 款奥迪 BDW 发动机电路图（部分）

故障诊断：

1）故障检查。怠速时发动机转速小幅度波动，轻踩加速踏板将转速稍提高后发动机稳定。

2）通过诊断仪读取故障记忆，有以下故障码：

① 16486 P0102——空气流量计 G70 输出低电平，静态。

② 16523 P0139——气缸列 1 氧传感器 2 信号太小，静态。

③ 17535 P1127——气缸列 1，混合匹配空气（乘）系统太浓，静态。

3）通过诊断仪读取相关数据流。

002	装备 HFM	怠速	歧管喷射	
数据项	发动机转速	发动机负荷	喷油脉宽	进气量
实际值	670~750r/min	29.1%~37.8%	4.5~5.1ms	0.1g/s
经验值	720r/min	17%	2.0ms	2.5g/s
003	装备 HFM	怠速		
数据项	发动机转速	进气量	节气门开度（G187）	点火提前角
实际值	670~750r/min	0.1g/s	8.2%~14.5%	−7°ATDC
经验值	720r/min	2.5g/s	1.3%	3~6°BTDC
031	前 LSU	怠速		
数据项	λ 实际值	λ 目标值		
实际值	0.74~0.82	0.99~1.01		
经验值	1.00	1.00		
032		怠速/行车	λ 学习值/长效修正	
数据项	怠速 λ 学习值 +	部分负荷 λ 学习值 ×		
实际值	−0.1%	−25.0%		
经验值	0	0		

（续）

033	前为 LSU	怠速	B1S1 修正值
数据项	B1S1 修正值	B1S1 电压	
实际值	−25%	0.224~0.685V	
经验值	−10%~10%	1.48~1.54V	

4）数据流分析：

① 当发动机控制单元 J220 诊断到空气流量计 G70 信号过低并记忆故障码后，就采用节气门开度/转速模型代替 G70 信号。此时 002_4 显示的是 G70 的输入信号，但 J220 不采用。此时可判断 G70 有故障。

② 003_1 的转速接近经验值，但 003_3 节气门开度大很多，判断是节气门脏污，J220 必须增大节气门开度才能保证正常的怠速运行。

③ 由于节气门脏污后增大开度，J220 根据节气门开度/转速计算出的进气量，换算成 002_2 的发动机负荷值很大，导致 002_3 的喷油脉宽过长。即使通过 033_1 的瞬时 λ 修正值、032_2 的长时部分负荷 λ 学习值的减稀，仍导致 031_1 的 λ 处于过浓工况。

④ 当 λ 修正值和学习值达到极限，氧传感器仍显示过浓工况，就会出现 P1127 和 P0139 的故障。

故障排除：更换空气流量计 G70，清洗节气门，清除故障码。

3. 进气管漏气导致排放灯点亮

车型：装备 CGM 发动机的 2010 年款大众 CC 2.0TSI，行驶里程 1153km。

故障现象：行驶中偶发轻微耸车现象，并且发动机排放灯点亮。

故障诊断：

1）读取故障码。第一次，读得"00257—质量或容积空气流量电路范围/性能"故障码（图 3-25a）。清除故障码后再行驶 2~3km，排放灯点亮，读得"04759—增压器-节气门连接 压力下降"故障码（图 3-25b）。

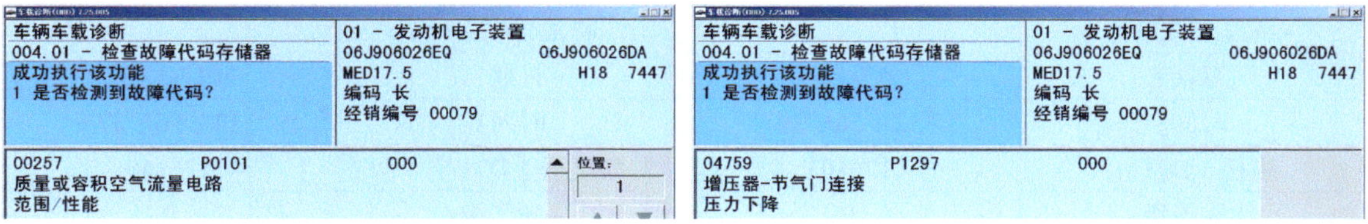

图 3-25 两次读得不同的故障码

2）读取数据流。

002	装备 HFM	怠速	TSI	
数据项	发动机转速	发动机负荷	喷油脉宽	进气量
实际值	760r/min	23.3%	1.02ms	3.9g/s
经验值	680r/min	17%	0.51~0.75ms	2.9g/s

可以看到 002_4 进气量偏大，导致喷油脉宽和发动机负荷偏大，并且怠速转速较高，初步判断存在漏气现象。

3）仔细检查进气管，发现涡轮增压器出口处管路接口漏气，如图 3-26 所示。

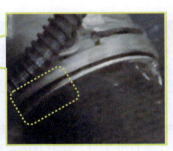

图 3-26 漏气部位

故障排除：更换涡轮增压器出口处的密封圈。

故障说明：怠速工况下，涡轮增压仍会工作。当涡轮增压器出口处管路接口安装不良时，部分通过空气流量计和涡轮增压器的进气会从泄漏口逸出，导致空气流量计检测到的进气量比进入燃烧室的空气量偏大。

4. 通过数据流分析发动机漏气部位

车型：装备 CEAA 发动机的 2014 年款帕萨特 1.8TSI，VIN 为 LSVCC2A49CN0xxxxx，行驶里程 126240km。

故障现象：排放灯点亮，油耗增大；行驶感觉正常。

故障诊断：

1）通过诊断仪，读得以下故障码。

	故障存储器记录		
编号：	P2187：气缸列 1，燃油测量系统 怠速转速时系统过稀	编号：	P306E：预热点火开关，短时输出降低
故障类型 2：	静态	故障类型 2：	间歇性问题
- 标准环境条件：		- 标准环境条件：	
日期：	2017-12-11	日期：	2017-12-11
时间：	12∶56∶30	时间：	13∶56∶37
里程（DTC）：	126103	里程（DTC）：	126140
优先等级：	0	优先等级：	0
频率计数器：	2	频率计数器：	1
遗忘计数器/驾驶周期：	−1	遗忘计数器/驾驶周期：	−1
- 高级环境条件：		- 高级环境条件：	
839.0	/min	2265	/min
11	%	99	%
0	km/h	69	km/h
97	℃	96	℃
42	℃	45	℃
1000	mbar	970	mbar
13.589	V	13.843	V

说明：故障码 P306E 的大众码为 12398，其含义是"软件识别早火后降低发动机功率"。

故障码 P2187 的环境条件显示，出现故障码时应为怠速工况，发动机负荷仅为 11%（正常应是 16% 左右），发动机控制单元根据此负荷进行喷油，会导致过稀。初步判断发动机负荷不准确导致混合气过稀。

2）通过数据流分析，以缩小故障范围。

002	装备 HFM	怠速	TSI	
数据项	发动机转速	发动机负荷	喷油脉宽	进气量
实际值	760r/min	12.78%	1.275ms	1.694g/s
经验值	680r/min	17%	1.27ms	2.9g/s
003	装备 HFM	怠速		
数据项	发动机转速	进气量	节气门开度（G187）	点火提前角
实际值	760r/min	1.67g/s	2.35%	3.75°BTDC
经验值	680r/min	2.9g/s	3.5%	3~6°BTDC
031	前 LSU	怠速		
数据项	λ 实际值	λ 目标值		
实际值	0.98	1.0		
经验值	1.00	1.00		
032		怠速/行车	λ 学习值/长效修正	
数据项	怠速 λ 学习值 +	部分负荷 λ 学习值 ×		
实际值	5.6%	0.8%		
经验值	0	0		
091	第 2 代 VVT	怠速	进气凸轮轴 B1 VVT	
数据项	发动机转速	N205 调整	B1 进气调整目标值	B1 进气调整实际值
实际值	720r/min	6.27%	38.0°KW	37.5°KW
经验值	680r/min	5.90%	38.0°KW	38.0°KW
093	第 2 代进 VVT 单列	怠速	VVT 匹配	
数据项	发动机转速	发动机负荷	B1 相位差值	
实际值	720r/min	12.78%	−1.66°KW	
经验值	680r/min	18%	−1~+1°KW	

通过 091 和 093 组，初步判断发动机机械正常。

032 组说明怠速混合气过稀、部分负荷时正常。031 组说明通过氧传感器修正后，混合气正常。

003_3 节气门开度较小、进气量较少（发动机负荷偏低）的情况下，发动机转速仍稍偏高，说明存在漏气现象，并判断可能是炭罐电磁阀漏气。

3）拆下炭罐电磁阀 N80 进行检查，发现其已破损，如图 3-27 所示。

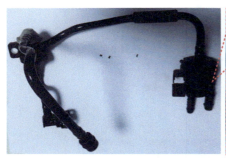

图 3-27　已损坏的炭罐电磁阀 N80

4）更换 N80 后，故障排除，数据流也恢复正常。

002	装备 HFM	急速	TSI	
数据项	发动机转速	发动机负荷	喷油脉宽	进气量
维修后	760r/min	18.8%	1.275ms	2.75g/s
经验值	680r/min	17%	1.27ms	2.9g/s
003	装备 HFM	急速		
数据项	发动机转速	进气量	节气门开度（G187）	点火提前角
维修后	720r/min	2.75g/s	3.53%	3.0°BTDC
经验值	680r/min	2.9g/s	3.5%	3~6°BTDC
032		急速/行车	λ学习值 / 长效修正	
数据项	急速λ学习值 +	部分负荷λ学习值 ×		
维修后	0.0%	0.0%		
经验值	0	0		

故障排除：更换炭罐电磁阀 N80。

案例分析：以带空气流量计的 1.8TSI 发动机为例，说明通过数据流可判断漏气点。原理图如图 3-28 所示。

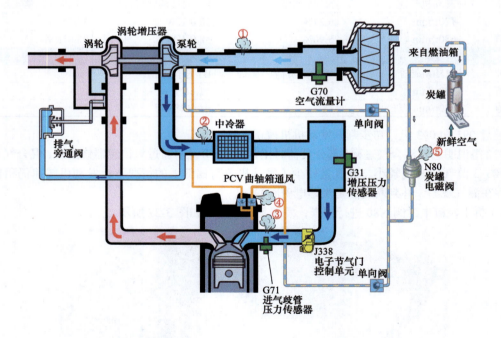

图 3-28 奥迪 / 大众进气系可能产生的漏气点

数据流初步定位漏气点的方法如下。

漏气点	数据项	数据位				G70 是否正确检测	是否受 J338 控制
		002_2	002_4	003_3	001_3、032_1		
		发动机负荷	进气量	节气门开度	急速空燃比修正		
	经验值	16%~18%	2.9g/s	3.5%	0%		
①	进气道（空气流量计与涡轮增压器间）	小	小	—	大	否	—
②	进气道（涡轮增压器与节气门间）	大	大	—	小	否	—
③/④/⑤	节气门后方漏气 真空助力器/机械式真空泵漏气 PCV 阀膜片穿孔 炭罐电磁阀常通 机油尺没插到位/机油加注口盖没盖好	小	小	小	大	否	否

① 处泄漏时：由于空气滤清器有阻力，此处会有小许真空，未经 G70 计量的空气会进入进气系，导致发动机负荷偏低。
② 处泄漏时：发动机急速工况下，涡轮增压器仍会转动，产生小许增压，并且进气受涡轮增压的加热而膨胀（特别是中冷器前），此处会产生压力，经 G70 计量的空气泄漏到外面，导致发动机负荷偏大。
③/④/⑤ 处泄漏时：发动机急速工况，此处较大真空，较多未经 G70 检测和 J338 控制的空气进入燃烧室。如果泄漏量较大，即使节气门完全关闭进气量仍大，会导致急速转速较高。

5. 油气分离器漏气发动机急速转速过高

车型：装备 CDZ、第二代 EA888 发动机的 2010 款奥迪 Q5 2.0TSI，行驶里程 4.6 万 km，使用时间 3.5 年。

故障现象：仪表的排放灯和 EPC 点亮；起动后发动机严重抖动，容易熄火。

故障诊断：

1）通过诊断仪读取故障码。通过故障码分析，初步判断有部分未计空气流量计计量的空气进入燃烧室。

地址 01 ： 发动机　　标签：ZHS\06F-907-115-AXX.clb
控制器零件号：4F2 910 115 J　硬件：4F2 907 115
组件和 / 或版本：2.0l R4/4V TFSI 0020
软件编码：0105000C02070120
服务站代码：WSC 00000 785 00200
VCID：275D1D179618CF26F59-8072

3 个故障码已找到：

008825 - 进气系统泄漏	001287 - 怠速控制系统	008583 - 气缸列 1 怠速时系统过稀
P2279 - 002 -	P0507 - 001 - 转速高于期望值	P2187 - 004 -
故障发生环境要求：	故障发生环境要求：	故障发生环境要求：
故障状态：01100010	故障状态：01100001	故障状态：01100100
故障优先级：2	故障优先级：2	故障优先级：2
故障频率：1	故障频率：4	故障频率：1
自动重置计数器：255	自动重置计数器：255	自动重置计数器：255
里程：46426 km	里程：46426 km	里程：46426 km
时间标志：0	时间标志：0	时间标志：0
日期：2014.12.04	日期：2014.12.04	日期：2014.12.04
时间：15：22：14	时间：15：22：21	时间：15：22：30
故障发生环境要求：	故障发生环境要求：	故障发生环境要求：
发动机转速：851r/min	发动机转速：1210r/min	发动机转速：750r/min
负荷：14.5 %	负荷：13.3 %	负荷：14.1 %
车速：0.0 km/h	车速：0.0 km/h	车速：0.0 km/h
温度：94.0℃	温度：93.0℃	温度：79.0℃
温度：32.0℃	温度：33.0℃	温度：57.0℃
绝对压力：1020.0 mbar	绝对压力：1020.0 mbar	绝对压力：1020.0 mbar
电压：14.351 V	电压：14.732 V	电压：13.716 V
就绪状态：0000 0001		

2）读取相关数据流。根据上一个案例的"数据流初步定位漏气点"，判断是节气门后方漏气。

002	装备 HFM/TSI	怠速		
数据项	发动机转速	发动机负荷	喷油脉宽	进气量
实际值	1080r/min	12.8%	1.02ms	0.9g/s
经验值	680r/min	17%	0.51~0.75ms	2.9g/s
003	装备 HFM	怠速		
数据项	发动机转速	进气量	节气门开度（G187）	点火提前角
实际值	1080r/min	0.9g/s	0.2%	−2°ATDC
经验值	680r/min	2.9g/s	0.2%~4.0%	3~6°BTDC
033	前为 LSU	怠速	前氧修正值 / 瞬时修正	
数据项	B1S1 修正值	B1S1 电压		
实际值	23%	1.62V		
经验值	−10%~10%	1.5V		

3）先对故障可能性较大的油气分离器进行检查，听到"嗞嗞"声，判定已漏气。

故障排除：更换油气分离器。

检查方法：堵住油气分离器的压力平衡孔后，如果故障消失，则故障在油气分离器，如图 3-29 所示。

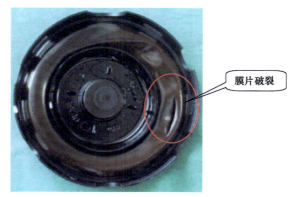

图 3-29　油气分离器的简单判断方法和已损坏的油气分离器

6. 中冷器损坏导致急加速易熄火

车型：装备 BYJ 发动机的 2008 款迈腾 1.8TSI，VIN 为 LFV3A23C4A3xxxxxx，行驶里程 15.6 万 km，使用时间 6 年。

故障现象：排放故障灯和 EPC 灯同时点亮，怠速高、急加速易熄火。

故障诊断：

1）读取故障码。根据故障码，初步判断进气系存在漏气点如图 3-30 所示。

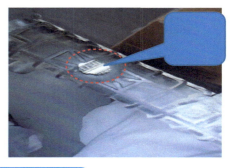

图 3-30　故障码及故障部位（已穿孔的中冷器）

2）清除故障码后，读取相关数据流。

001	单列发动机	怠速		
数据项	发动机转速	冷却液温度	TWC 前氧修正值	基本设定所需的工况
实际值	840r/min	98.0℃	-17.19%	10111111
经验值	740r/min	84~94.5℃	-10.0%~10.0%	11111111
002	装备 HFM	怠速	TSI	
数据项	发动机转速	发动机负荷	喷油脉宽	进气量
实际值	840r/min	21.8%	1.02ms	3.61g/s
经验值	740r/min	17%	1.0~1.5ms	2.9g/s

(续)

003	装备 HFM		怠速		
数据项	发动机转速	进气量	节气门开度（G187）	点火提前角
实际值	840r/min	3.61g/s	3.10%	1.5°ATDC
经验值	740r/min	2.9g/s	0.2%~4.0%	3~6°BTDC

数据流中的进气量、发动机负荷偏高，空燃比过大，结合故障码，判断是涡轮增压器与节气门间存在较大的漏气。由于混合气过浓，导致转速较高。

3）对进气管路进行检测，发现中冷器由于遇到事故撞穿孔了。

故障排除：更换中冷器。

7. G71故障导致发动机不能起动

车型：装备 CLS 发动机的 2012 款新宝来 1.6L，VIN 为 LFV2A1152B35xxxxx，行驶里程 1800km，使用时间 3 个月。

故障现象：发动机不能起动。

故障诊断：

1）通过 VAS5052a 读取故障码。发现发动机控制单元有 P0322- 没有转速信号的故障码，如图 3-31 所示。

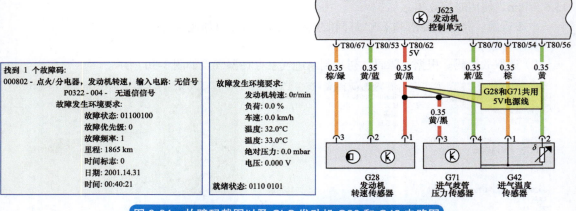

图 3-31　故障码截图以及 CLS 发动机 G28 和 G42 电路图

2）根据故障码内容和维修经验，更换了 G28 发动机转速传感器、发动机控制单元，故障仍未解决。检查 G28 信号盘，正常。

3）尝试更换发动机线束，当时能起动，以为故障解决了。但将所有的线束安装好后，又不能起动了。

4）再对故障码进行分析，发现其"故障发生环境要求"中的发动机转速一直为 0，说明发动机控制单元没有检测到转速信号。由于线束、发动机控制单元、G28 传感器已更换，判断有可能是其他传感器导致。

5）认真查看电路图（图 3-31），发现新宝来 1.6/4V 的 G28 采用了霍尔式传感器，它的电源线是与 G71（进气歧管压力传感器）共用的。用万用表检查 G28 电源线，结果为 0V，判断是由于 G71 导致。拔下 G71 传感器，发动机能起动。

故障排除：更换 G71/G42（进气歧管压力传感器 / 进气温度传感器组件）。

第二节

004组 ECM供电电压

一　数据流说明

004		怠速		
数据项	发动机转速	供给 ECU 电压	冷却液温度	进气温度
规定值	500~860r/min	12.0~15.0V	80~115℃	-48~105℃
经验值	680r/min	>13.5V	84~94.5℃	> 外界温度

主要数据流解释：

004_2：正常情况下，在 11.5~15V 间。

004_2	可能原因	故障排除
<11.5V	① 发电机损坏，蓄电池亏电严重 ② 蓄电池短时负荷过高（如起动后大电流充电或有额外载荷） ③ 发动机控制单元供电及接地有接触电阻 ④ 关闭点火开关后，仍有电流消耗	- 检查电压，给蓄电池充电 - 用转速升高几分钟并关闭用电器 - 检查发动机控制单元的供电电压 - 排除电流消耗
>15V	① 发电机电压调节器损坏 ② 因辅助起动或快速充电而负荷过大	- 检查电压，必要时更换发电机 - 查询故障存储器

004_3：如果故障存储器存储了与水温（冷却液温度）传感器 G62 相关的故障，那么发动机控制单元将使用进气温度作为替代值来起动发动机（起动温度替代值）。该温度按照控制单元内的模型曲线上升。暖机时，经过一个固定时间，发动机将显示一个固定的替代值，该值由进气温度决定。

004_3	可能原因	故障排除
<80℃	① 发动机过冷 ② 水温传感器或发动机控制单元导线损坏	- 必要时试车 - 检查水温传感器
>105℃	① 散热器脏污 ② 电子扇不工作 ③ 节温器损坏 ④ 水温传感器或发动机控制单元导线损坏	- 清洁散热器 - 检查电子扇功能 - 检查节温器 - 检查水温传感器

004_4：由于进气温度传感器安装在发动机机舱中，因此长时间停车后，此温度约为外界温度；发动机运转过程中，进气温度高于外界温度。

004_4	可能原因	故障排除
恒定 19.5℃	① 识别出进气温度传感器 G42 有故障	- 查询故障存储器
	② 进气温度传感器 G42	- 检查进气温度传感器

二　相关原理说明

以下就奥迪 / 大众车型的电能控制 / 管理进行说明。

1. 不带电能管理的老款车型

在较老的系统中，励磁电流流经充电指示灯灯泡或 LED。如果是采用 LED 形式，需增加并联电阻以提高励磁电流。点火开关刚旋转到"起动"档时，接线柱 50 和 50b 接通，此时串联电阻桥可增大励磁电流，并且 LED 充电指示灯在两端电动势相同时立即熄灭，如图 3-32 所示。

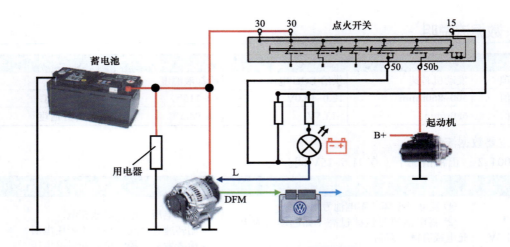

图 3-32　不带电能管理的旧款车的电路

2. 带电能管理的车型

现在的车型，基本上都通过 J519 进行电能管理，原理图，如图 3-33 所示。

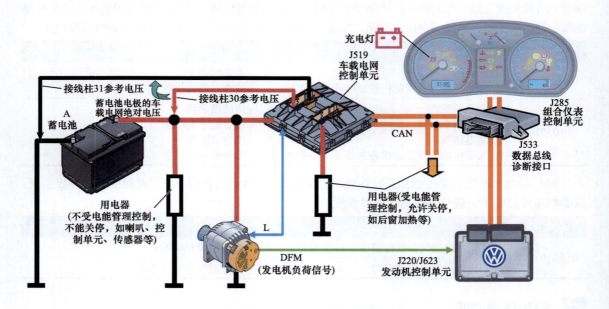

图 3-33　带电能管理系统车型

当车载网络电压 <12.7V 时，就不能确保能向蓄电池充电。为防止出现这样的情况，可采取以下措施：

① 提高怠速转速以获得较高的充电电压。
② 减少用电器的电能输出，甚至关闭。

3. 发电机内部线路图

了解发电机的内部线路图（图 3-34），才能清楚发电机的控制。

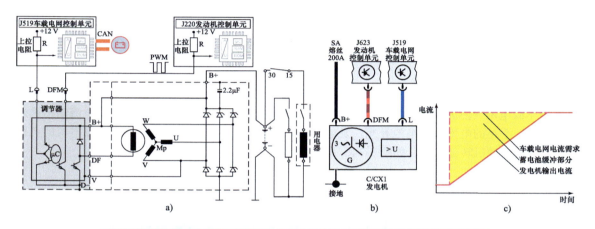

图 3-34 奥迪/大众发电机原理图、电路图和发电机斜升阶段电流变化图

电压调节器有温度相关的特性。发电机温度较低时，输出电压稍偏高，以确保蓄电池充电良好；当处于温度较高时，输出电压稍降低，以防止蓄电池过充。

（1）接线柱 L 的说明

接线柱 L 的作用是提供发电预励磁电流，同时提供仪表告警功能。

打开点火开关，控制电流切换到调节器。在发电机不转动的情况下，接线柱 L 处于约 1V 的低电平工况。当控制电流流过时，调节器通过预励磁电流切换到励磁绕组。此款新的紧凑型发电机的电流从 B+ 流向励磁绕组。测量接线柱 B+ 到交流发电机的电流，约为 100mA。

当交流发电机工作时，电压调节器将 "L" 切换到车载电压，高电平。J519 将此信号通过 CAN 发送到仪表，作为控制充电灯点亮或熄灭的输入信号。

当电压过高时，调节器将 L 线设置为低电平，作为警告。

当 L 线断路时，发动机转速超过 1500r/min 后发电机开始发电。

（2）DFM（Dynamo Field Monitor）发电机负荷信号

当发动机控制单元工作时，向 DFM 信号线提供带上拉电阻的 +12V 电压。当发电机不运转时，电压调节器输出一个恒定的 PWM 信号，用于诊断检测；当交流发电机正在运行时，励磁绕组的末级信号转换为 PWM 信号发送给发动机控制单元，作为发电机的负荷信号。也就是说，当 PWM<100% 时，说明发电机处于"打开点火开关"或负荷 <100% 的工况；0V 表示磁场绕组不再因电压调整而关闭，因此负荷大于 100%。当发电机负荷按近 100% 时，发动机控制单元会提高转速、以提高发电量，降低发电机负荷。表 3-4 表示 DFM 与用电器/转速的关系。

表3-4　DFM与用电器/转速的关系

工况	DFM			
	700r/min	1400r/min	2000r/min	3000r/min
急速	38%~47%	23%~27%	18%~20%	16.9%
仅开前照灯	50%~60%	29%~31%	25%~27%	16.9%
仅开空调	45%~60%	32%	25%~30%	16.9%
开前照灯/空调	74%~99%	49%~51%	47%~50%	20%

（3）"V"发电机转速信号

当发电机的转速较低时，发电机判断为静止或起动工况，发电机不工作，可减少发动机的负荷，以利于迅速起动。

当发电机转速较高时，判断为急速转速或超过急速转速，发电机供参励磁电流，开始工作。

当车载电网突然需要大电流时，例如空调、后窗加热、电动转向等，发电机的电流输出进入斜升阶段，不足的电流由蓄电池补充。发电机如果迅速响应增大输出电流，会导致发电机的负荷增大，导致发动机转速波动，如图3-34c所示。

三、常见故障码

故障码	故障码含义	诊断程序	监控策略	故障判据和阈值
P0641	传感器参考电压A线路/断路	检查传感器电源线+5V电压 检查连接的传感器 检查发动机和变速器控制单元	断路/间歇性检测不到电压（0V）	信号电压>±0.3V
P0642	传感器参考电压A线路/电压过低		低于下限	信号电压不在4.6~5V范围
P0642	传感器参考电压A线路/电压过高		高于下限	信号电压不在5~5.4V范围
P0651	传感器参考电压B线路/断路		断路/间歇性检测不到电压（0V）	信号电压>±0.3V
P0652	传感器参考电压B线路/电压过低		低于下限	信号电压不在4.6~5V范围
P0652	传感器参考电压B线路/电压过高		高于下限	信号电压不在5~5.4V范围

四、故障案例

1. 接线柱30故障导致新宝来不能起动

车型：装备CFBS发动机的2014款新宝来1.4TSI，VIN为LFV2A2154A35xxxxx，行驶里程4.7万km，使用时间5年。

故障现象：经常出现发动机不能起动，伴随仪表P警告灯闪烁，可能等半小时后就能起动了。

故障诊断：

1）读取故障码，如图3-35a所示。

2）由于多数控制单元的故障码都是指向"与发动机控制单元无通信",尝试更换网关、发动机控制单元,故障仍未解决。

3）查看电路图（图3-35b）,并根据电路图中与发动机控制单元相连的电源线进行检测。最后发现J317接触不良,导致故障。

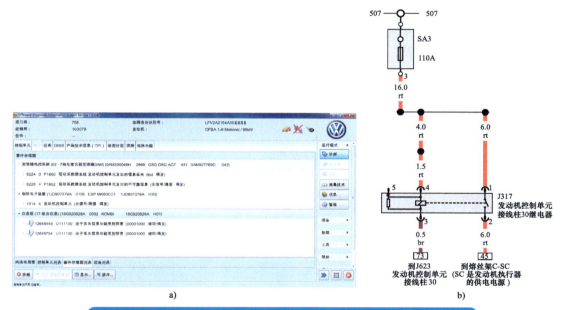

图3-35 新宝来不能起动时的故障码及发动机控制单元电源电路（部分）

故障排除：更换J317发动机控制单元接线柱30继电器。

2. 新速腾车偶尔怠速超过5min后空调压缩机不吸合

车型：装备CLRM发动机的2014款新速腾1.6,VIN为LFV2A21K1E40xxxxx,行驶里程4800km,使用时间半年。

故障现象：车辆怠速超过5min后空调压缩机不吸合,且充电灯闪亮。车辆行驶车速50km/h以上,空调又正常。

故障诊断：

1）故障确认,与车主反映的一样。同时发现在出现故障时挂倒档,发动机摆动较大,充电灯可能熄灭,压缩机吸合,故障消失。关闭发动机后再起动,怠速超5min后故障重现。

2）所有系统都没有记忆故障码。

3）读取相关数据流。

004		怠速		
数据项	发动机转速	供给ECU电压	水温	进气温度
实际值	760r/min	11.5V	87℃	48℃
经验值	680r/min	>13.5V	>80℃	>外界温度
050		怠速	怠速转速调节-空调提速	
数据项	发动机转速	目标转速	压缩机吸合请求	压缩机吸合允许
实际值	760r/min	760r/min	空调高档	切断空调
经验值	680r/min	700r/min	A/C-High	Compr.ON

050_3 表示发动机控制单元 J220 收到压缩机吸合的请求信号（驾驶员按下 A/C 键、乘员舱温度较高），050_4 表示 J220 达不到压缩机吸合的条件而不允许压缩机吸合。

可以看到 004_2 低于经验值，初步判断由于 J623 检测到电压较低而不允许压缩机吸合。此时，如果动一下发动机舱的线束，004_2 电压会变为 12.9V，压缩机吸合。

通过以上分析，判断是线束接触不良导致。

故障排除：经对结束仔细检查，发现发电机的 L 线断路。修复后故障排除。

原因分析：当 L 线断路，怠速时发电机不发电。怠速时间过长后，导致蓄电池亏电、电能管理工作，切断压缩机信号。如果转速上升，发电机能正常发电，压缩机吸合；挂挡时，L 线刚好能连接，发电机开始工作，压缩机也吸合。

3. 熔丝断路导致迈腾怠速不稳

车型：装备 1.8TSI 的 2015 款迈腾 B7L。

故障现象：怠速不稳，排放灯和 EPC 灯点亮。

故障诊断：

1）读取故障码，共有 12 个（图 3-36）。多个配件同时出现故障的可能性较小，一般是共同电源线或接地线、发动机控制单元或较大的电磁干扰导致。

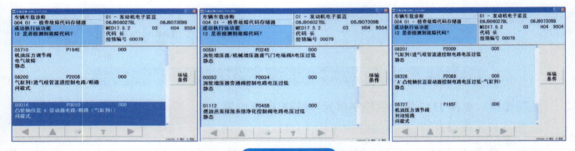

图 3-36　故障码

2）故障码多数为电压过低，初步判断是电源线故障。通过电路图分析（图 3-37），这几个故障码都有共同的电源熔丝——SB18。

3）最后确认是 SB18 熔丝断路。

故障排除：更换 SB18 熔丝。

4. 全新宝来 J519 故障导致发电机怠速不工作

车型：全新宝来。

故障现象：仪表上充电灯一直点亮。车主反映，在这样的状态下已行驶了 3000km，但仍能正常起动。

故障诊断：

1）通过诊断仪读取故障码，全车无故障记忆。

2）通过 01-08-004_2 读取发电机电压。怠速时电压为 12.3V，前照灯灯光较暗，发电机应没有发电；踩加速踏板将发动机转速提至 1700r/min 后，发电机电压为 13.5V，前照灯灯光较亮，发电机应已发电；松开加速踏板，发电机电压仍为 13.5V。就是说，只有起动发动机后从怠速到 1700r/min 这段时间，发电机不工作。

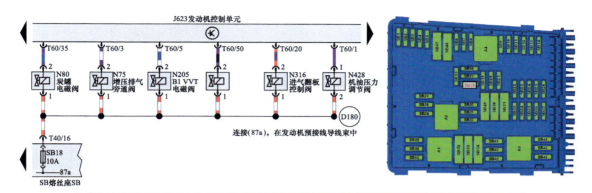

图 3-37 装备 CEA 发动机的迈腾 1.8TSI 电路图（部分）和熔丝布置（发动机舱左侧）

3）对发电机的 L 线进行测量，结果如下。

	发电机接插正常连接		拔下发电机接插	
	正常车	故障车	正常车	故障车
打开点火开关	1V	0V	蓄电池电压	0V
急速	>13.5V（蓄电池电压）	0V	蓄电池电压	0V

检查发电机 L 接脚与 J519 的连线，正常，判断是 J519 故障。

故障排除：更换 J519。

故障说明：此车仅是起动后到 1500r/min 的期间没有发电。只要转速超过 1500r/min 后，发电机即提供励磁电压开始发电，并且一旦激活就会持续发电，直到发电机停止转动为止。这也是此车蓄电池一直能正常工作的原因。

但如果起动后长时间处于急速工况，可能会导致蓄电池亏电太多并且不能再次起动，还可能产生 P1602—电压过低的故障码，如图 3-38 所示。

图 3-38 电压过低的故障码

5. 传感器基准电压故障

车型：装备 CGM 发动机的迈腾 2.0TSI，行驶里程 2.8 万 km。

故障现象：发动机较难起动；起动后仪表 EPC 和排放灯点亮，踩下加速踏板转速提升慢并且最高只能到 2800r/min。

故障诊断：

1）通过诊断仪读取故障码。发现除了两个较常见的故障 P1545（节气门控制功能失效）和 P2106（节气门控制单元 J338 由于系统故障功能受限）外，还有两个故障码 P0641（传感器基准电压"A"断路）和 P0651（传感器基准电压"B"断路）；并且 4 个故障都是发生在打开点火开关的同一时间，初步判断是传感器的 +5V 线、某个传感器内部的 +5V 线短路到接地、发动机控制单元故障等。

2）起动后读取相关数据流。

062		急速	电子节气门电位计电压比 U/U 基准	
数据项	节气门角度 1-G187	节气门 2-G188	加速踏板 1-G79	加速踏板 2-G185
实际值	0.0%	0.0%	0%	0.0%
经验值	13%	87%	14.5%	7%
091	第 2 代 VVT	急速	进气凸轮轴 B1 VVT	
数据项	发动机转速	N205 调整	B1 进气调整目标值	B1 进气调整实际值
实际值	680r/min	46%（不变化）	34°KW（不变化）	34°KW（不变化）
经验值 *2	760r/min	43%~46%	34°KW	34°KW
115		急速	增压控制	
数据项	发动机转速	发动机负荷	目标增压压力	实际增压压力
实际值	680r/min	18.0%	290mbar（不变化）	20mbar（不变化）
经验值	680r/min	18%	300~390mbar	990mbar
142	开关式	急速	进气歧管翻板诊断	在功能 04 基本设定
数据项	实际位置	目标位置	翻板电压偏差	诊断结果
实际值	100%	0.0%	5V	系统异常
经验值	0%	0%	3.74V	系统正常

数据流说明多个传感器受 +5V 电源电压（基准电压）影响，并且故障不容易准确定位。

3）打开点火开关，测量相关传感器的 +5V 电源线，显示为 0.29V，说明 +5V 电源线存在短路到接地。逐个拔下传感器，当拔下 J338 电子节气门控制单元时，基准电压立即变为 +5V，说明故障点在 J338。经对线路进行检查，发现其连接线束被人为接错，车主后来反映是此车曾出现较大的事故，维修后故障就出现了。

故障排除： 对 J338 电子节气门控制单元的线束重新按电路图进行连接。

案例说明：

奥迪/大众传感器的基准电压电路一般分为 A、B、C 三种，车型和发动机型号不同，其连接的传感器有少许差异。图 3-39 所示为装备 CSS 发动机的高尔夫 7 1.4TSI 的相关电路。

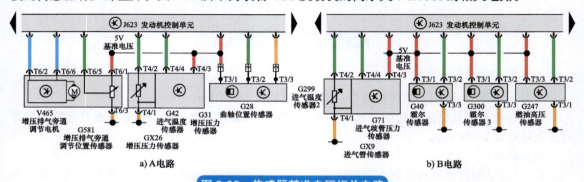

图 3-39 传感器基准电压相关电路

第三节 005~007组 基本功能（二）

一 数据流说明

1. 第005组 行车工况

005	各工况			
数据项	发动机转速	发动机负荷	车速	行车工况
规定值	640~6800r/min	13.5%~150%	0~255km/h	LL/TL/VL/SA/BA
经验值	640~6800r/min	13.5%~150%	0	LL

主要数据流解释：

005_4：行驶工况。LL-急速，TL-部分负荷，VL-全负荷，SA-倒拖/断油滑行，BA-急加速增浓。发动机工况如图3-40所示。

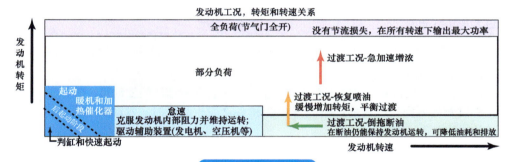

图3-40 发动机工况

2. 第006组 海拔

006	各工况			
数据项	发动机转速	发动机负荷	进气温度	海拔修正
规定值	640~6800r/min	13.5%~150%	-48~105℃	-50%~20%
经验值	640~6800r/min	13.5%~150%	＞外界温度	-4%~0%

主要数据流解释：

006_3：进气温度。现在的G42进气温度传感器一般集成在G71进气歧管压力传感器或G70空气流量计中，如果带增压的车，它一般安装在中冷器后。因此它的检测温度一般高于环境温度。

006_4：海拔。F96海拔传感器一般安装在发动机控制单元。如果此车是采用G71检测进气量时，一般是通过G71与节气门位置传感器的模型进行计算。海拔=（1-进气压力/1013）×10000，修正值与海拔的关系如下：

示值	＜+10%	-4%~+1%	-10%	-20%	＞-50%
海拔	-1000m，故障	0m	1000m	2000m	5000m，故障

3. 第007组 缸内直喷模式

007	各工况			
数据项	发动机转速	发动机负荷	水温	MED 模式
规定值	640~6800r/min	0%~150%	80~115℃	00000001

主要数据流解释：

007-4、048-1、143-4、150-1、169_4：MED 工况								说明
							1	均质模式，λ = 1
						1		均质稀燃模式
					1			均质分层，两次喷射
				1				分层模式
			1					分层加热 TWC，两次喷射
		0						——
	1							均质分层模式/TWC 加热，两次喷射
1								均质防爆燃模式

1= 采用的工作模式 0= 没有进入此模式 SV= 禁止分层模式

二、相关原理说明

1. 进气温度G42

（1）进气温度的作用

G42 用作检测进气温度，以修正实际进气量。对装备涡轮增压的发动机，它安装在中冷器后，用于修正温度对增压空气密度的影响。当 G42 和 G62 发生故障时，发动机熄火后电子扇会保持转动较长的时间。

（2）进气温度传感器的工作原理

进气温度传感元件是一个负温度系数（NTC）的电阻应变片。当对传感器元件加热时，其电阻值会急剧下降，使得相应的信号输出电压值也减少。该电压范围约 0.2~4.9V。ECM 通过特性曲线即可换算成温度值，如图 3-41 所示。

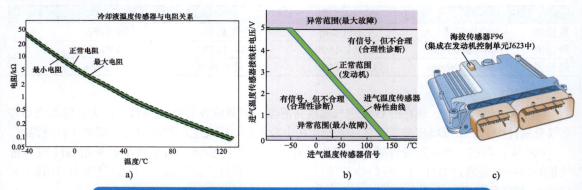

图 3-41 进气温度传感器的特性（a 和 b）、海拔传感器 F96 安装位置（c）

当 G42 发生故障时，发动机控制单元使用一个替代温度（一般是 20℃），此时点亮排放灯，发动机功率可能稍有下降。但实际上影响不大，因为进气量可通过闭环控制进行修正。

2. 海拔

（1）海拔信号的作用

海拔信号的作用如下：

1）对装备涡轮增压的发动机，用作增压调节。当海拔增加，空气压力和密度降低，需降低增压压力以防止涡轮增压器转速过高。

2）修正起动过程和起动后的空燃比。随着海拔的增加，空燃比变稀，要防止混合气过浓。

3）用于 EGR 的调节修正。在高海拔时，减少 EGR 阀的开度或打开时间，防止 EGR 过量。

（2）海拔信号检测方法。

为检测海拔，高配车型一般装备了海拔传感器 F96，通常安装在 ECM 中，如图 3-41 所示。

为了节省成本，部分低配车型将进气歧管压力传感器 G71 所检测的数据作为计算海拔的参数，其控制策略如下：

1）打开点火开关时，将 G71 的信号转换为海拔参数。

2）在行驶过程中，当节气门打开较多时，将 G71 的信号转换为海拔参数。一般情况下，当急踩下加速踏板 50% 时，进气歧管的压力就接近大气压力。现以非增压发动机为例，说明海拔变化的两种情况。

① 上山。在海拔 4000m 时，由于空气压力低，吸入发动机的空气体积为 2.0L 时仅相当于平原的 1.3L，因此在上山过程中肯定需要急踩加速踏板，此时发动机控制单元就可根据 G71 推算海拔。

② 下山。在此过程中，发动机控制单元通过较快的车速，但节气门开度较小，判断处于下山过程，此时会慢慢减少降低海拔的数值。

③ 当 G71 发生故障时，以大气压力为 850mbar/ 海拔 1500m 作为替代值，兼顾平原和高原。

三 故障案例

1. 高尔夫A6起动后空调不制冷

车型：装备 CDFA 1.6 发动机的 2010 款高尔夫 A6，采用半自动空调，行驶里程 7 万 km，使用时间 5 年，VIN：LFV2B11K9A32xxxxx。

故障现象：起动后怠速工况，打开空调制冷，鼓风机工作，感觉出风口的风不冷，判断压缩机不制冷；但此时只需将发动机转速提升超过 2000r/min 就感觉出冷风，然后空调制冷功能一直正常，包括怠速工况；但关闭发动机再次起动后处于怠速工况，又回复到之前的不能制冷状态。

故障诊断：

1）检查制冷剂压力，正常。

2）通过 ODIS 对空调系统进行诊断，没有故障记录。

3）数据流分析如下：

① 通过 ODIS 读取空调数据流，如图 3-42a 所示。"空调操作信息"状态是冷却，说明空调控制单元 J301 已接收到乘客需要制冷的信号。但发现"压缩机关闭要求"的数值是"来自发动机控制单元（ECM）通过 CAN 的关闭"，从而导致压缩机电流、转速和负荷都为 0，并且空调的其他信号均在正常值范围，因此可以判断压缩机不工作的原因来自发动机控制单元 J220。

② 通过 ODIS 对发动机进行诊断。读取故障码，发现有 P2279—进气系统有少量气流不可信信号的故障码，如图 3-42b 所示。

诊断报告 (功能检测) 26.07.2015 19:29

测量值:			
名称列:	数值:	名称列:	数值:
端子30电压	13.2 V	再循环风门规定值	0.00%
压缩机关闭要求	来自发动机控制单元（ECM）通过CAN的关闭	温度风门，实际值	26
压缩机电流，规定值	0.0 A	温度风门，规定值	0.00%
压缩机转速	0 r/min	温度风门，冷停止	25
压缩机负荷	0.0 Nm	温度风门，热停止	227
制冷剂压力	7.8 bar	国家编码	德国
散热器风扇促动实际值	24.80%	气流分配风门，实际值	80
冷却液风扇启动，规定值	20.00%	气流分配风门，规定值	21.50%
怠速增加	未激活	再循环空气的状态	手动再循环启用
外部空气温度	32.0 °C	折叠式车顶状态	关闭
车外温度内部计算	31.5 °C	自点火开关关闭的时间	5 min
中央出风口温度 -（仪表板，驾驶员侧）	30.666666 °C	气流分配风门，除霜停止（通过上部车身出口）	291
脚部空间出风口温度	37.333332 °C	气流分配风门，除霜停止（通过除雾）	22
蒸发器后的温度	27.333334 °C	空调操作信息	冷却
车内温度	32.0 °C	冷却液温度	89 °C
鼓风机状态	接通	发动机转速	700 r/min
调光器信号	0%	车速	0 km/h

a)

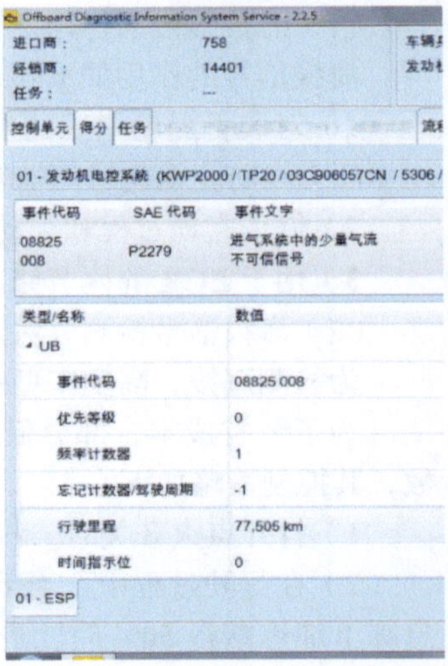

b)

图 3-42 通过 ODIS 读取故障时怠速开空调的空调数据流及故障码

③ 据故障码的内容，故障原因可能是进气系统存在漏气。经过排查，发现此车炭罐电磁阀 N80 关闭不严，有漏气现象。但更换后并确认进气系统没有漏气，故障未能解决。

④ 通过 ODIS 读取发动机数据流。经分析，发现有几个数据偏离了正常值较大的范围：海拔传感器为 −39%（相当于处于海拔 3900m）；发动机负荷为 21%（正常为 17%）；空燃比修正为 −14.6%（正常为 ±5%）。

⑤ 根据经验，大气压力传感器位于发动机控制单元中，不能单独更换，尝试更换 J220，但故障仍未解决。重新对故障码和数据流进行分析，它们都指向进气系统，已确认没有漏气。对进气系统的各元件进行分析，怀疑进气的主要传感器 G71 进气歧管压力传感器故障。因此，打开点火开关，读取发动机数据流，发现 G71 数据不合理。打开点火开关停机时，G71 应是大气压力，约 1000mbar；现在为 620mbar，如图 3-43a 所示。

故障排除： 更换 G71，数据流显示正常（图 3-43b），故障解决。

测量值:					
名称列:	数值:	识别:	名称列:	数值:	识别:
发动机转速	0 /min	1.1	平均喷油正时	0.0 ms	2.3
冷却液温度	78.0°C	1.2	进气歧管压力	620 mbar	2.4
空燃比调节值	0.00%	1.3	发动机转速	0 /min	3.1
基本设置的设置条件	10110010	1.4	进气歧管压力	620 mbar	3.2
发动机转速	0 /min	2.1	节气门角度（电位计）	8.24%	3.3
发动机负荷	100.00%	2.2	正时角度（当前值）	0.0°OT	3.4

a) 故障车

测量值:					
名称列:	数值:	识别:	名称列:	数值:	识别:
发动机转速	0 /min	1.1	平均喷油正时	0.0 ms	2.3
冷却液温度	90.0°C	1.2	进气歧管压力	990 mbar	2.4
空燃比调节值	0.00%	1.3	发动机转速	0 /min	3.1
基本设置的设置条件	110011	1.4	进气歧管压力	1000 mbar	3.2
发动机转速	0 /min	2.1	节气门角度（电位计）	8.24%	3.3
发动机负荷	100.00%	2.2	正时角度（当前值）	0.0°OT	3.4

b) 正常车

图 3-43 打开点火开关时的发动机系统数据流

2. 案例分析

通过对数据流的研究，总结本案例中发动机管理系统的控制策略，如图 3-44 所示。

（1）进气歧管压力传感器 G71 信号合理性的判断

传感器有四种故障类型：

1）最大故障：信号超过正常范围的上限。

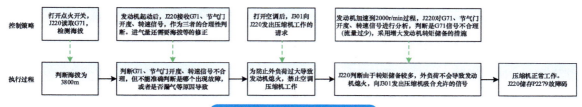

图 3-44 发动机控制策略分析

2）最小故障：信号超过正常范围的下限。
3）信号故障：无信号。
4）不合理故障：有信号，但信号不合理。

为了判断故障，采取以下三种方案：

① 直接采样。主要检测最大 / 最小值。
② 直接采样 + 辅助信号。对信号合理性的判断。
③ 采样 + 主动诊断。特殊检测，例如对后氧的诊断。

对于本案例的 G71，可能存在第 4 种故障，因此需采用②方案进行检测，就是引入节气门和转速。因为对于给定的发动机，它们三者的关系（加上其他修正参数）基本是恒定的，就是只要其中一个参数出现偏差，可通过其他两个参数进行计算判断，如图 3-45 所示。

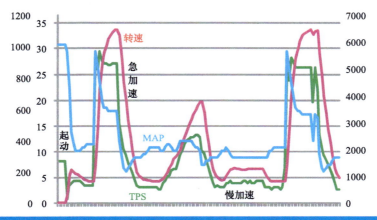

图 3-45 发动机标定过程中转速、节气门和进气歧管压力传感器的三者关系示意图

（2）ECM 与空调压缩机工作

空调控制单元在吸合压缩机前，为防止转矩波动，必须先向发动机控制单元发出"压缩机吸合请求"的信号。发动机控制单元接到此外部转矩变化的信号，增大转矩。如果发动机判断发动机能满足转矩变化，向空调控制单元发出"压缩机吸合允许"的信号，空调控制单元就可吸合压缩机。

第四节

008组 制动真空泵

一 数据流说明

008	HFM	急速		不带基本设定
数据项	制动踏板	供给ECU电压	真空泵状态	制动助力器绝对压力
规定值	踩下/松开	12.0~15.0V	ON/OFF	mbar
经验值	松开	>13.5V	OFF	300mbar
	MAP	急速		不带基本设定
数据项	制动踏板	真空泵状态	进气压力	制动助力器绝对压力
规定值	踩下/松开	ON/OFF	mbar	mbar
经验值	松开	OFF	300mbar	300mbar
	HFM	急速		在功能04 基本设定
数据项	制动踏板		制动助力器绝对压力	结果
规定值	踩下/松开		mbar	测试关闭/开启、系统正常/异常
经验值	松开		300mbar	测试正常

主要数据流解释：

008_1：制动踏板状态。只有制动灯开关F和制动踏板F47同时接通时，会显示"踩下"；否则会显示"松开"。

008_4：带基本设定功能的车辆。根据车型不同，有两种设定方法：

第1种：关闭发动机、打开点火开关、自动变速器处于P或N位；进入诊断仪的功能04（基本设置）；用按钮4激活短行程功能（接通）；用力踩下制动踏板两次，008_4显示"测试开始"；等候"系统正常"在008_4中出现。

第2种：自动变速器处于P或N位；进入诊断仪的功能04（基本设置）；起动发动机，同时踩下制动和加速踏板，转速会上升到2200r/min；等候"系统正常"在008_4中出现。

制动助力器绝对压力应接近进气歧管压力300mbar。如果一直低于进气歧管压力，有可能是真空助力器或连接软管漏气。

二 相关原理说明

1. 需要装备制动真空泵的原因

为提高制动舒适性，部分奥迪/大众车装备了制动真空泵。在以下两种工况，需要外加的真空泵产生制动真空。

（1）冷起动工况

按照国Ⅳ及以上排放要求，冷起动后TWC尽快加热以达到工作温度，并且此时发动机阻力较大。如果此时挂挡行驶，节气门开度较大，导致进气歧管真空度较低，可能导致制动助力器的真空度不足。利用发动机产生真空的原理，如图3-46所示。

（2）低速并且外负荷较大的情况

在发动机处于低转速控制区域,为了预留转矩,一般推迟点火角,因而节气门开度都比较大(图 3-46b)。如果此时开空调、打方向及高原等综合因素,会导致进气压力大于 75kPa。

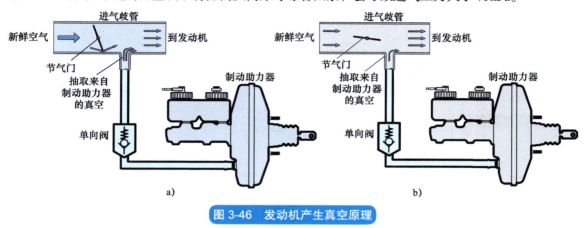

图 3-46 发动机产生真空原理

2. 制动真空泵类型

奥迪 / 大众装备了电动和机械两种类型的真空泵。

（1）电动真空泵

1）电动真空泵包括以下类型:

① 开环控制型。其特点是不带制动助力器压力传感器。通过发动机负荷、发动机转速、节气门开度、制动灯开关计算出制动助力器中的压力,然后与发动机控制单元内的脉谱图进行对比,必要时控制真空泵工作。工作原理如图 3-47 所示。

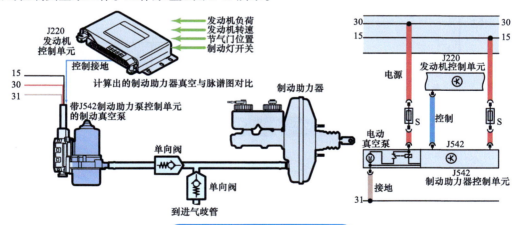

图 3-47 开环控制型电动真空泵

② 闭环控制型。其特点是带制动助力器压力传感器 G294。发动机控制单元根据 G294 的数据与脉谱图进行对比,必要时电动真空泵工作,如图 3-48 所示。

2）电动真空泵的控制策略。为了避免真空泵频繁地接通和断开,采用"延迟控制"的策略,即在制动真泵在制动助力器压力的某个范围内进行接通和断开,如图 3-49 所示。

（2）机械真空泵

EA888 的制动助力器和其他需要真空驱动的系统（如涡轮增压的进 / 排气旁通阀、EVAP、进气翻板等），都是通过机械真空泵产生真空的。机械真空泵采用回转叶片式泵，由排气凸轮轴驱动并安装在高压泵后。由于真空泵在任何工况下都能提供50mbar的连续真空，因此不需要真空罐储存真空，如图3-50所示。

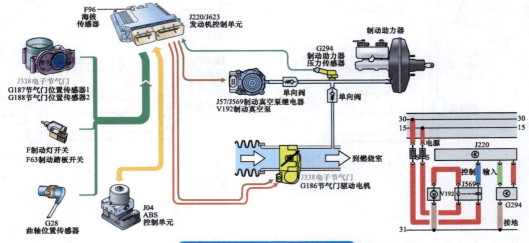

图3-48 闭环控制型电动真空泵

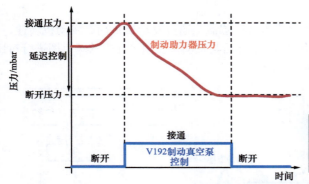

压力/mbar	接通压力			延迟控制
海拔/m	0	800	1000	
开环控制型	>550	>525		≈50
闭环控制型	>600		>540	≈170

图3-49 电动真空泵的控制

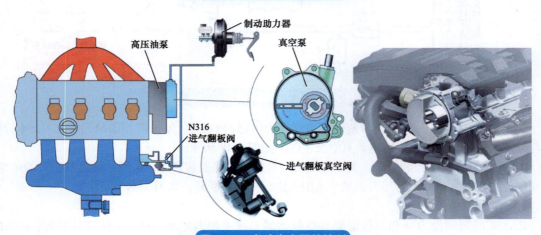

图3-50 电动真空泵的控制

000~009组 基本功能 第三章

由于机械真空泵工作需要机油润滑，因此产生的真空不能直接排到大气中，需进入燃烧室内进行净化。

三 故障案例

本案例为真空助力器故障导致轻踩制动时产生紧急制动的工况。

车型：装备 CLX 发动机的 2013 款奥迪 A6L 2.5L，行驶里程 9 万 km，使用时间 4 年。

故障现象：轻踩制动踏板时，就象用力急踩制动踏板一样，并且制动踏板上方有"嗞嗞"响声。

故障诊断：

1）通过诊断仪读取故障码，所有系统正常。

2）由于与制动有关，因此读取相关数据流。可以看到，008_4 制动助力器绝对压力偏高，并且高于进气歧管压力较多，结合制动踏板上方有"嗞嗞"响声（检查是由真空助力器发出），判断是真空助力器内部漏气导致。

008	MAP	急速		不带基本设定
数据项	制动踏板	真空泵状态	进气压力	制动助力器绝对压力
实际值	松开	OFF	370mbar	475mbar
经验值	松开	OFF	300mbar	300mbar

故障排除：更换真空助力器。

第五节

009组 保养间隔

一 数据流说明

009		保养间隔	机油及油耗信号	
数据项	发动机机油液面	机油警告灯范围	燃油油耗信号	燃油油耗比值
规定值	mm	39~50mm	0~65535	0~65535

二 相关原理说明

1. 机油液位传感器

奥迪/大众采用两代机油液位传感器。

1）第一代：热敏式机油油位传感器（TOG）。机油油位传感器安装在油底壳中的下部。持续测得的油位和温度数据作为脉冲宽度调制的输出信号传递给组合仪表，如图 3-51 所示。

在组合仪表中确定车辆的机油油位策略如图 3-52 所示，并可灵活调整至下次保养的里程上限值（最大 3 万 km）和时间（最长 2 年）。

2）第二代：封装式超声波油位传感器（PULS）。这种传感器是按超声波原理来工作的，发出的超声波脉冲被机油-空气的边界层所反射。根据发出的脉冲和返回的脉冲之间的时间差，参照声波的速度就可计算出机油油位，如图 3-53 所示。

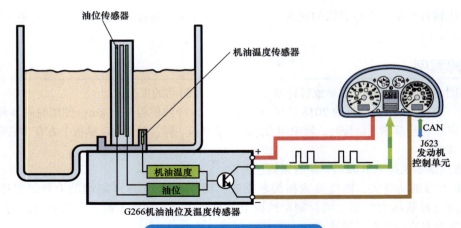

图 3-51　第一代机油液位传感器

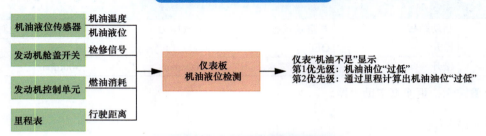

图 3-52　仪表机油不足的判断策略

图 3-53　超声波油位传感器原理图

2. 发动机机油压力（以第3代EA888为例）

图 3-54 和图 3-55 所示为第 3 代 EA888 发动机的润滑系油路部件位置和系统结构。

其主要部件说明如下：

1）F378 机油低压开关在 0.55~0.85bar 时接通，其作用是监测急速及低转速时的油压。如果有此开关的故障码，则需要检查 N428 机油压力调节阀、F378 低压油压开关、线束，以及可能导致内部泄压的其他零件。

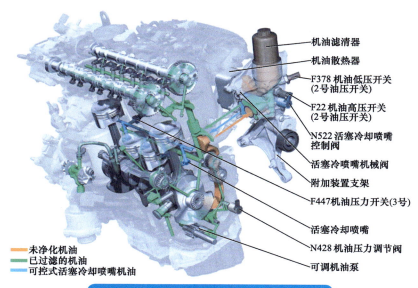

图 3-54 第 3 代 EA888 润滑系油路部件位置

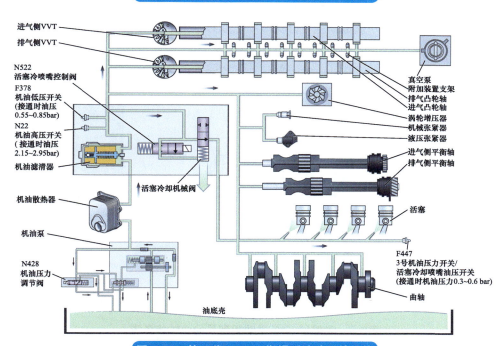

图 3-55 第 3 代 EA888 润滑系油路系统结构

故障案例：车型为早期装备 EA888 的 B8/CC/GTI 2.0T。故障是停车等红灯时偶发机油压力不足警告灯点亮，踩加速踏板后故障消失。通过诊断仪读得故障码为 P164D00（用于较低油压的机油压力开关功能失效）。通过机油压力检查，热车怠速为 0.7bar（标准值为 0.85~1.6bar），2000r/min 时为 1.6bar（标准值为 1.2~1.6bar）。此故障须认真检测 VVT 机构的轴承桥，可能是由进排气凸轮轴磨损导致，如图 3-56 所示。

2）F22 机油高压开关在 2.15~2.95bar 时接通，其作用是检测高转速时的油压。

图 3-56　磨损的凸轮轴轴承桥

3）N428 机油压力调节阀的作用是控制机油泵供给压力合适的机油。

4）F447（3 号）机油压力开关，又称活塞冷却喷嘴油压开关，在 0.3~0.6bar 时接通。它的作用是监测活塞冷却喷嘴通道油压。如果有此开关的故障码，则需要检查 N522 活塞冷却喷嘴控制阀、机油滤清器支架内的机械阀和油压开关 F447。

3. EA888机油消耗大的处理方案

1）机油消耗的原因。GB/T 19055—2003《汽车发动机可靠性试验方法》规定：其原因在全速满负荷试验过程中，机油 / 燃油消耗百分比应小于 0.3%。任何一款发动机都会有机油消耗，如图 3-57a 所示。

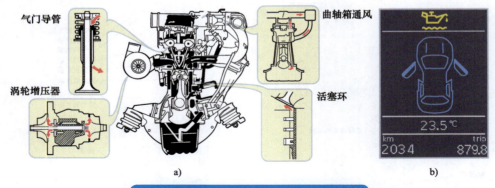

图 3-57　机油消耗的原因及机油不足警告灯

2）奥迪 / 大众对机油消耗的主要技术改进如下：

① 控制曲轴箱通风的负压，见表 3-5。部分发动机需要更换曲轴箱通风阀。

表3-5　奥迪/大众各发动机型号的曲轴箱负压

系列	版本	标准 /mbar	偏差 /mbar
EA888	MLB（1.8TSI、2.0TSI）；MQB（Q3）	−100	−105 ± 15
	EVO2；MQB（其他）	−100	−20
EA837	3.0TFSI	−150	−146 ± 16
	4.0TFSI	−150	
其余		−150 ~ −100	

② 对油气分离器做技术改进，防止早期损坏。

③ 油耗过高，更换三片式活塞环。如果已是三片式活塞环，则需要更换发动机。配件如下：

排量	三片式活塞环配件号	备注
1.8T	L 06L 107 065 AM	
2.0T	L 06L 107 065 AR	部分发动机同时更换 L06L 105 401 M 新结构连杆

三 故障案例

1. EA888发动机保养后机油足够，但机油不足警告灯仍点亮

车型：装备 EA888 发动机的 GTI、全新迈腾、CC。

故障现象：做更换机油的保养后，"机油不足"警告灯仍点亮。已确保机油添加量足够、使用原厂机油，并已更换机油传感器。一般是行驶1~2天后，机油不足警告灯自动熄灭，如图3-57b所示。

原因说明：EA888 发动机的机油油面高度的检测/计算有两种方式，分别是动态检测和静态检测。

1）动态检测主要是在行车过程中进行的。重要的测量参数包括：发动机转速；发动机温度，应已达到正常工作温度；来自 ESP 控制单元的纵向加速度和横向加速度；发动机舱盖接触点信号，舱盖必须是关闭的；最后一次舱盖断开 - 接通后的行驶距离超过 50km；并且在这个行驶循环内必须存在一定数量的测量值。

由于动态检测更为精确，因此作为第一优先级进行判断。但出现以下工况时，停止动态检测：加速度值高于 $3m/s^2$；机油温度超过 140℃；操纵了发动机舱盖接触开关 F266。

2）在动态检测停止工况，进行静态检测。在下述情况下开始静态检测：点火开关"接通"，为了能更快地获得测量结果，实际上在打开驾驶员车门时就开始检测；发动机机油温度 >40℃；发动机转速 <100r/min；发动机停机时间 >60s；来自 ESP 的车辆倾斜信号；驻车制动信号。

当机油油位高度可能会导致发动机损坏时（测量值低于最小值），会出现"油位不足"报警。

根据以上的测量条件，如果保养前显示"机油不足"，现在车辆的仪表记忆还是上次的报警记录状态，依然可能会报警。当车辆行驶至少超过 50km，并满足上述条件后，报警才能解除，所以保养后当时无法解除报警是正常的。

2. 发动机积炭原因说明

常见产生积炭的部位如图 3-58 所示。有以下两种原因产生积炭：

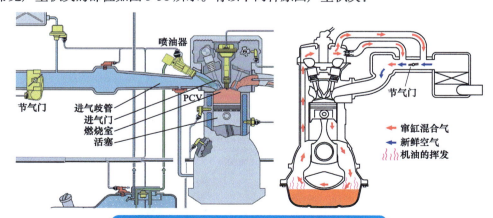

图 3-58　常见产生积炭的部位及曲轴箱通风示意图

1）PCV 产生的曲轴箱废气。在中高速、急加速和大负荷时，部分窜缸混合气通过节气门后

进入燃烧室,此时由于高温而挥发的机油蒸气会附在节气门翻板、节气道上,产生积炭;进到燃油室后会在进气门背面、燃烧室产生积炭。解决方案是添加优质低挥发度的机油。

2)使用含胶质较多的汽油。高温时汽油中的蜡和胶质释放出来,导致进气门背面和燃烧室/活塞顶产生积炭,严重时会导致气门卡滞而损坏缸盖。对于缸内直喷的发动机,由于VVT的内部EGR工作,也会导致汽油胶质多而产生积炭。

3. W12加机油时不得使用密封加机油口的辅助加注工具

车型:装备W8和W12发动机的奥迪A8L、辉腾。

技术说明:W8和W12发动机的曲轴箱通风结构较复杂(图3-59)。如果使用密封加机油口的辅助加注工具(图3-60a),由于加油量较大,在曲轴箱通风装置中产生压力,机油会通过净化漏气的路径漏到进气管中,很容易损坏发动机。

因此,建议使用漏斗慢慢加注(图3-60b)。如果在温度极低的时候,还需等待几分钟,让机油充分流到油底壳后,才能起动发动机。关于机油加注量,W8发动机约8L,W12发动机带机滤的为11.2L,不带机滤的为10.2L。

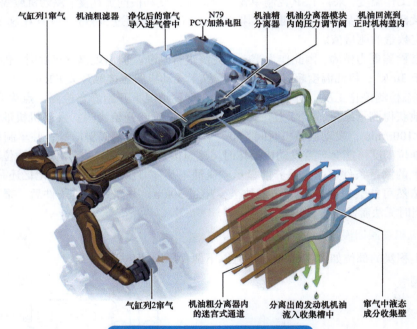

图3-59 W12发动机曲轴箱通风结构

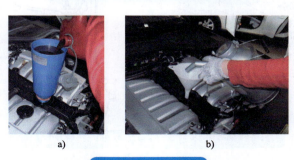

图3-60 加机油方法

第四章

010~029组 点火和爆燃

奥迪/大众将010~019组定义为点火控制组，将020~029组定义为爆燃控制组。

第一节

010~019组 点火控制组

一、数据流说明

1. 第010和011组 点火

010		怠速		
数据项	发动机转速	发动机负荷	节气门开度（G187）	点火提前角
规定值	700~860r/min	13.5%~150%	0.2%~4.0%	0~6°BTDC
经验值	680r/min	13%~45%	3.1%~4.0%	0~6°BTDC
011		怠速		
数据项	发动机转速	水温	进气温度	点火提前角
规定值	700~860r/min	80~105℃	−48~105℃	0~6°BTDC
经验值	680r/min	>80℃	>外界温度	0~6°BTDC

2. 第012组 分电器调节/配气正时

012		怠速	配气正时	G40带半圆形信号盘
数据项	发动机转速	发动机负荷	G28距G40上升沿的齿数	G28距G40下降沿的齿数
规定值	700~860r/min	13.5%~150%	26~30	86~90
经验值	680r/min	13%~45%	28	87

主要数据流解释：

012_3 和 012_4：主要用于早期G40带半圆形信号盘的车型，用于分析配气正时是否正确。

当G28检测到参考点信号时，ECM对G28信号盘进行齿数计数，一旦G28齿数计数为26~30齿时，G40应输出上升沿信号；当G28齿数计数为86~90齿时，G40已判断曲轴为第二圈，G40应输出下降沿信号。

如果不在此范围，说明配气正时不正确。

3. 第014~017组 失火识别

014		行车	失火识别	
数据项	发动机转速	发动机负荷	总失火量	失火识别
规定值	640~6800r/min	0~150%	0~5	active/blocked
经验值	640~6800r/min	13%~45%	0	active
015		行车	1~3缸失火识别	
数据项	1缸失火量	2缸失火量	3缸失火量	失火识别
规定值	0	0	0	active/blocked
经验值	0	0	0	active

第016、017、019组分别显示第4~6、7~9、10~12缸失火量；第四区与第015组第四区相同。

主要数据流解释：

数据显示	可能的故障原因	故障排除
014_3>5 015_1、015_2、015_3、015_4、015_5、015_6>1 以上数据不断增加，或记忆失火相关的故障码	火花塞故障	检查火花塞
	点火线圈及连接线故障	检查点火线圈及连接线
	喷油器故障	检查喷油器
	未计量的空气进入	检查进气系统是否泄漏
	机械故障	检查气缸压力
	EGR阀N18卡滞/故障	检查EGR系统

014_4、015_4、016_4：是否进行失火监测。在坏路、换档、发动机起动后、倒拖滑行、急加速等工况，如果无法辨别失火与其他因素的影响，就会中断失火监测系统，数据显示blocked。其他工况，都处于"active"工作状态。

4. 第018组 失火识别的负荷/转速控制窗口

018	行车		失火后故障保护	
数据项	转速最低下限	转速最高上限	负荷最低下限	负荷最高上限
规定值	0	0	0	0
经验值	0	0	0	0

如果没有检测到失火，所有值都是0。

二 失火的原理说明

1. 失火检测的工作原理

在多种失火检测方案中（包括图4-1所示的通过离子流判断失火），已确认检测曲轴转速的变动是最合适的。

奥迪/大众的失火检测是通过转速传感器精确感知来自曲轴飞轮信号盘的发动机转速波动，判断是否出现失火的。当失火发生时，发动机转矩会突然下降，并引起发动机曲轴上飞轮信号的"齿加速度"发生变化，因而系统可以用"齿加速度"的变化来表示发动机运转的粗糙度水平，进行失火检测，如图4-2所示。

要精确检测失火是较难的，因为失火仅使间隔延长0.2%。参看图4-2右上。因此ECM需要采取多种措施防止误判。

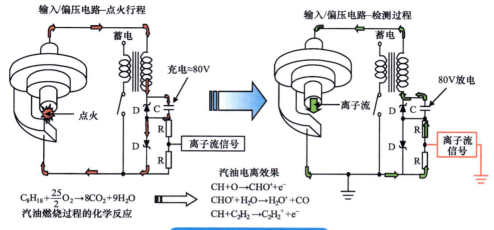

图 4-1 通过离子流判断失火

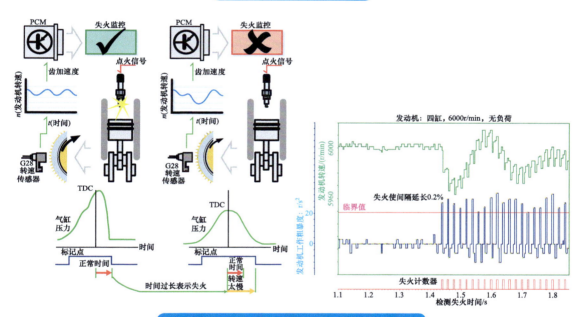

图 4-2 通过转速变化判断失火及失火检测的难度

2. 失火率与排放故障灯的关系

失火率与排放故障灯的关系见表 4-1。

表 4-1 失火率与排放故障灯的关系

检测内容	说明	失火故障判定方法	失火率统计周期	排放故障灯
催化器损坏的失火检测	引起催化器损坏的失火率	超过此失火率	曲轴转 200 圈	闪烁
排放相关的失火检测	超过 OBD 排放限值的失火率	如果在第一个统计周期内失火计数器超过设定值 如果在一个运转循环中失火计数器在 4 个统计周期内超过设定值	曲轴转 1000 圈	点亮

3. TWC损坏的失火检测

失火发生时,未燃烧的混合气会在TWC中燃烧,这会加速涂层老化,甚至损坏TWC。一般的载体可接受温度为900~1000℃。

在高转速进气压力较高的区域,TWC温度可能在很短时间内达到临界值(≈1s),因此法规要求在曲轴转200圈内就要将故障检测出来,相当于6000r/min时约2s内完成检测是有意义的。

4. G28信号盘齿隙学习

为了修正G28信号盘的齿隙偏差或发动机独特的运转特性,在更换G28或信号盘后,必须对失火识别进行匹配。成功匹配是进行可靠断火识别的前提。

1)早期欧Ⅲ车型使用装备OBD的西门子发动机管理系统,G28信号盘齿隙学习方法是:清除故障码;01-10-00 清除自适应值;01-04-060 节气门基本设定;举升车辆,从1档至5档,每个档位将发动机转速提高到4500r/min后,迅速松加速踏板,直至转速降至最低。

2)早期非西门子系统:在滑行状态下实现,因为此时没有出现燃烧过程,发动机的旋转运动较均匀。

3)现在所有的系统:只要未出现失火,可在整个运行过程中实现。

针对后两种系统,其学习方法是:清除故障码;01-10-00 清除自适应值;在直路,让发动机在惯性滑行中的转速由约4000r/min降至2000r/min,共5次。

三 失火相关故障码

引起失火/发动机工作不良的原因很多。建议诊断流程如图4-3所示。

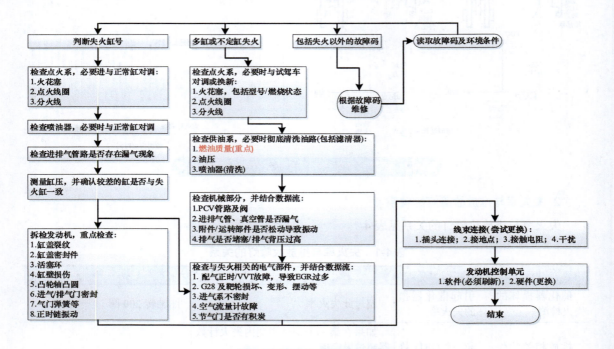

图4-3 建议失火诊断流程

010~029组 点火和爆燃 第四章

失火相关的常见故障码如下：

故障码	故障码含义	诊断程序	监控策略	故障判据和阈值	启用条件的辅助参数	监测时间长度
P0300 P0301 P0302 P0303 P0304	检测到不定缸失火 检测到1缸失火 检测到2缸失火 检测到3缸失火 检测到4缸失火	检查喷油器 检查点火线圈 检查火花塞 检查进气系统泄漏 检查汽油压力	曲轴转速波动	失火率导致排放超阈值>2.66% 失火率导致催化器损坏>1.214%	转速在520~6500r/min 进气温度>48℃ 水温>30℃ 没有断油和检测到坏路	曲轴转1000圈 曲轴转200圈

四 故障案例

1. 由于正时带跳齿导致装备BJG发动机的捷达急速不稳

车型：装备BJG发动机的2011款捷达1.6。

故障现象：急速不稳，行驶动力稍差。

故障诊断：此车已清理过节气门和喷油器，更换了火花塞，故障仍未解决。

数据流分析：通过诊断仪读取数据流。

001	单列发动机		急速		
数据项	发动机转速	冷却液温度	TWC前氧修正值	基本设定所需的工况	
实际值	768r/min	85.5℃	−26.6%	111111	
经验值	740r/min	84~94.5℃	−10.0%~10.0%	11111111	
002	装备MAP		急速	歧管喷射MPI	
数据项	发动机转速	发动机负荷	喷油脉宽	进气压力	
实际值	768r/min	29.8%	4.12ms	479.4mbar	
经验值	740r/min	18%	3ms	350mbar	
012			急速	配气正时	G40带半圆形信号盘
数据项	发动机转速	发动机负荷	G28距G40上升沿的齿数	G28距G40下降沿的齿数	
实际值	768r/min	30.2%	32	91	
经验值	680r/min	13%~45%	28	87	

从012_3和012_4可以看到，初步判断是配气正时跳了一个齿，导致002_2负荷偏高、001_3混合气偏浓。

故障排除：更换正时带和张紧器，按手册要求重新校正配气正时，故障解决。

2. 油气分离器故障导致失火

车型：装备CGMA发动机的2015款迈腾B7L 2.0TSI。

故障现象：发动机抖动、急加速不良，排放故障灯和EPC灯点亮。

故障诊断：

1）通过VAS5052a读取故障码，如图4-4a所示。

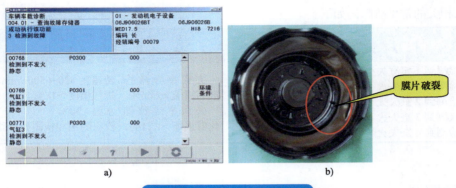

图 4-4 故障码截图及故障原因

2）由于产生失火的原因很多，故障点不容易确认，采用数据流分析的方法。

001	单列发动机		急速		
数据项	发动机转速	水温	TWC 前氧修正值	基本设定所需的工况	
实际值	760r/min	94.0℃	22.7%	01111111	
经验值	740r/min	84~94.5℃	-10.0%~10.0%	11111111	
002	装备 HFM		急速	TSI	
数据项	发动机转速	发动机负荷	喷油脉宽	进气量	
实际值	760r/min	29.3%	1.79ms	4.2g/s	
经验值	680r/min	17%	0.51~0.75ms	2.9g/s	
003	装备 HFM		急速		
数据项	发动机转速	进气量	节气门开度（G187）	点火提前角	
实际值	760r/min	4.2g/s	0%	1°BTDC	
经验值	680r/min	2.9g/s	0.2%~4.0%	3~6°BTDC	

3）数据流分析。在 003_3 节气门开度为 0% 的情况下，003_2 还有较大的进气量，导致 002_2 发动机负荷偏大、001_3 混合气需要较大的增浓修正。由于空气流量计检测到较大的进气、但节气门开度很小，初步判断是节气门后方有较大的泄漏。经对管道、N80 炭罐电磁阀、真空助力器进行仔细检查，没有发现漏气现象。

4）对曲轴箱通风阀（精分离器）进行检查，发现漏气较严重。更换后正常。

故障排除：更换曲轴箱通风阀。

原因分析：曲轴箱通风阀膜片破裂后（图 4-4b），空气可从节气门后方直接进入燃烧室。但由于膜片不规则的破裂，进气量也会不断变动，导致进入各缸的进气量不同、工作动力也不一样，产生失火。

3. 歧管喷射喷油器故障导致失火

车型：装备 EA111/CDF 发动机的 2014 款高尔夫 6/新宝来/新速腾 1.6。

故障现象：排放故障灯点亮、加速无力。

故障诊断：

1）通过诊断仪读取故障码，有某缸失火的故障码，如图 4-5a 所示。

010~029组 点火和爆燃 第四章

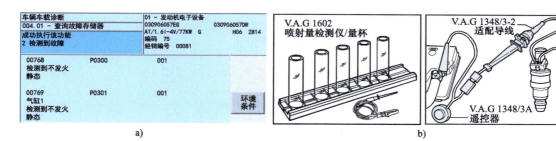

图4-5 单缸失火故障码和歧管喷射喷油器的喷油量检测

2）通过诊断仪读取失火的相关数据流，发现1缸失火严重。

015			行车	1~3缸失火识别
数据项	1缸失火量	2缸失火量	3缸失火量	失火识别
实际值	198	0	0	激活
经验值	0	0	0	active

3）失火缸与正常缸火花塞、点火线圈互换，故障没有转移。
4）根据维修手册对喷油器的喷射量进行检查。要求：工作30s，喷油器喷油量85~105mL，所有喷射束必须相同，如图4-5b所示。

故障排除： 更换喷油量和喷射束形状异常的喷油器。

4. 更换曲轴后油封后出现失火故障

车型： 装备EA111/CFB发动机的2014款高尔夫6/新宝来/新速腾/新迈腾。
故障现象： 更换曲轴后油封后出现发动机怠速抖动、加速不良。
故障诊断： 更换曲轴后油封后，出现1缸和4缸失火的故障码，如图4-6a所示。

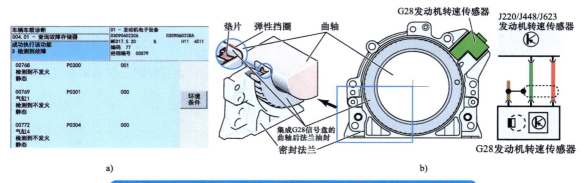

图4-6 1缸和4缸失火故障码和集成G28信号盘的曲轴后法兰油封

技术说明： 集成G28信号盘的曲轴后法兰油封（图4-6b）进行了技术改进，配件号见表4-2。如果更换曲轴后法兰油封，必须执行措施代码"3AD7"的软件刷新。

表4-2 集成G28信号盘的曲轴后法兰油封配件号

状态	改进前	改进后
配件号	03C 103 170 A	生产线 03C 103 170，售后配件 03C 103 170 C

第二节
020~029组 爆燃控制组

一、数据流说明

1. 第020~025组 爆燃控制

020		行车	爆燃控制	
数据项	1缸爆燃延迟	2缸爆燃延迟	3缸爆燃延迟	4缸爆燃延迟
规定值	0~12.75°CA	0~12.75°CA	0~12.75°CA	0~12.75°CA
经验值	0°	0°	0°	0°
021		行车	爆燃控制	
数据项	5缸爆燃延迟	6缸爆燃延迟	7缸爆燃延迟	8缸爆燃延迟
规定值	0~12.75°CA	0~12.75°CA	0~12.75°CA	0~12.75°CA
经验值	0°	0°	0°	0°
022		行车	爆燃控制	
数据项	发动机转速	发动机负荷	1缸爆燃延迟	2缸爆燃延迟
规定值	640~6800r/min	0%~150%	0~12.75°CA	0~12.75°CA
经验值	640~6800r/min	13%~45%	0°	0°

第023、024、025组第三和第四区分别显示3~4、5~6、7~8缸的爆燃延迟；第一、二区与022组相同。

主要数据流解释：

爆燃系统的组成，如图4-7所示。

023~025组的第3和第4区为爆燃延迟，怠速应显示0°CA；在行驶时，仅输出各气缸最大工况测量值。大众车采用分缸爆燃控制，如图4-7所示。

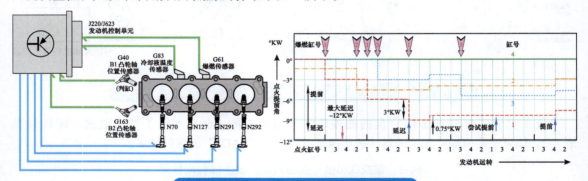

图4-7 爆燃子系统组成及分缸爆燃控制原理

如果发生爆燃，则将该缸的下次点火正时推迟一个固定的量，奥迪/大众定为3°CA（曲轴转角）。对于被判断为爆燃的每一缸的每一个燃烧过程都要重复这一检测程序。如果不发生爆燃了，便以很小的步幅慢慢地增大点火提前角，直到恢复至脉谱图的数值。提前的角度根据发动机匹配的不同，可能是 0.33°、0.35° 或 0.75°。

如果所有缸都显示 >0°CA，可能是爆燃传感器损坏、接插头锈蚀或接触不良、爆燃传感器拧紧力矩过大、发动机附件松动、燃油质量差、发动机过热或积炭严重等。

如果某一缸与其他缸有差别，可能是发动机机械故障或发动机附件松动等。

2. 第026和027组 爆燃传感器电压（已包含放大系数）

026	爆燃基准电压	行车	爆燃控制	
数据项	1缸爆燃电压	2缸爆燃电压	3缸爆燃电压	4缸爆燃电压
规定值	0~2.5V	0~2.5V	0~2.5V	0~2.5V
经验值	0.7V	0.7V	0.7V	0.7V

第 027 组显示第 5~8 缸的爆燃基准电压。

主要数据流解释：

026 和 027 组表示爆燃自适应控制。实际上发动机运行时，不同气缸的爆燃极限值都是不同的，因此也要相应地调整各个气缸。为了在不断变化的运行工况内，使预置的点火正时能够适应各缸不同的爆燃极限，就需要为各个气缸的预置点火正时储存不同的偏移量。

根据其设计原理图特性（图4-8），打开点火开关发动机还未工作时，026 和 027 组均显示静态偏置电压，其数据见表4-3。各缸爆燃基准电压差异在 0.2V 以内为最合适。如果电压过高的缸可能有积炭、喷油器雾化不良等情况。

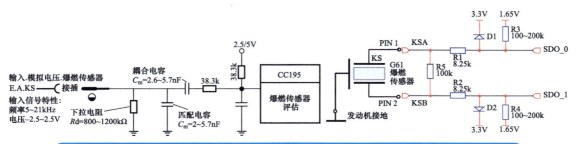

图 4-8　爆燃传感器控制和诊断设计示意图（仅供参考，左图为单线式，右图为双线式）

表4-3　常见车型的爆燃偏置电压（026组）和基准电压

车型	控制单元硬件	软件	软件版本	排量	打开点火开关	急速
B7L	06J906027HM	MED17.5.2	H05 7824	1.8TSI	16.7	0.9
B7L	06J906027EH	MED17.5.2	H04 4073	1.8TSI	16.7	1.25~1.72
B7L	06J906027EH	MED17.5.2	H04 4073	1.8TSI	16.7	0.79~1.09
CC	06J906027BN	MED17.5.2	H04 0625	2.0TSI	16.7	0.7~1.0
NCS	03C906022CA	MED17.5.20	H11 1817	1.4TSI	15.6	1.0~1.4
NCS	03C906022CA	MED17.5.20	H11 4511	1.4TSI	15.6	1.3
NSC	06C906057EG		H07 2814	1.6L	0.0	0.0
宝来	03C906057DP	ME7.5.20	H06 7598	1.6L	0.0	0.0

（续）

车型	控制单元硬件	软件	软件版本	排量	打开点火开关	怠速
宝来	03C906022BD	MED17.5.20	H04 7590	1.4TSI	15.6	1.09~1.404
高尔夫 7	04E907309M	MED17.5.25	H20 7677	1.4TSI	16.8	1.5~2.4
捷达	06A906023AD	Simos94	00H 6971	1.6L	4.1	0.4~0.7
迈腾 B6	06J906026CM	MED17.5.2	H10 3947	1.8TSI	15.9	0.78~1.25
速腾	06G906033C	Simos76	H01 8933	1.6L	4.1	0.3~0.6
速腾	06A906023H	Simos93	H02 5571	1.6L	4.1	0.3
速腾	06A906024M	Simos93	H02 7963	1.6L	4.1	0.4
新速腾 GP	03C906057EG	ME7.5.20	H07 2814	1.6L	0.0	0.0

3. 第028组 爆燃传感器诊断-短行程测试

028		停车急加油	爆燃控制诊断	在功能 04 基本设定
数据项	发动机转速	发动机负荷	水温	结果
规定值	2600~6600r/min	>13.5%	80~105℃	测试关闭 / 开启、系统正常 / 异常
经验值	2600r/min	20%	80~105℃	系统正常

数据流说明： 此组用于爆燃传感器的诊断。方法如下：停车工况，拉起驻车制动；进入诊断仪的发动机控制模式，再进入功能 04（基本设置）用"激活"按钮启动短行程；用力踩下制动踏板和加速踏板，然后急加速至 Test On 出现、转速约 2200r/min，再松开加速踏板，如此四次。等待"系统正常"在区域 4 中出现。

二 爆燃传感器相关故障码

故障码	故障码含义	诊断程序	监控策略	故障判据和阈值	启用条件的辅助参数	监测时间长度	监测频率
P0324	爆燃系统控制错误	检查爆燃传感器 G61/G66	内部硬件检查	脉冲测试过程失败 硬件检测错误 传感器信号错误	爆燃传感器控制激活		2 周期
P0327	爆燃传感器 G61 输入信号过低	检查爆燃传感器 G61	信号范围检查	低于阈值，0.07~0.53V	发动机转速 >2200r/min 水温 >49.5 发动机负荷 >30%	0.5s	2 周期
P0328	爆燃传感器 G61 输入信号过高	检查爆燃传感器 G61	信号范围检查	低于阈值，8~30V	发动机转速 >2200r/min 水温 >49.5 发动机负荷 >30%	0.5s	2 周期
P0332	爆燃传感器 G66 输入信号过低	检查爆燃传感器 G66	信号范围检查	低于阈值，0.07~0.53V	发动机转速 >2200r/min 水温 >49.5 发动机负荷 >30%	0.5s	2 周期
P0333	爆燃传感器 G66 输入信号过高	检查爆燃传感器 G66	信号范围检查	低于阈值，8~30V	发动机转速 >2200r/min 水温 >49.5 发动机负荷 >30%	0.5s	2 周期

三 故障案例

1. 12398（软件识别早火后降低发动机功率）和12480（燃油质量缺陷）故障码

TSI 发动机火花塞烧蚀的一个最重要原因是混合气在点火前的早燃。奥迪/大众在发动机控制单元中增加了早燃识别功能。当检测到早燃后，软件中会有相应的故障记忆（图4-9），并对相应缸断油而导致发动机抖动，这都属于正常现象，是对发动机的保护。它是通过爆燃传感器的电压进行检测。

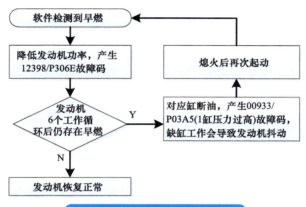

图 4-9　ECM 对 12398 检测流程

因此，如果出现12398/P306E、12480/P30C0故障码，并可能有00933/P03A5（1缸压力过高）的故障码，将伴随发动机抖动、加速无力的故障。售后维修诊断方案如下：

1）通过诊断仪读取其控制单元版本号（图4-10），如果版本较低，则需升级。由于软件可能不断升级，图4-10中的版本号仅供参考。

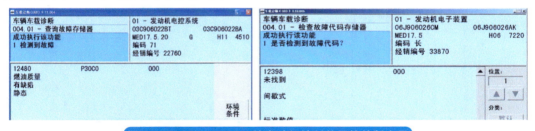

图 4-10　12398/12480 的发动机控制单元软件版本号

2）更换质量较好、标号较高的燃油。必要时清洗燃油箱。

3）检查火花塞，必要时更换，如图4-11a所示。

4）读取026组数据。如果各缸爆燃电压相关超0.3V，可能气门、燃烧室积炭严重（图4-11b），需进行清洗。如果是维修发动机后出现的故障码，可能是机械安装原因导致。

5）尝试更换爆燃传感器，并严格按维修手册上的力矩（一般是20N·m）进行拧紧。

6）尝试起动车辆，挂空档，保持深踩加速踏板约1min，以清除活塞顶部积炭和机油。

2. 通过爆燃传感器电压判断劣质汽油导致发动机异响

车型：装备 BWH 发动机的 2006 款新宝来 1.6，VIN 为 LFV2A11559300xxxx，行驶里程 5023km，使用时间 3 个月。

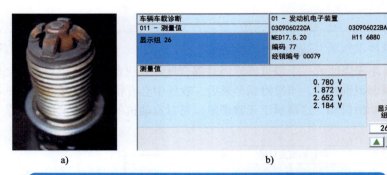

图 4-11　受污染 MMT 的火花塞和某车积炭严重产生 12480 故障码

故障现象：冷车故障不明显。热车后原地急踩加速踏板，或转速超 3000r/min 时，明显听到发动机内部有"咯咯咯"声，并且行驶无力。

故障诊断：

1）用 VAS5052a 对发动机控制单元诊断。包括发动机系统在内的全车系统无故障码。

2）停车怠速时读取发动机数据流，没有发现明显的故障。初步判断发动机控制系统是正常的。

3）对发动机机械部分进行诊断。停车将转速升到 4000r/min，此时有很明显的"咯咯咯"声；用听诊器听各缸的位置，发现每缸的响声是一样的；进行断缸试验，分别断各缸的喷油器，各缸响声一样。初步判断故障不是由机械部分原因导致。

4）从以上分析，可说明故障不在原车质量，怀疑是燃油质量问题。由于开始时没有读取故障时的数据流，因此在出现故障时重新读数据流。

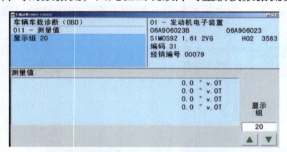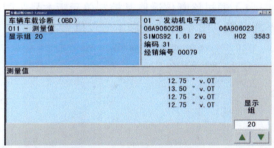

图 4-12　爆燃传感器电压数据流（左图为怠速工况，右图为停车 4000r/min 工况）

5）新宝来 1.6 采用西门子 SimosS92 系统，对爆燃的误判较少。从图 4-12 可以判断，发动机响声是由于爆燃导致的，并会使发动机动力下降。因此，我们集中在爆燃原因进行分析。产生爆燃的原因如下：

① 燃油质量：由于燃油中混有低燃点物质，会导致油气混合物在火花塞点火前自动爆燃。

② 发动机温度过高：使进气温度过高。

③ 点火角过早：在压缩行程时已有较多的汽油燃烧，导致还没有燃烧的混合气承受极大的压力而自燃。

④ 混合气过稀：由于燃烧时间过长导致部分继续燃烧的混合气进入下一循环。

⑤ 燃烧室积炭：压缩比增大而产生高压，积炭表面产生高温热点。

⑥ 使用热值不对的火花塞：压缩行程时，过热的火花塞会点燃混合气。

010~029组 点火和爆燃 第四章

6）通过数据流，可确认发动机温度和点火角正常；由于是新的发动机，燃烧积炭和混合气过稀的机会少；火花塞采用原厂火花塞。现在就怀疑燃油质量了，但仅从外观不能确认故障。

7）清洗油箱，更换全部汽油及汽油滤清器，起动后试车，异响消失。

故障排除：清洗油箱，更换全部汽油及汽油滤清器。

故障原因分析：当发动机控制单元检测到爆燃后，将点火角延迟到极限 -12.75°，所以会导致发动机动力不足；但由于爆燃延迟有极限，汽油质量太差，即使延迟到最后也产生爆燃，此时发动机控制单元不会再采取其他控制方法，只能让发动机爆燃。

3. 通过爆燃基准电压定性分析单缸机械故障

车型：装备 CFB 发动机的 2015 款全新一代速腾 1.4TSI，VIN 为 LFV2A21K6D42xxxxx，行驶里程 6000km，使用时间半年。

故障现象：坐在车中感觉车身比其他车抖动厉害。

诊断过程：

1）通过诊断仪读取系统故障码，所有系统正常。

2）采集的主要数据流如下：

001	单列发动机	急速	TWC前氧修正值	基本设定所需的工况
数据项	发动机转速	水温	TWC前氧修正值	基本设定所需的工况
实际值	680r/min	87℃	1.17%	11111111
经验值	680~750r/min	80~100℃	-10%~10%	11111111
002	带MAP	急速	TSI	
数据项	发动机转速	发动机负荷	喷油脉宽	进气压力
实际值	680r/min	23.3%	0.765ms	370mbar
经验值	680r/min	17%	0.51~0.75ms	290~320mbar
003	带MAP	急速	TSI	
数据项	发动机转速	进气压力	节气门开度（G187）	点火提前角
实际值	680r/min	370mbar	2.35%	0°BTDC
经验值	680r/min	290~320mbar	3.1%~4.0%	0~6°BTDC
014		急速	失火识别	
数据项	发动机转速	发动机负荷	总失火量	失火识别
经验值	680r/min	23.3%	0	激活
020	680r/min	17%	0	active/blocked
数据项		急速	爆燃控制	
规定值	1缸爆燃延迟	2缸爆燃延迟	3缸爆燃延迟	4缸爆燃延迟
实际值	0°CA	0°CA	0°CA	0°CA
经验值	0°	0°	0°	0°
026	爆燃基准电压	急速	爆燃控制	EA111/1.4TSI
数据项	1缸爆燃电压	2缸爆燃电压	3缸爆燃电压	4缸爆燃电压
规定值	1.092V	1.092V	1.092V	1.404V
经验值	0.6~1.0V	0.6~1.0V	0.6~1.0V	0.6~1.0V

从数据流可以看到，在 003_3 节气门开度不大情况下，002_4 的进气压力稍高于正常值，并导致 002_4 的发动机负荷偏大，但急速正常。从 014 组可看到发动机每缸没有较大的工作不良情

况。从026组可以看到，1~3缸的爆燃基准电压一致，但4缸过高，初步判断有可能是发动机机械原因（1缸或4缸）不平衡导致抖动。

3）常规机械检查。包括以下内容：

①测量缸压（表4-4）。维修手册标准是新发动机10~15bar、缸间允许差是3bar。

表4-4 缸压测量值

缸号	1缸	2缸	3缸	4缸
实测值/bar	12	14	14.5	14
判断	稍低			

②检查进气管路没发现漏气，炭罐电磁阀N80和曲轴箱通风正常。调换两侧进气歧管，故障未解决。

4）根据数据流026组和气缸压力有偏差的情况分析，故障会在机械部分。于是拆检发动机，发现1缸进气门关闭不严。

解决方案： 更换发动机总成。

故障案例说明： 1缸做功时，4缸处于进气门打开的进气行程，如图4-13所示。如果此时1缸进气门关闭不严，导致压缩气泄漏而进入4缸，4缸进气量增大，压缩比偏大，026_4的爆燃电压比其他缸高。

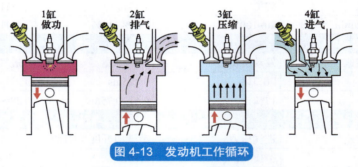

图4-13 发动机工作循环

4. 通过爆燃基准电压定性分析12480（燃油质量缺陷）故障

车型： 装备CFBY发动机的2014款新速腾1.4TSI，VIN为LFV2A21KXD41xxxxx，行驶里程5万km，使用时间1.5年。

故障现象： 急加速不良，上坡时有咔咔的爆燃声，排放故障灯点亮。

故障诊断：

1）读取故障码。发动机系统记忆了12480/P30C0-燃油质量有缺陷的故障码；并确认其软件版本号针对12480的故障码升级已是最高版本，如图4-14所示。

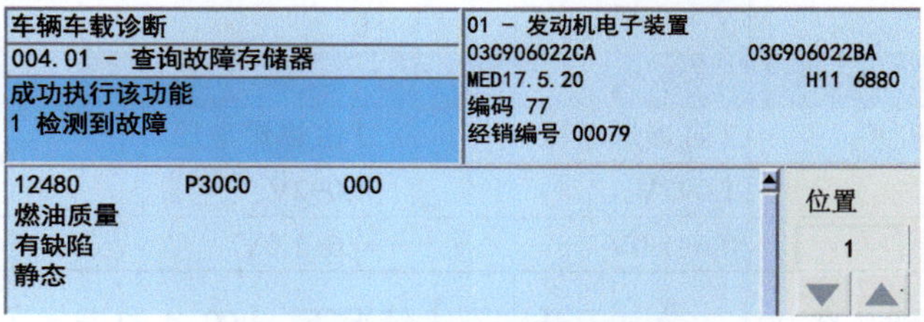

图4-14 12480故障码

2）读取数据流如下：

001	单列发动机		急速		
数据项	发动机转速	水温	TWC 前氧修正值	基本设定所需的工况
实际值	720r/min	90.0℃	5.5%	01111111
经验值	740r/min	84~94.5℃	−10.0%~10.0%	11111111
002	装备 MAP		急速	TSI	
数据项	发动机转速	发动机负荷	喷油脉宽	进气压力
实际值	680r/min	18%	0.51ms	310.0mbar
经验值	680r/min	17%	0.51~0.75ms	290~320mbar
003	装备 MAP		急速		
数据项	发动机转速	进气压力	节气门开度（G187）	点火提前角
实际值	680r/min	310.0mbar	1.20%	4.5°BTDC
经验值	680r/min	290~320mbar	3.1%~4.0%	0~6°BTDC
004			急速		
数据项	发动机转速	供给 ECU 电压	水温	进气温度
实际值	680r/min	13.818V	90.0℃	47.0℃
经验值	680r/min	>13.5V	>80℃	>外界温度
026	爆燃基准电压		急速	爆燃控制	
数据项	1 缸爆燃电压	2 缸爆燃电压	3 缸爆燃电压	4 缸爆燃电压
实际值	0.780V	1.872V	2.652V	2.184V
经验值	0.7V	0.7V	0.7V	0.7V
090	第 2 代进 VVT 单列		行车 / 有负荷	进气凸轮轴 B1 VVT	
数据项	发动机转速	N205 状态	B1 调整规定值	
实际值	680r/min	OFF	19.5°KW	
经验值	680r/min	ON	19.5°KW	
091	第 2 代 VVT		行车 / 有负荷	进气凸轮轴 B1 VVT	
数据项	发动机转速	N205 调整	B1 进气调整目标值	B1 进气调整实际值
实际值	640~680r/min	6.27%	19.5°KW	19.5°KW
经验值	680r/min	5.90%	19.5°KW	19.5°KW

通过 091 组初步判断发动机配气相位正常，002~004 组初步判断发动机急速的主要控制正常。001_4 第 1 位为 0，表示有故障码，并且导致 090_2 显示 VVT 调节阀 N205 停止调节。

3）026 组可以看到，急速工况的爆燃基准电压较高。针对此故障，进行更换 95# 汽油、清洗喷油器、清洗进气道及缸内积炭、更换火花塞和点火线圈、对调更换爆燃传感器 / 发动机控制单元 / 线束 /VVT 电磁阀及调节机构，故障仍未解决。

4）由于初步判断的故障点仍在机械部位，并且使用时间较长，于是拆检发动机，发现气门有积炭。因此将发动机彻底解体，研磨气门、更换活塞环、清理机油道。装车后故障解决。

故障排除：清理包括气门、燃烧室在内的发动机积炭。

5. 爆燃传感器安装力矩不足导致发动机动力不足

车型：装备 CGM 发动机的 2012 款大众 CC 2.0TSI，VIN 为 LFV3A23C8B38xxxxx，行驶里程 5 万 km，使用时间 1.5 年。

故障现象：发动机急速平稳，但动力不足，急加速不良，油耗偏大。

故障诊断：

1) 通过诊断仪读取发动机系统，有一个00807的故障码，如图4-15所示。

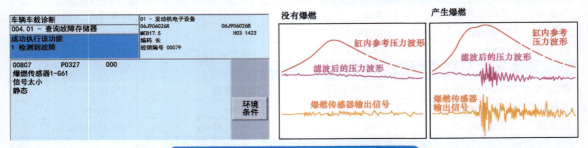

图4-15　00807故障码和爆燃传感器输出信号

2) 读取相关数据流如下：

026	爆燃基准电压	打开点火开关	爆燃控制	
数据项	1缸爆燃电压	2缸爆燃电压	3缸爆燃电压	4缸爆燃电压
实际值	16.692V	16.692V	16.692V	16.692V
经验值	16V	16V	16V	16V
	爆燃基准电压	急速	爆燃控制	
数据项	1缸爆燃电压	2缸爆燃电压	3缸爆燃电压	4缸爆燃电压
实际值	0.156V	0.156V	0.156V	0.156V
经验值	0.7V	0.7V	0.7V	0.7V

打开点火开关的电压与急速电压不同，说明线路正常。但急速时的电压远低于目标值，有可能是爆燃传感器本身或安装力矩不足导致。检查发现爆燃传感器安装力矩明显不足。

故障排除： 按要求的力矩值（20±5）N·m拧紧爆燃传感器，故障解决，如图4-16所示。

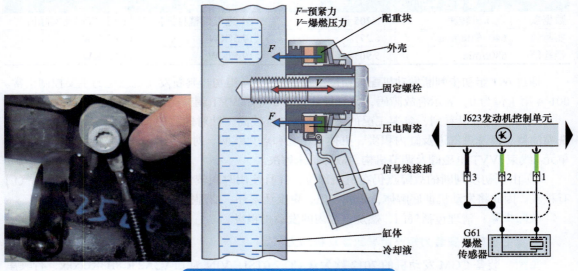

图4-16　爆燃传感器安装位置及电路图

第五章

030~049、070~079、145~149组 空燃比和排放控制

奥迪/大众将030~043组定义为空燃比控制组,将046~049组定义为催化效率诊断组,将070~079组定义为排放控制组,将145~149组定义为增强型排放控制组;此外,将160~169组定义为适用于美规的ULEV-SULEV排放控制组。

第一节

030~043组 空燃比控制组

一、数据流说明

1. 第030组 氧传感器状态

030	λ调节,单列发动机	怠速	TWC温度>350℃(34组第2区)
数据项	B1S1调节状态	B1S2调节状态	B1S3调节状态
规定值	01111	1111	1111
经验值	01111	1111	1111

	λ调节,双列发动机	怠速	TWC温度>350℃(34组第2区)	
数据项	B1S1调节状态	B1S2调节状态	B2S1调节状态	B2S2调节状态
规定值	01111	1111	01111	1111
经验值	01111	1111	01111	1111

状态位说明:

030-1/3、201-3:空燃比调节						030-2/3/4、201-4:空燃比调节				
1	2	3	4	5	含义	1	2	3	4	含义
				1	氧传感器控制启动(闭环)				1	氧传感器控制启动(I)
			1		氧传感器准备就绪			1		氧传感器准备就绪
		1			氧传感器加热接通		1			氧传感器加热接通
	1				TWC清除功能启动	1				氧传感器控制启动(P)
1					分缸空燃比控制(无控制显示0)					

1=满足条件 0=未满足条件

主要数据流解释：

030_1 第 2 位：在发动机起动或急减速断油后，三元催化器中含有较多的氧气，不能有效地对燃烧室的排气进行催化转换。为提高催化效率，此时发动机增浓，将催化器中的富氧清除。

030_1 第 3 位：此参数显示由控制模块指令的加热型氧传感器加热器状态。当加热器被指令增加时，故障诊断仪将显示较高百分比；当指令加热器不接通时，故障诊断仪将显示较低百分比。

030_1 第 5 位：1= 闭环，表示发动机控制单元根据氧传感器电压来修正喷油量；0= 开环，表示发动机控制单元忽略了氧传感器电压，仅根据节气门位置传感器、水温和空气流量传感器输入来决定喷油量。

2. 第031组 氧传感器电压

031	前后均为 LSH/LSF	急速	空燃比控制	
数据项	B1S1 氧传感器电压	B1S2 氧传感器电压	B2S1 氧传感器电压	B2S2 氧传感器电压
规定值	0.1~0.9V	0.1~0.9V	0.1~0.9V	0.1~0.9V
经验值	0.1~0.9V	0.6V	0.1~0.9V	0.6V
	前 LSU/ 后为 LSH 或 LSF	急速		
数据项	B1S1 氧传感器电压	B1S2 氧传感器电压	B2S1 氧传感器电压	B2S2 氧传感器电压
规定值	1.4~1.6V	0.1~0.9V	1.4~1.6V	0.1~0.9V
经验值	1.5V	0.6V	1.5V	0.6V
	EA888 VOL2 采用单氧	急速		
数据项	B1S1 氧传感器电压			
规定值	0.1~0.9V			
经验值	0.6V			
	单列发动机	急速		
数据项	B1 实际空燃比	B1 目标空燃比		
规定值	0.7~1.3V	0.7~1.3V		
经验值	1.0	1.0		
	双列发动机	急速		
数据项	B1 实际空燃比	B1 目标空燃比	B2 实际空燃比	B2 目标空燃比
规定值	0.7~1.3V	0.7~1.3V	0.7~1.3V	0.7~1.3V
经验值	1.0	1.0	1.0	1.0

主要数据流解释：

车型不同，数据流的含义会有不同。

LSH（管形氧传感器）和 LSF（平板氧传感器）产生的电压是一样的，过稀 <0.45V；过浓 >0.45V。

LSU（宽域氧传感器）产生的电压，过稀 >1.5V；过浓 <1.5V。

后氧传感器都是采用 LSH/LSF 型氧传感器，电压基本上保持 0.6~0.8V，当进行系统测试时会在 0.2V 左右。

3. 第032组 氧传感器学习值（最大值）

032		急速/行车	λ学习值/长效修正	最大值
数据项	B1 急速 λ学习值 +	B1 部分负荷 λ学习值 ×	B2 急速 λ学习值 +	B2 部分负荷 λ学习值 ×
规定值	−5%~5%	−10%~10%	−5%~5%	−10%~10%
经验值	−3%~3%	−5%~5%	−3%~3%	−5%~5%

030~049、070~079、145~149组 空燃比和排放控制 第五章

主要数据流解释：

032_1、032_2	混合气状态	λ 修正
<0%	过浓	减少喷油
=0%	混合气不浓不稀；ECM 检测到有故障，不进行学习；自学习值被清除	
>0%	过稀	增加喷油

032_1：加法修正 / 怠速时空燃比学习。加法修正喷油脉宽在固定值变动，与基本喷油脉宽无关。

032_2：乘法修正 / 部分负荷时空燃比学习。乘法修正喷油脉宽按基本喷油脉宽的百分比变动。常见学习值超差的原因如下：

故障件	损坏情况	032_1 怠速空燃比学习	032_2 部分负荷空燃比学习
喷油器	滴油	低	稍低
	堵塞	高	高
汽油压力	过高	稍低	较低
	过低	高	高
空气流量计	故障	（多数）低	（多数）低
进气歧管（HFM 型）	漏气	高	稍高
排气管（D 型）	堵塞	低	稍低
排气歧管	漏气	高	稍高
N80 炭罐电磁阀（HFM 型）	长通	低	稍低
机油	含有汽油	低	稍低

其他可能影响因素：氧传感器、曲轴箱通风、配气相位、气缸压力、火花塞间隙等。
如果机油中含有汽油，可能是高压泵损坏或喷油器滴油，必要时要更换机油。

4. 第033组 氧传感器控制值（瞬时修正）

033	前为 LSH/LSF	怠速	前氧修正值 / 瞬时修正	
数据项	B1S1 修正值	B1S1 电压	B2S1 修正值	B2S1 电压
规定值	−10%~10%	0.1~0.9V	−10%~10%	0.1~0.9V
经验值	−10%~10%	0.1~0.9V	−10%~10%	0.1~0.9V
	前为 LSU	怠速	前氧修正值 / 瞬时修正	
数据项	B1S1 修正值	B1S1 电压	B2S1 修正值	B2S1 电压
规定值	−10%~10%	1.4~1.6V	−10%~10%	1.4~1.6V
经验值	−10%~10%	1.5V	−10%~10%	1.5V

主要数据流解释：

033_1：空燃比瞬时修正数。由于三元催化器需要不断地在富氧 / 偏稀、缺氧 / 偏浓的交替变化中才能有效催化，因此 033_1 应在 0% 界限上下不断变化。如果一直为 0，说明空燃比调节有故障。

033_2：氧传感器电压值。解释如下：

LSH/LSF	LSU	可能原因
1.1V	4.9V	信号线对电源短路
0.4~0.5V	1.5	信号线断路
0V	0V	信号线对地短路
0.2~0.8V 变化	1.4~1.6V 变化	正常

5. 第034、035组 前氧传感器老化诊断-短行程

034	前为 LSH/LSF	停车急加油	B1S1 老化诊断	在功能 04 基本设定
数据项	发动机转速	B1 TWC 前排气温度	B1S1 变化频率	B1S1 诊断结果
规定值	2300~2800r/min	>450℃	0.10~2.80s	测试关闭 / 开启、系统正常 / 异常
经验值	2800r/min	>450℃	0.3~0.7s	B1-S1 OK
	前为 LSU			在功能 04 基本设定
数据项	发动机转速	B1 TWC 前排气温度	B1S1 动态系数	B1S1 诊断结果
规定值	2300~2800r/min	>450℃	1.2~1.99	测试关闭 / 开启、系统正常 / 异常
经验值	2800r/min	>450℃	1.6~1.9	B1-S1 OK
035	前为 LSH/LSF	停车急加油	B2S1 老化诊断	在功能 04 基本设定
数据项	发动机转速	B2 TWC 前排气温度	B2S1 变化频率	B2S1 诊断结果
规定值	2300~2800r/min	>450℃	0.10~2.80s	测试关闭 / 开启、系统正常 / 异常
经验值	2800r/min	>450℃	0.3~0.7s	B2-S1 OK
	前为 LSU			在功能 04 基本设定
数据项	发动机转速	B2 TWC 前排气温度	B2S1 动态系数	B2S1 诊断结果
规定值	2300~2800r/min	>450℃	1.2~1.99	测试关闭 / 开启、系统正常 / 异常
经验值	2800r/min	>450℃	1.6~1.9	B2-S1 OK

主要数据流解释：

034_2 和 035_2：通过发动机转速、负荷、水温等参数的计算值。

034_3 和 035_3：可以通过氧传感器的变化频率 / 周期判断氧传感器是否劣化，如图 5-1 所示。

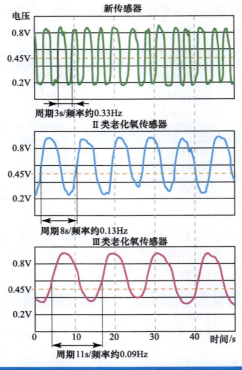

图 5-1 氧传感器动态响应曲线（左为正常、中为临界、右为已老化）

030~049、070~079、145~149组 空燃比和排放控制　第五章

034_4 和 035_4：在功能 04（基本设置）；用"激活"按钮启动短行程；同时完全踩下制动踏板和加速踏板，发动机转速自动设置 →"测试接通"到约 1600r/min；等待"B1-S1 OK"出现在区域 4 中。如果异常，则进行检查。

6. 第036组 后氧传感器老化诊断-短行程

036		停车急加油	B1S2、B2S2 准备就绪诊断	在功能 04 基本设定
数据项	B1S2 电压	B1S2 诊断结果	B2S2 电压	B2S2 诊断结果
规定值	0.1~0.9V	测试关闭/开启、系统正常/异常	0.1~0.9V	测试关闭/开启、系统正常/异常
经验值	0.6~0.7V	B1-S2 OK	0.6~0.7V	B2-S2 OK

主要数据流解释：

036_2：在功能 04（基本设置）；用"激活"按钮启动短行程；同时完全踩下制动踏板和加速踏板；发动机转速自动设置 →"测试接通"约 1800r/min；等待"B1-S2 正常"出现在区域 2 中。如果异常，则进行检查。

7. 第037、038组 空燃比漂移诊断-短行程

037	前为 LSH/LSF	急速	B1 空燃比修正漂移	在功能 04 基本设定
数据项	发动机负荷	B1S2 电压	B1 循环漂移	B1S1 诊断结果
规定值	13.5%~150%	0.1~0.9V	<49ms	测试关闭/开启、系统正常/异常
经验值	13%~45%	0.6~0.7V	30ms	B1-S1 OK
	前为 LSU	急速	B1 空燃比修正漂移	在功能 04 基本设定
数据项	发动机负荷	B1S2 电压	B1 空燃比漂移	B1S1 诊断结果
规定值	13.5%~150%	0.1~0.9V	<5%	测试关闭/开启、系统正常/异常
经验值	13%~45%	0.6~0.7V	1%	B1-S1 OK
038	前为 LSH/LSF	急速	B2 空燃比修正漂移	在功能 04 基本设定
数据项	发动机负荷	B2S2 电压	B2 循环漂移	B2S1 诊断结果
规定值	13.5%~150%	0.1~0.9V	<49ms	测试关闭/开启、系统正常/异常
经验值	13%~45%	0.6~0.7V	30ms	B2-S1 OK
	前为 LSU	急速	B2 空燃比修正漂移	在功能 04 基本设定
数据项	发动机负荷	B2S2 电压	B2 空燃比漂移	B2S1 诊断结果
规定值	13.5%~150%	0.1~0.9V	<5%	测试关闭/开启、系统正常/异常
经验值	13%~45%	0.6~0.7V	1%	B2-S1 OK

037_4 和 038_4：在功能 04（基本设置）；用"激活"按钮启动短行程；同时完全踩下制动踏板和加速踏板，发动机转速自动设置 →"测试接通"到约 1800r/min；等待"B1-S1 OK"出现在区域 4 中。如果异常，则进行检查。

8. 第039组 后氧传感器互换诊断-短行程

039	单列发动机	急速	S2 和 S3 互换控制	在功能 04 基本设定
数据项	进气量	B1S2 电压	B1S3 电压	B2S1 诊断结果
规定值	3~5g/s	0.1~0.9V	0.1~0.9V	测试关闭/开启、系统正常/异常
	双列发动机	急速	B1S2 和 B2S3 互换控制	在功能 04 基本设定
数据项	进气量	B1S2 电压	B2S2 电压	B2S1 诊断结果
规定值	3~5g/s	0.1~0.9V	0.1~0.9V	测试关闭/开启、系统正常/异常

039_4：在功能04（基本设置）；用"激活"按钮启动短行程；同时完全踩下制动踏板和加速踏板，发动机转速自动设置 →"测试接通"到约1800r/min；等待"B1-S1 OK"出现在区域4中。如果异常，则进行检查。

9. 第040组 氧传感器加热器

040	双列发动机	急速	氧传感器加热器电阻	
数据项	B1S1+B2S1 加热器电阻	状态	B1S2+B2S2 加热器电阻	状态
规定值	Ω	正在加热/停止加热	Ω	正在加热/停止加热

10. 第041、042组

041		空燃比修正	氧传感器加热器	
数据项	B1S1 内阻	B1S1 加热器工作	B1S2 内阻	B1S2 加热器工作
规定值	0~3kΩ	ON/OFF	0~3kΩ	ON/OFF
经验值	<0.15kΩ	ON	<0.15kΩ	ON
042	单列发动机	空燃比修正	氧传感器加热器	
数据项	B2S1 内阻	B2S1 加热器工作		
规定值	0~3kΩ	ON/OFF		
经验值	<0.15kΩ	ON		
	双列发动机	空燃比修正	氧传感器加热器	
数据项	B2S1 内阻	B2S1 加热器工作	B2S2 内阻	B2S2 加热器工作
规定值	0~3kΩ	ON/OFF	0~3kΩ	ON/OFF
经验值	<0.15kΩ	ON	<0.15kΩ	ON

主要数据流解释：

041_1 和 041_3：氧传感器内阻。当排气温度=350℃时，内阻<0.5kΩ；当排气温度=800℃时，内阻<0.3kΩ。

11. 第043、044组

043		停车急加油	B1S2 老化诊断	
数据项	发动机转速	B1 TWC 前排气温度	B1S2 电压	B1S2 诊断结果
规定值	2300~2800r/min	>450℃	0.1~0.9V	测试关闭/开启、系统正常/异常
经验值	2800r/min	>450℃	0.1~0.9V	B1-S2 OK
044	单列发动机，3个氧传感器	停车急加油	B1S3 老化诊断	
数据项	发动机转速	B1 TWC 前排气温度	B1S3 电压	B1S3 诊断结果
规定值	2300~2800r/min	>450℃	0.1~0.9V	测试关闭/开启、系统正常/异常
经验值	2800r/min	>450℃	0.1~0.9V	B1-S3 OK
	双列发动机	停车急加油	B1S3 老化诊断	
数据项	发动机转速	B2 TWC 前排气温度	B2S2 电压	B2S2 诊断结果
规定值	2300~2800r/min	>450℃	0.1~0.9V	测试关闭/开启、系统正常/异常
经验值	2800r/min	>450℃	0.1~0.9V	B2-S2 OK

030~049、070~079、145~149组 空燃比和排放控制 第五章

主要数据流解释：

后氧传感器的作用是监测前氧传感器和三元催化器以及对前氧传感器的信号进行修正。对前氧传感器是通过脉谱图进行修正，最大达 ±2.5%。

043_4 和 044_4：在功能 04（基本设置）；用"激活"按钮启动短行程；同时完全踩下制动踏板和加速踏板，发动机转速自动设置→"测试接通"到约 1800r/min；等待"B1-S1 OK"出现在区域 4 中。如果异常，则进行检查。

二 相关原理说明

氧传感器安装在三元催化器前后。陶瓷测量管的外表面暴露在排气中，内表面与外界空气接触。在博世系统中，常用阶跃式氧传感器和宽域氧传感器。

1. 氧传感器的类型

（1）阶跃式氧传感器

阶跃式氧传感器又称两态式氧传感器，它分管形氧传感器（LSH）和平板式氧传感器（LSF）两种类型。

1）管形氧传感器（LSH）。博世 LSH 氧传感器外观及结构如图 5-2 所示。

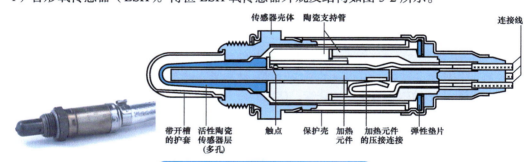

图 5-2 博世 LSH 氧传感器外观及结构

LSH 属电压型氧传感器，采用能斯脱（Nernst）原理。其传感元件是一个 ZrO_2 陶瓷管，外侧通排气，内侧通大气。当传感陶瓷管的温度达到 350℃时，即具有固态电解质的特性。LSH 正是利用这一特性，将氧气的浓度差转化成电势差，从而形成电压信号输出。

若混合气体偏浓，则陶瓷管内外氧离子浓度差较高，电势差偏大，大量的氧离子从内侧移到外侧，输出电压较高（接近 900mV）；若混合气偏稀，则陶瓷管内外氧离子浓度差较低，电势差较小，仅有少量的氧离子从内侧移动到外侧，输出电压较低（接近 100mV），如图 5-3 所示。

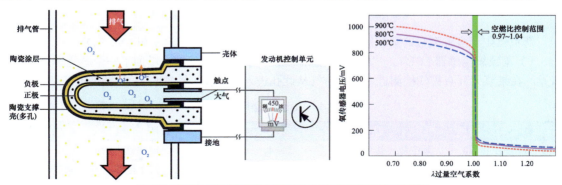

图 5-3 博世 LSH 氧传感器工作原理和电压变化示意图

LSH工作的起始温度超过300℃，理想的工作温度是600℃。为了在冷起动后快速达到工作温度以及工作时保持温度恒定，通常会使用氧传感器加热器控制其工作温度。

2）平板式氧传感器（LSF）。相对LSH氧传感器，LSF氧传感器有以下优点：缩短进入λ闭环控制的时间、稳定的控制性能、降低了加热频率、尺寸小和质量小等。博世LSF外观及工作原理如图5-4所示。

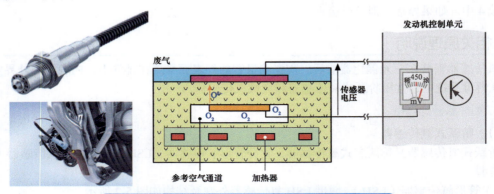

图5-4 博世LSF氧传感器安装位置和工作原理示意图

（2）宽域氧传感器

宽域氧传感器（LSU）能在0.7左右空气成分的宽范围内精确地给出连续的特征变化曲线，如图5-5所示。其优点包括：<100ms的响应时间；结构紧凑结实；良好的抗老化腐蚀沉淀中毒等能力；对路面冲击不敏感；双层保护套管；使用寿命>160000km。

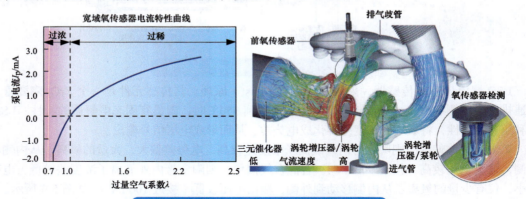

图5-5 博世宽域氧传感器输出信号及安装位置

博世已生产多种型号的宽域氧传感器，常见的有LSU4.2、LSU4.9和LSU ADV。

1）宽域氧传感器LSU4.2。宽域氧传感器在能斯脱电池的基础上增加了一个电化学元——泵氧元。在泵氧元开有排气检测进入孔，排气从此孔进入测试腔（扩散腔）。其接脚定义见表5-1。

表5-1 LSU4.2接脚定义

接脚	简称	线色	说明	接脚	简称	线色	说明
1	APE	红	泵电流（排气电极）	4	H+	灰	加热器电源
2	IPN	黄	虚拟接地（测量电极）	5	RT	绿	修正电流（补偿制造误差）
3	H−	白	加热器接地	6	RE	黑	能斯脱电压（参考电极）

加在泵氧元上的电流可以保持能斯脱电池两个电极之间的电压恒定为450mV。当测试腔内（排气侧）的氧多时，除氧；而当腔内的氧少时，供氧。从而使得提供给泵氧元的电流就反映了排气中的空气过量系数。

其工作原理如下：

① 当混合气过浓时，测试腔中废气的氧含量减少，此时能斯脱电池两个电极之间电压升高，如图 5-6a 所示。为保持能斯脱电池两个电极之间的电压恒定为 450mV，此时发动机控制单元对泵氧元施加反向电流，如图 5-6b 所示。

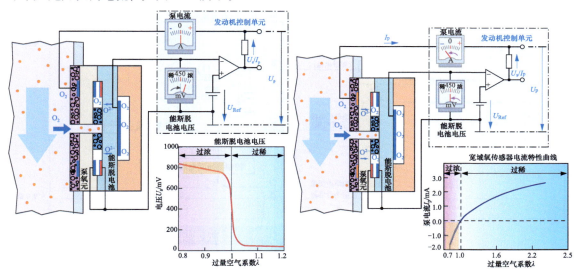

a) 能斯脱电池的输出信号　　　　b) 发动机控制单元输出电流

图 5-6　LSU4.2 在混合气较浓的控制

② 混合气过稀时，测试腔中废气的氧含量增加，此时能斯脱电池两个电极之间电压降低。为保持能斯脱电池两个电极之间的电压恒定为 450mV，此时发动机控制单元对泵氧元施加正向电流。

2）宽域氧传感器 LSU4.9。LSU4.9 与 LSU4.2 最大的不同是：LSU4.9 的参考源为参考泵电流，而 LSU4.2 使用的参考源是参考空气。现在经常使用的 LSU4.9 系列氧传感器，它的参考源是一个与固定空燃比等效的参考泵电流，如图 5-7 所示。

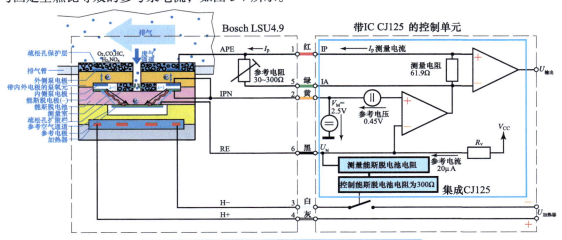

图 5-7　博世 LSU4.9 宽域氧传感器组成及接线示意图

LSU4.9 在汽油机领域已经得到了广泛的应用,因为它能测量更宽范围的空燃比,还有很好的可靠性和更高的测量精度,以及更快的响应时间。

3）宽域氧传感器 LSU ADV。它的优点是响应更快和开始工作的时间更短（可短至 5s）,这样有利于暖机过程进一步降低排放。其他的优点有高温耐用性、寿命周期内高精确度、可选用不同的接插形状（因为不需要校准电阻）、减少车辆线束的复杂性和简化诊断,如图 5-8 所示。

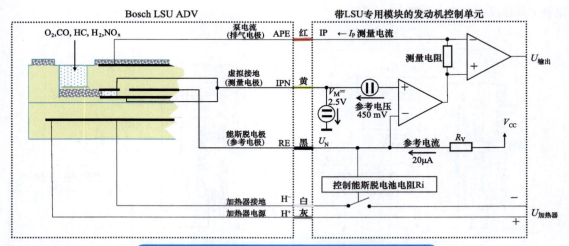

图 5-8　博世 LSU ADV 宽域氧传感器组成及接线示意图

（3）阶跃式氧传感器和宽域氧传感器的区别

两者的主要区别见表 5-2。

表 5-2　阶跃式氧传感器和宽域氧传感器的区别

说明	阶跃式氧传感器	宽域氧传感器
信号作用	让发动机控制单元判断排气浓或稀	让发动机控制单元判断浓或稀的程度
安装位置	可安装在三元催化器前和后	仅安装在三元催化器前,后氧传感器用管形氧传感器
抗污染能力	—	极强
外观	与宽域氧传感器外观相似,区别是它一般是 4 根接线,接头无校准电阻	与阶跃式氧传感器外观相似,区别是它的侧接线为 5 根;LSU4.x 传感器带接头校准电阻
信号波形	（传感器电压/V vs λ 阶跃曲线,0.95—1.0—1.05）	（传感器电流/A vs λ 曲线,0.95—1.0—1.05）

030~049、070~079、145~149组 空燃比和排放控制 第五章

(续)

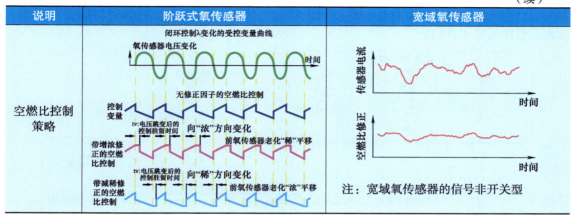

2. 空燃比闭环控制过程

当前氧传感器检测到排气中的氧含量过低时,判断混合气过浓,发动机控制单元减少燃油喷射。过一段时间后,如果氧传感器检测排气中的氧含量较少,喷油量就会增加。这样,混合气就会从稍浓到稍稀变化。氧传感器的安装位置如图5-9所示。

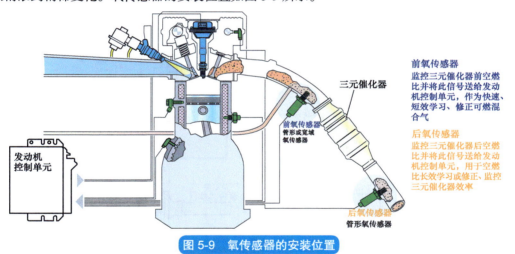

图5-9 氧传感器的安装位置

老化或中毒的氧传感器会降低其检测的精度。劣化的氧传感器会导致反应时间(变化周期)变长或传感器的电压变化曲线的位移(漂移)。

3. 氧传感器监控

为满足排放要求,现在的车基本上都采用前后氧传感器的控制系统,如图5-10所示。

前氧传感器由后氧传感器辅助工作。后氧传感器检测的排气已经通过三元催化器转化且达到化学平衡,所以可提供更准确的检测参数来适当修正前氧传感器提供的闭环控制数据。

(1)前后氧传感器都采用阶跃式氧传感器

1)氧传感器变化周期/老化监控。具体有以下问题:

① P0130 前氧传感器信号不合理。闭环控制时,当后氧传感器信号电路电压在20s内一直保持在>0.5V的"浓区域"内,但其时前氧传感器信号电路电压却被一直抑制在<0.4V的"稀区域"

内（后浓前稀）；闭环控制时，当后氧传感器信号电路电压在 20s 内一直保持在 <0.1V 的"稀区域"内，但其时前氧传感器信号电路电压却被一直抑制在 >0.6V 的"稀区域"内（后稀前浓）。诊断示意图如图 5-11a 所示。

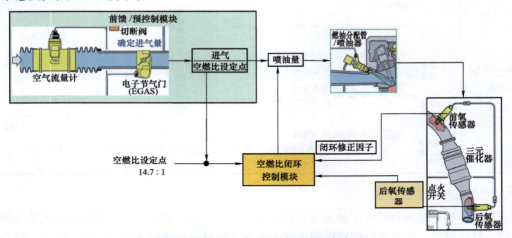

图 5-10　装备前后氧传感器的混合气控制原理

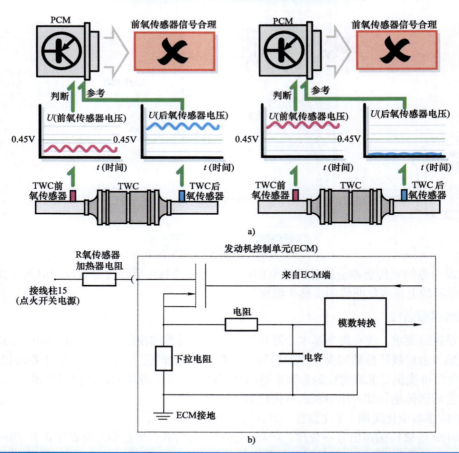

图 5-11　装备前后氧传感器系统对前氧传感器信号合理性的诊断示意图和氧传感器加热器监控

030~049、070~079、145~149组 空燃比和排放控制 第五章

② P0131 前氧传感器信号电路电压过低。发动机经过充分冷却后进行重新起动时，系统发现前氧传感器信号电路电压 <0.1V；闭环控制时，当后氧传感器信号电路电压在 20s 内一直保持 >0.5V 的"浓区域"内，但此时前氧传感器电路电压一直 <0.1V。

③ P0132 前氧传感器信号电路电压过高。前氧传感器信号电路电压 >1V。

④ P0134 前氧传感器信号电路故障。前氧传感器信号电路电压一直限制在 0.4~0.6V 的"不工作区域"内。

2）氧传感器加热器的监控。为了使氧传感器冷起动后尽快工作，就必须对氧传感器元件进行加热。当加热器失效时，用于闭环控制的传感器信号就会延迟产生，这样就会影响排放，其原理如图 5-11b 所示。

（2）前宽域氧传感器后阶跃式氧传感器

缸内直喷氧传感器控制包括一个采用宽域氧传感器的前氧传感器和一个采用阶跃式氧传感器的后氧传感器。对于前宽域氧传感器，监控前必须进行以下检查：

① P0030：检查前氧传感器加热器连线。通过监控氧传感器信号来判断加热器与能斯脱电池线路间是否短路。如果发生短路，氧传感器的振幅会发生变化，并且其变化频率与加热器的占空比一样。

② P0133：检查氧传感器的响应。氧传感器可能由于老化、加热器故障或受污染导致其动态特性发生改变，它是通过实际的振幅比与存储值进行对比做出判断的。

③ P0130：检查氧传感器工作和信号合理性。将前氧传感器的电压值与后氧传感器进行对比；此外，还对氧传感器的电压范围进行监控。它是通过混合气过浓、空燃比 =1 和过稀三种工况进行检测，此时后氧传感器也应随之变化。

（3）单后阶跃式氧传感器

装备 EA888 Gen2 发动机的 Bosch MED17.5 迈腾和昊锐，使用单后氧传感器可实现空燃比控制和判断 TWC 转换效率。催化器和氧传感器布置如图 5-12 所示。

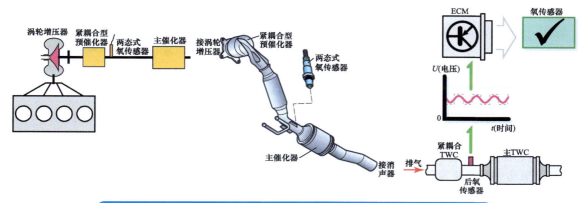

图 5-12 EA888 Gen2 催化器和氧传感器布置和单后氧传感器诊断示意图

1）氧传感器振幅诊断。此功能是监测预催化器后氧传感器的输出电压变化，是否一直在目标值范围内。

2）氧传感器检测含氧量能力诊断。如果经过设定时间（t_1）后，输出电压保持高于或低于目标值时，ECM 进入主动诊断功能。如果氧传感器电压无变化，监控程序结束，并记忆故障码。

通过增浓控制的变化对单后氧传感器进行电压过低/稀偏移、减稀控制的变化对单后氧传感器进行电压过高/浓偏移进行诊断，如图 5-13 所示。

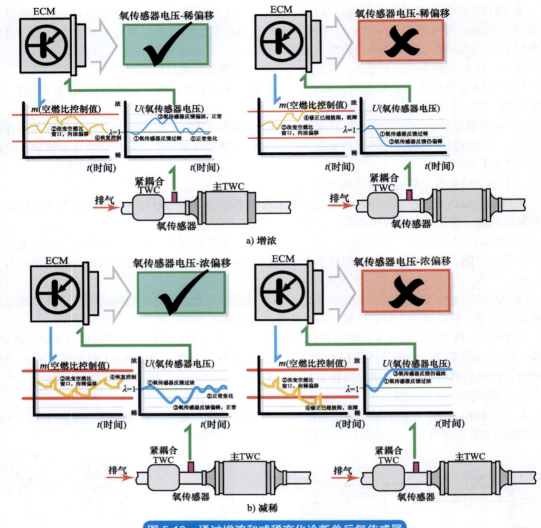

图 5-13 通过增浓和减稀变化诊断单后氧传感器

3）TWC 诊断催化效率诊断。单后氧传感器可对预催化器（TWC）的催化效率进行诊断。其过程如下：

① PCM 采用主动诊断：产生一个稀空燃比控制。
② 氧传感器检测到混合气过稀，并将信号发送到 PCM。
③ PCM 产生一个浓空燃比控制。
④ 此时氧传感器应检测浓混合气。
⑤ PCM 记录这个稀/浓变化的周期，如图 5-14 所示。

诊断结果：对于催化效率正常的 TWC，ECM 控制混合气变化时间较长；对于老化 TWC，氧传感器变化周期较短，催化转换效率较低。

为实现对失效催化转换器的诊断，将上面实际测量结果（也就是浓/稀变化测量时间）与 OBD 限值转换器测量时间（此值在标定时以特性曲线的形式存入 ECM 中）进行比较。如果测量时间少于 OBD 限值转换器参考时间，将记录故障信息。

030~049、070~079、145~149组 空燃比和排放控制 第五章

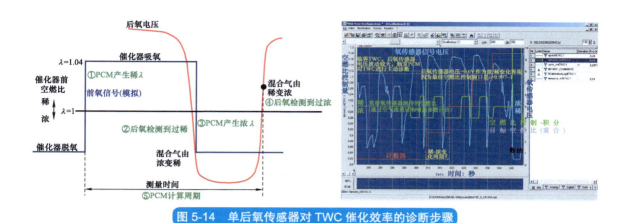

图 5-14 单后氧传感器对 TWC 催化效率的诊断步骤

三 故障案例

1. 氧传感器使用过程中常见问题

氧传感器在使用过程中早期失效，主要是硅中毒或铅中毒，它会导致氧传感器的特性发生漂移，见表 5-3。

表5-3 氧传感器头部颜色异常及原因

氧传感器头部						
颜色	白	棕	深棕	黑，有积炭	浅绿，并有粉粒	变形
可能原因	硅中毒	铅中毒	烧机油	过浓	防冻液进入燃烧室	外壳体受外力而变形
检查方案	1.燃油质量 2.维修时是否涂了太多密封胶	燃油质量	发动机磨损、活塞环、气门导管、缸盖、PCV阀等	发动机工况	1.缸体是否有裂缝 2.缸盖和进气歧管密封性	受外力冲击，如锤打等

2. 机油尺没有正确安装导致怠速混合气过稀

车型：装备 CGM 发动机的 2010 款 CC 2.0TSI，VIN 为 LFV3A23C1A38xxxxx，行驶里程 250km。

故障现象：排放灯点亮。车辆没有表现出其他异常情况。

故障诊断：

1) 通过诊断仪读取故障码。发动机有 P2187（怠速混合气过稀）的故障码，如图 5-15a 所示。

车辆车载诊断	01 — 发动机电子装置		车辆车载诊断	01 — 发动机电控系统	
004.01 — 检查故障代码存储器	06J906026EQ	06J906026DA	004.01 — 查询故障存储器	030906057EA	03C906057AQ
成功执行该功能	MED17.5	H17 5201	成功执行该功能	AT/1.6l-4V/77kW	H07 1464
1 是否检测到故障代码？	编码 长		1 检测到故障	编码 35	
	经销编号 00079			经销编号 00078	
08583 P2187 000			08568 P2178 002		
系统过浓退出怠速，气缸列1			系统过浓退出怠速，气缸列1		
怠速下系统过稀			偶发		
静态					
a)			b)		

图 5-15　怠速混合气过稀和部分负荷混合气过浓的故障码

2）读取数据流。从数据流可以看到，此车实际转速与经验值一致，进气量和节气门开度都小于经验值，初步判断是节气门后方漏气。

003	装备 HFM	怠速		
数据项	发动机转速	进气量	节气门开度（G187）	点火提前角
实际值	720r/min	1.8g/s	1.6%	1.5°BTDC
经验值	720r/min	3.14g/s	2.70%	0.8°BTDC

3）对节气门体后方的进气管及进气歧管、真空助力器、曲轴箱通风阀进行检查，没有发现有漏气现象。在仔细检查相关管路时，发现机油尺没有安装到位，如图 5-16a 所示。

4）将机油尺正确安装后，故障排除，数据流也正常。

故障排除：将机油尺安装到正确位置。

其他说明：

① 曲轴箱的压力一般是在 −4~3kPa，怠速时为负压。当空气从没有正确安装的机油尺管进入后，会通过曲轴箱通风阀进入节气门后方。根据曲轴箱通风阀膜片的特性、发动机进气的情况，如果进气时较大的脉动将导致曲轴箱通风阀膜片也产生振动，此时怠速会抖动；如果进气较平衡，通风阀膜片保持一定的开度，怠速也较平稳。

② 机油加注口盖没有盖好导致漏气，与此案例的故障类似，如图 5-16b 所示。

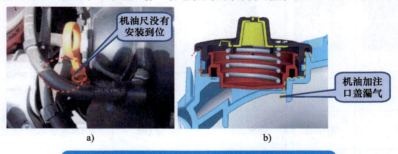

图 5-16　机油尺没有安装到位和机油加注口盖漏气

3. 错用燃油滤清器导致混合气过浓

车型：装备 CPJ 发动机的 2013 款朗逸 1.6L，VIN 为 LSVAN218xxxxxxxx，使用时间 2 年，行驶里程 3 万 km。

故障现象：保养后排放灯点亮，清除故障码后行驶数千米至十多千米排放灯再次点亮。车主反映驾驶感觉正常，只是油耗偏大。

故障诊断：

1）通过诊断仪读取故障码。发动机有 "P2178- 部分负荷混合气过浓" 的故障码，如图 5-15b 所示。

2）读取相关数据流，发现 002_3 比正常的喷油脉宽小，按理此时发动机应处于偏稀；但

030~049、070~079、145~149组 空燃比和排放控制　第五章

032_2 说明发动机在部分负荷处于过浓并且减稀超过极限，这两个数据流刚好相反，初步判断存在使用混合气过浓的机械故障。

002	装备 MAP/MPI	急速		
数据项	发动机转速	发动机负荷	喷油脉宽	进气压力
实际值	760r/min	17.3%	1.8ms	280mbar
经验值	760r/min	18%	3ms	290~320mbar
004		急速		
数据项	发动机转速	供给 ECU 电压	水温	进气温度
实际值	760r/min	14.0V	96℃	41℃
经验值	760r/min	>13.5V	84~94.5℃	> 外界温度
032		急速 / 行车	λ 学习值 / 长效修正 - 最大值	
数据项	B1 急速 λ 学习值 +	B1 部分负荷 λ 学习值 ×		
实际值	+0.7%	-17.2%		
经验值	-3%~3%	-5%~5%		

3）经检查，喷油器没有滴油，机油没有汽油味，排气管畅通不堵塞，并清洗了节气门，故障仍未解决。

4）检查供油压力，达 6.2bar，正常值应为 4bar。查看燃油滤清器，出口写着"4bar"。车主反映，在外面保养时更换燃油滤清器后就出现此故障。再检查燃油滤清器的配件号，正常应为 180 201 511，但此车错误安装了型号为 6Q0 201 051C 的滤清器。

故障排除：更换正确型号的燃油滤清器。清除故障码，供油压力为 4bar。行驶很长一段时间后，排放灯不再点亮，故障排除。而且，032_1 和 032_2 也在 ±3% 以内。

案例说明：

部分大众车型采用的燃油滤清器型号及其特性如下：

燃油滤清器型号	12.5V/30s 流量	滤清器上标注	油压调节器位置
180 201 511	580/540	4bar	汽油泵
6Q0 201 051B	540	3bar	燃油滤清器
6Q0 201 051C	200	4bar	燃油滤清器

两款无回油系统的工作原理图如图 5-17 所示。

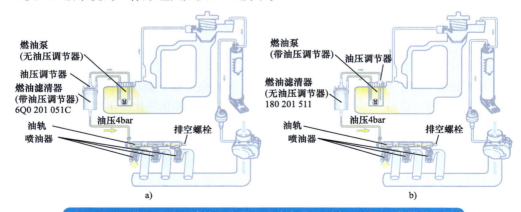

图 5-17　两款无回油系统的工作原理图（主要区别在于油压调节器的位置）

如果燃油滤清器不带油压调节器的车型，安装了带油压调节器的燃油滤清器，由于滤清器的回油在燃油泵上有油压调节器的阻力，导致油轨压力上升。

第二节 046~049组 催化器效率组

一、数据流说明

046~049 组：催化器效率诊断 - 短行程

046		停车踩加速 / 制动	B1 TWC 效率诊断	在功能 04 基本设定
数据项	发动机转速	B1 TWC 排气温度	TWC 振幅比 / 老化因子	B1 TWC 诊断结果
规定值	1800~2500r/min	550~750℃	>2.5	测试关闭 / 开启、系统正常 / 异常
经验值	1800~2500r/min	550~750℃	>2.5	TWC B1 OK
048		停车踩加速 / 制动	B1 加热型催化器效率诊断	在功能 04 基本设定
数据项	MED 模式	检测步骤	加热温度提高	B1 TWC 诊断结果
规定值	00000001		K	测试关闭 / 开启、系统正常 / 异常

主要数据解释：

047 组是对 B2 进行 TWC 效率诊断，参看 046 组。049 组是对 B2 进行加热型催化器效率诊断，参看 048 组。

046_2 和 047_2：ECM 通过各种参数计算出三元催化器（简称 TWC）温度。在正常行驶时，不能超过 750℃，否则可能会导致 TWC 过热而烧结、损坏。

046_3：ECM 通过安装在 TWC 前、后氧传感器监视其效率。前氧传感器向 ECM 发送催化处理之前的信息，后氧传感器向 ECM 发送催化处理之后的信息。ECM 通过比较这两个传感器发送的信息，来确认 TWC 的工作效率和储氧能力。排气通过正常的 TWC 后，氧浓度变化很小，后氧传感器的电压在浓和稀信号电压之间缓慢变化；当 TWC 劣化后，其储氧和催化能力降低，废气中的氧浓度变化就会增大，导致后氧传感器的电压输出频繁波动。系统将前 / 后氧传感器信号振幅均值对时间进行平均，得到 TWC 的老化因子。当老化因子 > 目标值时，系统即会判定 TWC 催转效率已过低，可能导致排放超限。

046_4 和 047_4：数值块 034/035/036/037/038/039/043/044 中的短行程必须"正常"完成；功能 04（基本设置）；用"激活"按钮启动短行程；同时完全踩下制动踏板和加速踏板，发动机转速自动设置 →"测试接通"到约 1800r/min；等待"气缸列 1 催化转化器正常"出现在区域 4 中。

二、TWC相关原理说明

1. TWC原理

汽油发动机是将汽油的化学能量转化为动能来驱动汽车。图 5-18 说明了发动机工作时的进气和排气成分。

030~049、070~079、145~149组 空燃比和排放控制　第五章

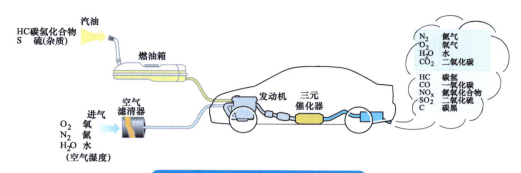

图 5-18　汽油发动机燃烧时进排气组成

TWC 是排放控制的核心部件。现在所有车辆都是采用氧传感器来调节的可调节式 TWC。在 TWC 内进行着两种相反的化学反应：一氧化碳和碳氢化合物氧化成二氧化碳和水、氮氧化物还原成氮和氧；在氧含量很少时有利于还原反应，在氧含量很高时有利于氧化反应。

通过改变废气中氧的含量，就可以将系统调节到使得这两种化学反应都达到最佳状态（也就是 $\lambda=0.99\sim1$）。这个最佳状态范围就称为"空燃比控制窗口"，如图 5-19 所示，通过氧传感器将此调节值反馈给 ECM。

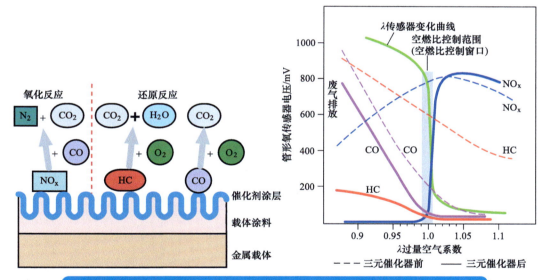

图 5-19　TWC 催化反应和空燃比控制窗口、通过三元催化器后减少排放示意图

现在的车辆使用主动诊断和被动诊断两种方案监控 TWC 的转换效率，它们的判断方法都是基于测量至少两个氧传感器的信号变化。每种方案都可能采用 O/HC 和 O/NO 之间的比例进行判断。

2. TWC催化效率诊断

为确保催化器正常工作，必须对 TWC 进行催化器效率诊断。

（1）被动判断：检测振幅比，TWC 前装阶跃式氧传感器

这个诊断策略是ECM通过比较TWC前后氧传感器的电压振幅值而实现。如果超出规定范围，ECM 判断 TWC 有故障（图 5-20b），就会储存相应的故障码，并点亮排放故障灯。TWC 的监控则是基于监控 TWC 的储氧能力。

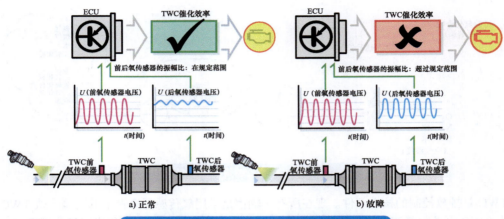

图 5-20 通过前后氧的振幅比判断 TWC 催化效率

由于发动机的控制,致使排气中的空燃比定期产生波动。这个波动,会由于 TWC 的储氧功能而产生缓冲作用。通过检测后氧传感器的振幅,就可能判断 TWC 的储氧能力,如图 5-21 所示。

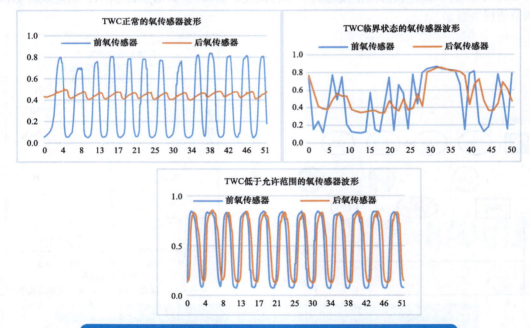

图 5-21 TWC 正常、临界、催化效率过低时的前后氧传感器电压波形

这个诊断策略,是使用前后氧传感器的振幅变化比作为原始信息,这个振幅变化比,按发动机负荷和转速关系分为多段进行评估。如果在预设的多个发动机工作范围都检测到储氧能力不足,ECM 就会判断为 TWC 失效。

发动机控制单元接收传感器的输入波形信号,计算出随时间推移的绝对值和平均值。

$$振幅比 = \frac{前氧传感器振幅}{后氧传感器振幅}$$

(2)被动判断:检测振幅比,TWC 前装宽域氧传感器这个诊断模式，就是将后氧传感器的信号变化振幅，与模型信号振幅进行对比。这个"模型信号振幅"值是由一个临界值的 TWC 取得。

（3）主动判断：检测储氧能力

TWC 主动监控的基本原理，是判断 TWC 的储氧能力（OSC）。TWC 的催化效率和储氧能力相互之间的关系，已根据废气排放（HC/NO_x）中 TWC 不同老化阶段修正后在匹配过程中测得不同的特性曲线。这样，TWC 的诊断可能通过与临界状态 TWC 的储氧能力做对比，如图 5-22 所示。

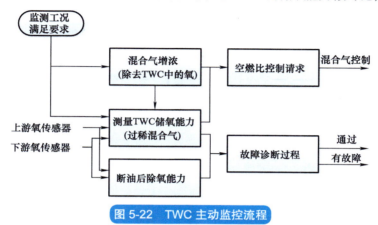

图 5-22　TWC 主动监控流程

TWC 的储氧能力可通过以下方法进行诊断：

1）断油后氧减少（快速监测）。TWC 在行驶过程断油时进行储氧。断油后，TWC 在浓混合气工况工作，并判断除氧的数量。如果这个主动测试显示 TWC 的储氧能力高于临界 TWC，此次 TWC 催化效率诊断为没有故障。这个监测方法只能产生一个"通过"的结果。

2）通过过稀方法判断储氧能力（主动测试）。为了进行相关监测，ECM 通过以下方法周期性地控制过浓和过稀的混合气空燃比：

① ECM 控制过浓混合气直到除去最少的氧（计算出浓混合气＞阀值）。

② ECM 控制过稀混合气，通过储存在 TWC 中的含氧量计算出储氧能力：

$$储氧能力 = \int 空气流量 \times 稀混合气(\lambda - 1) \times dt$$

③ TWC 一直在此工况下工作，直到 TWC 的储氧量超过标定极限或后氧传感器显示 TWC 中的氧已完全饱和。

④ 通过与标定的临界 TWC 储氧能力进行比较，诊断 TWC 的效率。

3）通过稀-浓切换时间判断储氧能力（主动测试）。具体步骤如下：

① 正常控制。

② 控制过稀混合气，直到 TWC 中的氧处于饱和状态。

③ 控制过浓混合气，直到后氧传感器检测到高电压（浓状态）。计算前后氧传感器从稀到浓变化的时间差，然后与标定的时间对比。如果低于标定时间，判断 TWC 储氧能力不足。

④ 正常控制，其工作示意图如图 5-23 所示。

3. TWC加热

现在的车型普遍采用三元催化器和氧传感器转换排气系统中的几乎所有污染物，但只有三元催化器达到其工作温度才能实现。三元催化器最优的催化效率在 400~800℃ 的温度范围内，如图 5-24 所示。

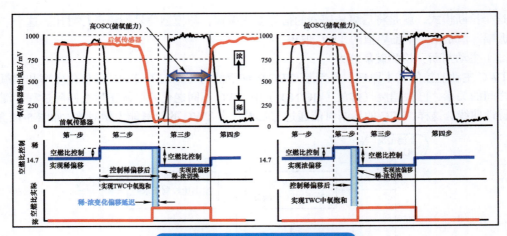

图 5-23 主动测试 TWC 的储氧能力

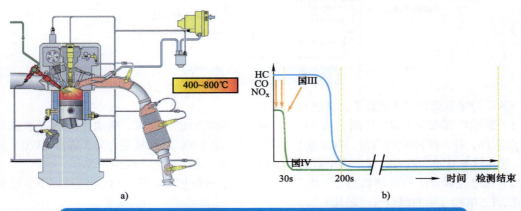

图 5-24 三元催化器工作温度和型式试验用运转循环检测过程的污染物排放

排放标准的型式试验用运转循环的检测中,在开始 1~2min 内排放超过 80% 的有害物质,参看图 5-24。

三元催化器工作温度只要超过"起燃"温度 250℃后,才能有效地催化 HC、CO 和 NO_x 这三种有害物质,一般采用稀燃法、二次空气喷射法和加热反应法,外部供能的电加热法和 HC 吸收器法已极少采用。

(1)稀燃暖机

在暖机阶段,由于延迟点火角使得发动机效率降低很多,这样可以提高排气温度。由于发动机效率较低,可通过增大节气门开度进行补偿,同样排出的废气也会增多。发动机在空气过量的工况下工作,空燃比可达 1.1,这样未处理的排气不会增加,如图 5-25a 所示。

此时,较高的排气温度可加快加热催化器,催化器也尽可能接近发动机缸体安装。

(2)二次空气喷射

如果稀燃暖机阶段产生的热量太低,或发动机不能进行稀燃,就需要二次空气喷射,如图 5-25b 所示。

二次空气喷射的优点是能可靠产生足够多的热量进行加热,不影响驾驶性能;缺点是成本的增加。

030~049、070~079、145~149组 空燃比和排放控制 第五章

（3）稀燃和二次空气喷射的组合

如果可以进行稀燃的发动机，其催化器远离发动机缸体，就可采用将稀燃和二次空气喷射组合的形式，如图 5-25c 所示。

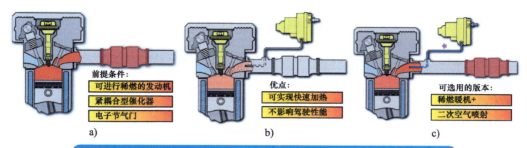

图 5-25 稀燃暖机、二次空气喷射、稀燃和二次空气喷射组合的原理图

4. 微粒过滤器GPF

在低温下，由于缸内直喷的喷油器和燃烧室缸壁距离短，在低温起动时汽油液滴很难完全雾化，在冷起动及之后的 1~2min 内，是炭黑微粒产生的主要阶段，如图 5-26a 所示。而采用歧管喷射的发动机，喷油器通过较长的路径进入燃烧室，并通过涡旋将汽油液滴更好地雾化。

发动机内净化技术是能达到国 6a 标准。要达到国 6b 标准的 PM/PN 排放限值，增加 GPF 是较容易实现的可行方案，如图 5-26c 所示。

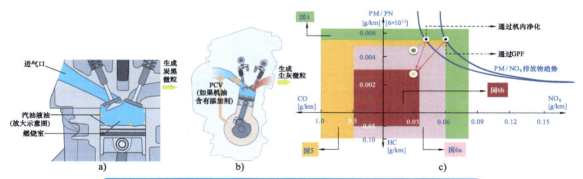

图 5-26 炭黑微粒、尘灰微粒生成示意图和排放标准及其控制技术要求

根据车型的结构不同，奥迪/大众有两款 DPF 布置形式，如图 5-27 所示，其工作原理基本一样。

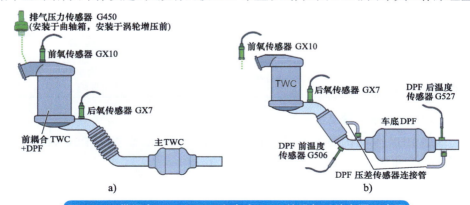

图 5-27 带耦合 TWC+DPF 和车底 DPF 的排气系统布置示意图

三 TWC相关故障码

故障码	故障码含义	诊断程序	监控策略	故障判据和阈值
P0420	B1 三元催化器效率过低	检查 B1 前后氧传感器检查 B1 三元催化器	与临界催化器储氧能力（OSC）进行对比	低于临界催化器储氧能力的 40%
P0430	B2 三元催化器效率过低	检查 B2 前后氧传感器检查 B2 三元催化器	与临界催化器储氧能力（OSC）进行对比	低于临界催化器储氧能力的 40%

四 故障案例

1. TWC主要失效原因

正常情况下，TWC 的使用寿命与车辆相同。更换新的 TWC 前没有判断故障原因，可能导致新的 TWC 很快失效。

1）TWC 化学中毒，见表 5-4。

表5-4 TWC化学中毒

中毒	MMT	磷	硅
来源	汽油添加剂	机油，汽油及添加剂	汽油
	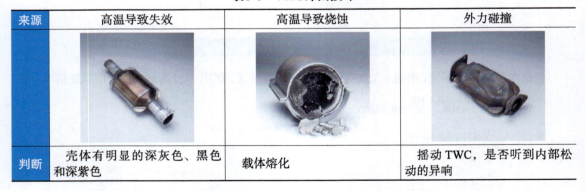		
故障	导致 TWC 堵塞	阻碍 TWC 催化反应	

2）外因损坏，见表 5-5。

表5-5 TWC外因损坏

来源	高温导致失效	高温导致烧蚀	外力碰撞
判断	壳体有明显的深灰色、黑色和深紫色	载体熔化	摇动 TWC，是否听到内部松动的异响

2. 通过数据判断新催化器是否正常

车型： 装备 BHK 发动机的 2007 款途锐 3.6，VIN 为 WVGZE77L57D0xxxxx，行驶里程 10 万 km，使用时间 7 年。

故障现象： 行驶时排放灯点亮，驾驶感觉不到有异常。已在其他维修厂更换过两个三元催化器。

030~049、070~079、145~149组 空燃比和排放控制 第五章

诊断过程：

1）通过诊断仪读取系统故障码，系统记忆了 B1 和 B2 三元催化效率低的故障码，如图 5-28 所示。

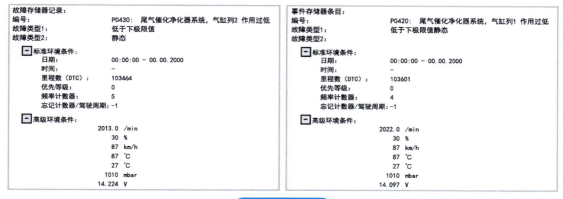

图 5-28　故障码

2）读取相关数据流如下

046		急速	B1 三元催化效率	
数据项	发动机转速	B1 TWC 排气温度	TWC 振幅比 / 老化因子	B1 TWC 诊断结果
实际值	640r/min	438.0℃	1.09375	测试关闭
经验值	1800~2500r/min	>550℃	>2.5	TWC B1 OK
047		急速	B2 三元催化效率	
数据项	发动机转速	B2 TWC 排气温度	TWC 振幅比 / 老化因子	B2 TWC 诊断结果
实际值	640r/min	438.0℃	0.875	测试关闭
经验值	1800~2500r/min	>550℃	>2.5	TWC B2 OK

尝试进行基本设置，结果 046_4 和 047_4 均显示"系统异常"。数据流 046_3 和 047_3 振幅比低于下限，会导致排放灯点亮，并记忆"三元催化器效率低"的故障码。

故障排除： 从正规渠道订购三元催化器，更换后行驶超过半年，排放灯不再点亮，故障解决。

案例说明： 对美规车，必须根据 VIN 订购原厂的催化器才能正常工作。

3. 新领驭报三元催化器效率低

车型： 装备 BFF 发动机的 2010 款帕萨特新领驭，行驶里程 7 万 km。

故障现象： 排放灯点亮。

故障诊断：

1）通过诊断仪读取故障码，有"P0420- 三元催化器效率低"的故障码。

2）清除故障码后，对三元催化器进行基本设置。系统显示正常，如图 5-29 所示。

3）基本设置 / 短行程测试的结果不是十分准确。先交车，让车主驾驶一段时间，看看情况如何。

4）行驶半个月后，车主反映排放灯再次点亮。回站后读取数据流，046_3 为 1.5，说明三元催化器已失效。

故障排除： 更换原厂的三元催化器。

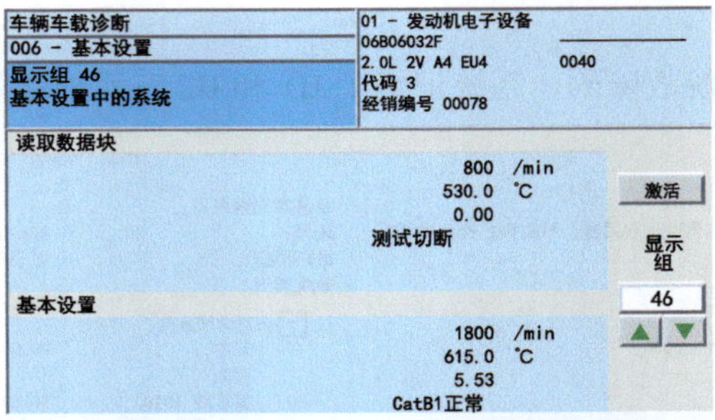

图 5-29 通过诊断仪对三元催化器进行基本设置

4. 更换三元催化器时必须注意车况的检查

车型：装备 BPJ 发动机的 2009 款奥迪 2.0TSI，行驶 6.6 万 km。

故障现象：排放灯点亮，发动机轻微抖动，加速不良。

故障诊断：

1）通过诊断仪，读取发动机有"P0420-三元催化器效率低"的故障码。

2）拆下三元催化器，发现其已烧结，更换。后又发现火花塞的积炭，而各缸缸压正常，因此更换火花塞、清洗燃油道、添加燃油添加剂。试车后，感觉怠速平稳、加速较好。

3）使用两个月后，排放灯再次点亮，故障码仍是"P0420-三元催化器效率低"。拆下三元催化器，发现其再次烧结。为了判断故障原因，需要对车辆进行详细诊断。

4）以车速 60km/h 行驶 10min 后读取数据流，发现 046_2 的排气温度为 850℃，超过允许范围，这应是导致催化器烧结的原因。

046		车速 60km/h 行驶 10min	B1 三元催化效率	
数据项	发动机转速	B1 TWC 排气温度	TWC 振幅比/老化因子	B1 TWC 诊断结果
实际值	640r/min	810℃	0.6	测试关闭
经验值	1800~2500r/min	>550℃	>2.5	TWC B1 OK

5）停车，踩下加速踏板使转速达 2500r/min 2min 后，读取数据流。发现实际增压压力低于目标增压压力。

115		停车，踩下加速踏板	增压控制	
数据项	发动机转速	发动机负荷	目标增压压力	实际增压压力
规定值	2500r/min	45%	1350mbar	1100mbar
经验值	680r/min	18%	300~390mbar	990mbar

6）检查涡轮增压器，发现排气旁通阀卡在打开位置。

故障排除：更换涡轮增压器和三元催化器。

案例说明：当排气旁通阀不能关闭时，导致增压不足。为达到满足动力的需要，增加节气门开度以使发动机长期处于大负荷工况，较多未能完全燃烧的可燃混合气进入三元催化器，导致其早期烧蚀。

070~073组 排放控制组-油箱蒸气通风系统

一、数据流说明

1. 第070组 油箱蒸气通风系统（EVAP）及炭罐电磁阀诊断-短行程

070		急速，水温>60℃	炭罐电磁阀N80检测	在功能04基本设定
数据项	N80工作占空比	N80工作时λ控制	主动诊断时急速修正	诊断结果
规定值	0~100%	−7%~7%	−30%~100%（g/s）	TEV OK
经验值	0~100%	−7%~7%	−30%~100%	TEV Test OFF

主要数据流解释：

炭罐电磁阀N80，简称为TEV（德）或TBV（英）。

070_2 为TEV调节时λ偏差，负数表示炭罐含有较多的燃油蒸气，工作时导致混合气偏浓；正数表示炭罐含有较少的燃油蒸气，工作时导致混合气偏稀。

070_4 油箱蒸气通风系统的诊断，每次发动机起动后只能诊断一次。

2. 第071~073组 油箱泄漏诊断-短行程

071		急速	LDP诊断，仅美款LEV	在功能04基本设定
数据项	簧片式开关状态	故障信息	测试状态	诊断结果
规定值	开启/关闭	−/轻微泄漏/严重泄漏/中断	−/系统测试/测量/测量结束	Syst. OK
072		急速	AAV诊断，仅美款LEV	在功能04基本设定
数据项	簧片式开关状态	故障信息	测试状态	诊断结果
规定值	开启/关闭	−/中断	−/系统测试/测量/测量结束	Syst. OK
073		急速		炭罐
数据项	N80工作占空比	炭罐通风率	炭罐装载率	相对空燃比
规定值	0~100%		0~100%	%

071组对LDP（泄漏检测泵）、072组对AAV（真空法检查）的诊断方法，仅用在美规车型的LEV排放标准中。

二、相关原理说明

1. 油箱蒸气通风EVAP

为减少排放污染，法规规定，必须降低从汽车的燃料（汽油）系统损失的碳氢化合物蒸气。主要包括以下两类：

1）热浸损失：在汽车行驶一段时间以后，静置汽车的燃料系统排放的碳氢化合物。

2）燃油箱呼吸损失（换气损失）：由于燃油箱内温度变化而排放的碳氢化合物。

因此，奥迪/大众采用油箱蒸发系统，从而避免油箱中形成的燃油蒸气扩散到环境中。它采用炭罐存储油箱蒸气，然后与进气混合，一同燃烧，其原理如图 5-30 所示。

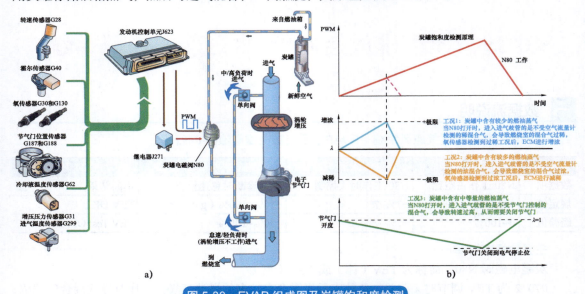

图 5-30　EVAP 组成图及炭罐饱和度检测

当冷却液温度 >40℃且进气温度 >–10℃时，会开始引入蒸气。控制单元根据接收到的氧传感器的信号来计算活性炭罐的饱和度。

当怠速或轻负荷时，进气歧管有真空，油箱蒸气进入节气门后方；在中高负荷，涡轮增压工作或进气歧管真空度低甚至有压力时，蒸发系统利用涡轮增压器前产生的真空而进入。

2. 炭罐油箱蒸气饱和度检测

当炭罐含有较多的油箱蒸气时，炭罐电磁阀 N80 需尽快工作以清空炭罐；当炭罐已接近空的时候，N80 停止工作。为判断炭罐的饱和度，要结合氧传感器和节气门开度两个信号进行检测。检测方法如图 5-30b 所示。

3. EVAP 泄漏检测

美国法规和国 VI 标准规定，必须对 EVAP 泄漏进行检测。常见的方法是采用泄漏检测泵和真空法进行检测。

（1）EVAP 泄漏检测 - 泄漏检测泵 LDP/DMTL

为识别在燃油箱和油箱蒸气通风系统中的泄漏，在美规和国 VI 标准车辆上安装了燃油箱泄漏诊断模块（LDP/DMTL），如图 5-31 所示。LDP 可检测出整个燃油系统大于 $\phi 0.5mm$ 的泄漏。如果发生泄漏，则点亮 MIL。

（2）EVAP 泄漏检测 - 大众的 LDP

大众的 EVAP 泄漏检测，是在 LDP 泵中加装了一个簧片式开关作为判断，其原理如图 5-32 所示。

在检测中，N80 关闭，LDP 工作，在 EVAP 中建立压力。检测流程如图 5-33 所示。

1）如果 EVAP 不泄漏，压力下降较慢，簧片式开关保持较长时间接通。

2）如果存在泄漏，过一段时间后 EVAP 压力降低、簧片式开关断开，LDP 工作直到簧片式开关接通。小泄漏时，簧片式开关通断时间间隔较长；如果簧片式开关通断时间间隔很长甚至不接通，说明存在大泄漏。

030~049、070~079、145~149组 空燃比和排放控制 第五章

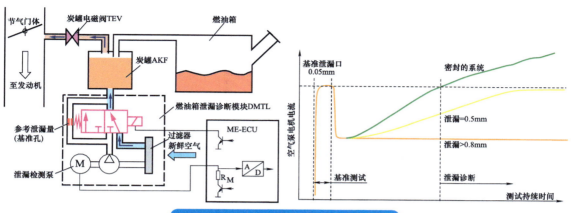

图 5-31 LDP 检测原理图及检测诊断过程

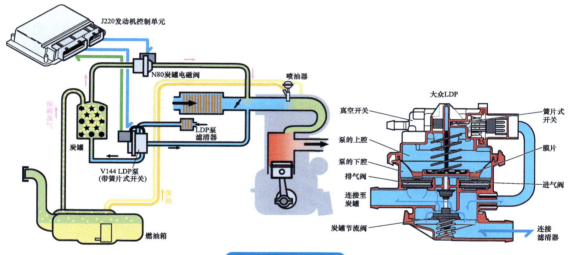

图 5-32 大众的 LDP

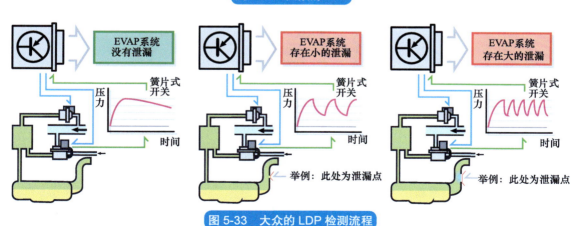

图 5-33 大众的 LDP 检测流程

（3）EVAP 泄漏检测 - 真空法 AAV

真空法检测油箱蒸气系统泄漏，需要在炭罐的通大气管增加切断阀，并在油箱增加压差阀，如图 5-34a 所示。

检测过程如图 5-34b 所示。一般需要发动机处于正常的稳态工况（急速）下才进行主动检测。

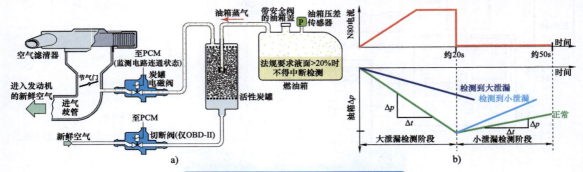

图 5-34 AAV 检测原理图和检测诊断过程

1）大泄漏检测阶段：切断阀工作，将炭罐与外界空气连接切断。炭罐电磁阀工作，电流或 PWM 不断增大，在油箱中产生真空。通过油箱压差传感器检测真空度下降的速度，如果低于标定的目标值，则判断 EVAP 存在大泄漏。

2）小泄漏检测阶段：切断阀保持工作（切断起作用），炭罐电磁阀关闭。如果 EVAP 不存在泄漏，油箱压力上升较慢；如果通过油箱压差传感器检测到油箱压力上升超过目标值，判断为 EVAP 存在小泄漏。

4. 加油排气回收装置ORVR

根据国 VI 排放标准的要求，在加油过程中需要对油箱排出来的蒸气进行回收，该蒸气通过活性炭罐过滤后排放到大气中。因此，奥迪公司对油箱做了改进，增加了 ORVR（Onboard Refueling Vapor Recovery），如图 5-35 所示。主要改进是将炭罐的容积从 1L 增加到 2.5L 和吸附材料升级为高性能蜂窝炭。

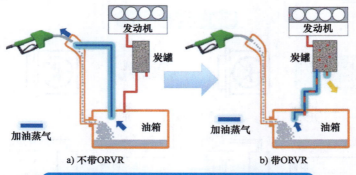

图 5-35 不带 ORVR 和带 ORVR 装置的油箱对比

5. EVAP流量检测原理

诊断程序周期性地执行检测，发动机控制单元以定义的时间间隔，打开和关闭 N80。进气歧管压力传感器记录采用该方法调节后的进气歧管压力值，并把该压力值传送至发动机控制单元，由发动机控制单元对该压力值进行比较和评价。检测原理图如图 5-36 所示。

030~049、070~079、145~149组 空燃比和排放控制 第五章

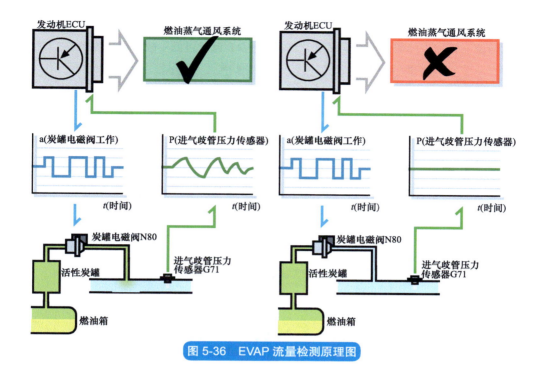

图 5-36 EVAP 流量检测原理图

三 EVAP相关故障码

故障码	故障码含义	诊断程序	监控策略	故障判据和阈值	启用条件的辅助参数	监测时间长度	监测频率
P0441	油箱通风系统流量低	检查EVAP电磁阀N80 检查油箱通风系统是否泄漏	功能检查	λ控制差值>7% 怠速控制差值>35%	发动机怠速 怠速转速实际值与目标值差<100r/min 发动机起动时间>425s 进气温度>4.5℃ 水温>70℃ 海拔<2700m 闭环控制	30s	2次驾驶循环

四 故障案例

1. EVAP流量过低维修方案

此故障码涉及的可能性较多，必须仔细检查。可能的故障包括：①节气门积炭，当节气门积炭严重时，产生的真空度较低，可能导EVAP流量低；②炭罐电磁阀N80卡滞；③炭罐堵塞、变质；④通风管堵塞；⑤油箱盖故障，检查是否紧闭和功能正常；⑥油箱故障，必要时清洗甚至更换。

2. CC由于N80关闭不严导致混合气过稀

车型：装备CGM发动机的2014款大众CC 2.0TSI，VIN为LFV3A23C8D34xxxxxx，行驶里程700km，使用时间2个月。

故障现象：急速偶尔抖动，仪表上排放灯点亮。

故障诊断：读取故障码，系统记忆了"P0441-EVAP流量过低"故障码，如图5-37所示。

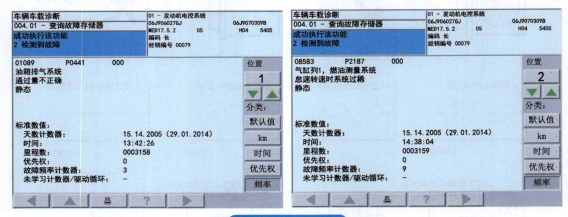

图5-37 故障码截图

读取数据流如下：

002	装备 HFM	急速	TSI	
数据项	发动机转速	发动机负荷	喷油脉宽	进气量
实际值	768r/min	12.8%	1.02ms	2.3g/s
经验值	680r/min	17%	0.51~0.75ms	2.9g/s

根据故障码和数据流可以看到：实际转速与经验值差不多，但空气流量计检测到的进气量较小、发动机负荷偏低，并且有P2187急速时混合气偏稀的故障码，初步判断有部分未经空气流量计检测的进气进入。通过故障码P0441，判断有可能是油箱蒸气通风系统导致过稀。

根据以上分析，将油箱蒸气的通风管堵住，002组的数据立即正常。再进一步检查，发现故障由N80炭罐电磁阀关闭不严导致。

故障解决：更换N80炭罐电磁阀。

3. 炭罐与N80连接管节流导致排放灯点亮

车型：装备CDZ发动机的2011款奥迪A4L B8 2.0TFSI，行驶里程33966km。

故障现象：仪表上的排放故障灯点亮。

故障诊断：

1）通过诊断仪读取故障码，如图5-38a所示。

2）根据诊断仪的故障引导，检查了炭罐电磁阀N80及其连接线，正常。更换了N80，清除故障码，试车，当时故障不再出现。

3）车主使用几天后，排放灯再次点亮，故障码相同。

4）检查了空气流量计、前后氧传感器、三元催化器，初步判断正常。检查炭罐，没有发现较多的汽油，尝试将它更换。然后再更换了发动机控制单元。但清除故障码，急速运转几小时后，排放灯仍会点亮，故障码仍是P0441。

5）根据P0441故障码出现的原理，仔细检查EVAP管路，发现车身右翼子板里面的炭罐到N80连接管有被压瘪的现象，如图5-38b所示。

故障排除：更换炭罐到N80的连接管。车主使用多天，排放灯没有点亮，故障解决。

030~049、070~079、145~149组 空燃比和排放控制 第五章

004.01 - 检查事件存储器
1 是否检测到故障码？

SAE代码	P044100
症状编号：	[$00107B]
症状编号：	[4219]
文本：	EVAP排放控制系统错误
文本：	清污气流
状态：	主动/静态

环境条件：

优先权：	2	发动机转速	792.50 r/min
故障频率计数器	1	标准负荷值	13.3%
未学习计数器	255	车辆速度	0 km/h
里程表读数	33966 km	冷却液温度	97 ℃
年	2010	进气温度	60 ℃
月	4	环境空气压力	980 mbar
日	29	电压端子30	13.758 V
时	10	动态环境数据	20 90 28
分	47		
秒	44		

a)

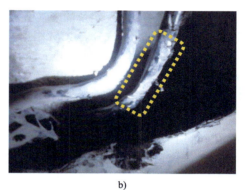

b)

图 5-38 P0441故障码截图及故障部位（车身右翼子板里面的炭罐到N80连接管被压瘪）

第四节

074~076组 排放控制组-排气再循环（外部EGR）

一 数据流说明

075	带 EGR 温度传感器 G98	急速	EGR 控制匹配	在功能 04 基本设定
数据项	发动机转速	G98 温度	EGR 温度差值	诊断结果
规定值	1400r/min	℃	℃	Syst. OK
075	带进气压力传感器 G71	急速	EGR 控制匹配	在功能 04 基本设定
数据项	发动机转速	进气歧管压力	进气歧管压力差值	诊断结果
规定值	1400r/min	mbar	mbar	Syst. OK
075	带进气压力传感器 G71	急速	EGR 特性匹配	在功能 04 基本设定
数据项	EGR 相位 1 和 2 差压诊断	EGR 相位 2 和 3 差压诊断	EGR 相位 1 和 3 差压诊断	诊断结果
规定值	hPa	hPa	hPa	Syst. OK
076	带进气压力传感器 G71	急速	EGR 控制	在功能 04 基本设定
数据项	发动机转速	进气歧管压力	开度 U/Uref	EGR 占空比
规定值	r/min	mbar	%	%
076	带进气流量计 G70	急速	EGR 控制	在功能 04 基本设定
数据项	发动机转速	负荷	开度 U/Uref	EGR 占空比
规定值	r/min	%	%	%

现在单独装备外部 EGR 的系统较少，一般是采用 VVT 的内部 ERG 功能实现降低 NO_x 排放。

二 EGR相关原理说明

EGR 的作用是将一定量的废气引入到燃油 - 空气混合气中，可以降低气缸内的燃烧温度，可以减少废气中的 NO_x 成分。ECM 根据发动机负荷和转速控制 EGR 量。

EGR 控制分真空控制和电子控制，EGR 诊断分 EGR 温度传感器和进气歧管压力传感器 +EGR 位置传感器两种。

1. 真空控制EGR系统

带 EGR 温度传感器的 EGR 系统（图 5-39a）可通过 EGR 温度传感器检测 EGR 电磁阀和 EGR 阀的工作是否正常。

工作过程：根据 EGR 电磁阀停止工作和激活时的 EGR 温度传感器检测到的温度差，作为判断 EGR 是否正常工作的依据（图 5-39b）。

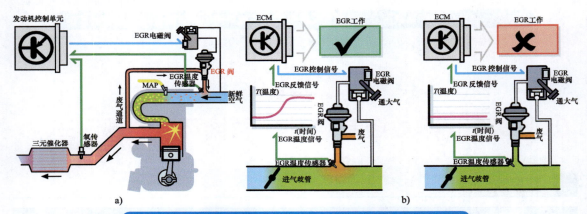

图 5-39 带 EGR 温度传感器的 EGR 系统及 EGR 系统诊断过程

2. 电子控制EGR

通过 EGR 电磁阀 N18 代替 EGR 真空电磁阀和 EGR 机械阀，并增加 EGR 电位计检测 EGR 电磁阀的开度，如图 5-40a 所示。

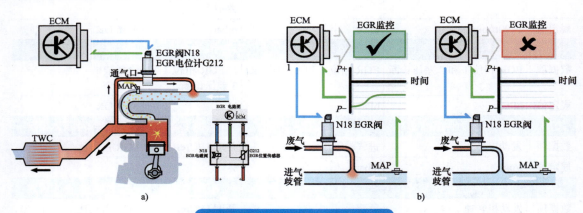

图 5-40 电子控制 EGR 及诊断原理

030~049、070~079、145~149组 空燃比和排放控制 **第五章**

工作过程： 在倒拖时，ECM 控制 EGR 阀打开。由于进气歧管真空度较高，会将较大量的废气引入进气歧管，此时 MAP 应检测到真空度下降（压力上升），并将此数值与目标值进行对比，判断 EGR 是否工作正常（图 5-40b）。

第五节

077~078组 排放控制组-二次空气

一　数据流说明

077~078 组：二次空气诊断 - 短行程

077	装备阶跃式氧传感器	停车踩加速/制动	B1 二次空气诊断	在功能 04 基本设定
数据项	发动机转速	进气量	二次空气进气量	诊断结果
规定值	1400r/min	2.0~4.5g/s	%	Syst. OK
077	装备宽域式氧传感器	停车踩加速/制动	B1 二次空气诊断	在功能 04 基本设定
数据项	发动机转速	进气量	B1 相对二次空气进气量	诊断结果
规定值	1400r/min	2.0~4.5g/s	%	Syst. OK
078	装备阶跃式氧传感器	停车踩加速/制动	B2 二次空气诊断	在功能 04 基本设定
数据项	发动机转速	进气量	二次空气进气量	诊断结果
规定值	1400r/min	2.0~4.5g/s	%	Syst. OK
078	装备宽域式氧传感器	停车踩加速/制动	B2 二次空气诊断	在功能 04 基本设定
数据项	发动机转速	进气量	B2 相对二次空气进气量	诊断结果
规定值	1400r/min	2.0~4.5g/s	%	Syst. OK

主要数据流解释：

077_4 和 078_4：基本设定，可对二次空气进行诊断。其过程如下：数值块 034/035 中的短行程必须"正常"完成；功能 04（基本设置）；用"激活"按钮启动短行程；同时完全踩下制动踏板和加速踏板；自动设置转速 -> "测试接通"到转速约 1400r/min；等待直至区域 4 显示"系统正常"；每次发动机起动，短行程只能运行 1 次。

二　二次空气喷射相关原理说明

发动机在低温起动后，为补偿发动机更大的转矩需求，必须对气缸充量、喷射和点火进行调整，直到达到一个合适的温度限值。此阶段的主要目标是促进催化器升温到工作温度进行催化，以极大降低排放。

现在基本上有两种方法：延迟点火正时，使混合气过浓，排气增加二次空气喷射；更大的延迟点火正时以及稀混合气。

奥迪在 1988 年的 AQG 和 ARS 发动机上采用的二次空气喷射系统，组合阀控制是带 N112 二次空气电磁阀的，如图 5-41 所示。

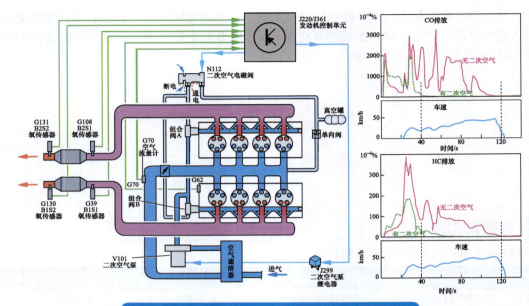

图 5-41 奥迪采用的二次空气喷射系统及对排放的影响

在 1.6L 速腾上装备的 BWH 发动机的二次空气系统，取消 N112 二次空气电磁阀，如图 5-42 所示。

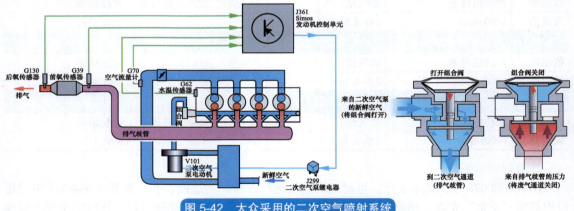

图 5-42 大众采用的二次空气喷射系统

二次空气泵的工作，可通过氧传感器进行精确控制。带二次空气喷射系统的车，在冷车起动后的阶段，废气排放明显减少。

第六节

079组 排放控制组-排气翻板

一 数据流说明

079组：排气翻板控制

030~049、070~079、145~149组 空燃比和排放控制　第五章

079			排气翻板	
数据项	发动机转速	发动机负荷	B1 翻板	B2 翻板
规定值	1400r/min	>13.5%	ON/OFF	ON/OFF

二　排气翻板相关原理说明

排气翻板的打开或关闭，是由 ECM 根据车速、转速和发动机负荷等参数进行控制。

1）排气翻板关闭：急速、节气门开度较小时；作用是降低排气噪声、提高驾驶舒适性。

2）排气翻板打开：当车速 >5km/h、发动机负荷 >50%、转速 >2500r/min 任一条件满足时；作用是减小排气背压、提高动力和降低油耗。

当排气翻板相关部件或控制有故障时，排气翻板控制电磁阀断电，排气翻板执行器中的弹簧将排气翻板打开，防止动力下降，如图 5-43 所示。

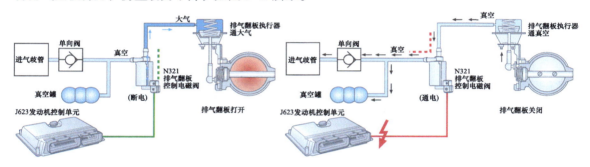

图 5-43　排气翻板控制

第七节

145~149组 增强型排放控制组

一　数据流说明

1. 第145组：排气温度

145		急速	排气温度传感器	在功能 04 基本设定
数据项	B1 排气温度模型（计算值）	B1 排气温度实际值	B2 排气温度实际值	诊断结果
规定值	℃	℃	℃	正在测试 / 测试关闭 / 系统正常 / 系统错误

主要数据流解释： 当采用稀薄分层充气模式或均质稀薄充气模式时，排气后处理必须采取必要的措施降低 NO_x，如图 5-44 所示。

131

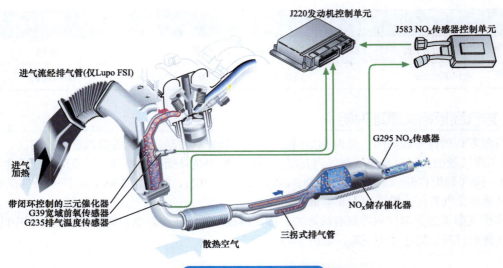

图 5-44 排气后处理系统

2. NO$_x$储存催化器

146		急速	B1 NO$_x$储存催化器	在功能 04 基本设定
数据项	排气流量	催化器温度	储存催化系数	诊断结果
规定值	g/s	℃	%	正在测试 / 测试关闭 / 系统正常 / 系统错误
148		急速	B1 NO$_x$储存催化器脱硫	在功能 04 基本设定
数据项	车速	催化器温度	硫含量	诊断结果
规定值	km/h	℃	g	正在测试 / 测试关闭 / 系统正常 / 系统错误

147 组是对 B2 NO$_x$ 储存催化器，149 组是对 B2 NO$_x$ 储存催化器脱硫。

二、主要数据流解释

NO$_x$ 催化器的作用是，在 $\lambda=1$ 的均质操作模式中，NO$_x$ 催化器的功能与普通 TWC 基本相同。在分层充气模式中和 $\lambda>1$ 的均质稀薄充气模式中，它不再能够转换 NO$_x$，必须储存在 NO$_x$ 催化器中。当 NO$_x$ 催化器的空间用完后，就会启动再生周期，如图 5-45 所示。

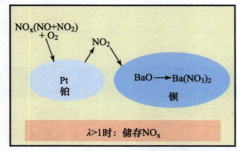 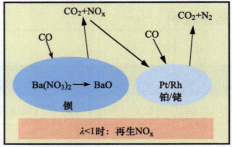

图 5-45 NO$_x$ 催化器的储存和再生过程

第六章

050~069、137组 转速控制

奥迪/大众将050~059组定义为怠速转速控制组，将060~069组定义为电子节气门组，将137组定义为空调控制组。

第一节

050、057、137组 空调压缩机控制组

一 数据流说明

1. 第050组 转速提高

050	怠速转速提高	怠速	空调压缩机提速	
数据项	发动机转速	目标转速	压缩机吸合请求	压缩机吸合允许
规定值	640~6800r/min	670~760r/min	A/C-High/Low	Compr.ON/OFF/Low
经验值	680r/min	700r/min	A/C-High	Compr.ON

主要数据流解释：

050_2：发动机控制单元根据各工况计算出当前最合适的的发动机转速，即目标值，如图6-1a所示。如果发动机判断发动机能满足转矩变化，向空调控制单元发出"压缩机吸合允许"的信号，空调控制单元就可吸合压缩机。

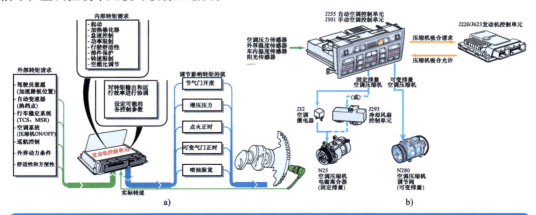

图6-1 基于转矩控制的发动机管理系统和压缩机吸合的空调控制单元与发动机控制单元信息交换

050_3 和 050_4：空调控制单元在吸合压缩机前，为防止转矩波动，必须先向发动机控制单元发出"压缩机吸合请求"的信号。发动机控制单元接到此外部转矩变化的信号，增大转矩，如图 6-1b 所示。

2. 第057组 怠速转速控制组-空调压缩机信号

057		怠速		怠速转速 - 空调压缩机	
数据项	怠速实际转速	目标转速	压缩机状态	压缩机负荷信号/空调压力	
规定值	640~2550r/min	560~1440r/min	Compr.ON/OFF/ 降低	0~8N·m（%/bar）	
经验值	680r/min	680r/min	Compr.OFF Compr.ON	0N·m 6~8N·m	

主要数据流解释：

057_4：表示空调压缩机运转时所需要的转矩需求。正常情况下，压缩机不工作时所需的转矩为 0N·m，压缩机吸合时需要 6~8N·m。

3. 第137组 空调压缩机吸合请求

137		行车		空调请求
数据项	空调压缩机吸合请求	空调压缩机吸合	空调压力/空调开关	来自 AC 冷却风扇请求
规定值	AC ON/OFF	Compr.ON/OFF	4~15bar/ON-OFF	10%~90%
经验值	AC ON	Compr.ON	15bar	60%

数据流说明：

137_1：当空调控制单元需要压缩机吸合时，向发动机控制单元发出"压缩机吸合请求（AC ON）"的信号。

137_2：当发动机控制单元根据发动机现在的工况，判断不存在压缩机吸合后影响发动机工作的故障后，提高转矩，向空调控制单元发出"允许压缩机吸合（Compr. ON）"的信号。

137_3：通过空调压力传感器输出的空调高压压力，如图 6-2 所示。

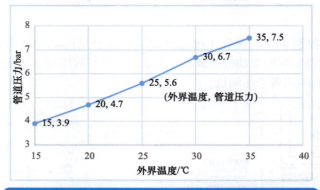

图 6-2 压缩机停止工作时，外界温度和管道压力的关系图

二 相关原理说明

1. 空调数据流中的"空调关闭代码"定义

如果压缩机不吸合，可以通过 08（空调）-08（数据流）-001_1 读取"空调关闭代码"进行判断。

050~069、137组 转速控制 第六章

08-08-001_1 的代码含义如下：

0：空调系统正常 / 压缩机能正常吸合，或发动机未工作。

1：管路压力高于 32bar，关闭压缩机；空调管路压力曾经过高或现在过高。

2：鼓风机故障和供电电压小于 3V；基本设置未执行，或执行过程中出现故障。

3：管路无压力或管路压力小于 2bar，压缩机停止吸合。

4：发动机不运转或运转时间小于 2s。

5：发动机运行时间小于 4s 或未运行发动机起动检测；发动机转速低于 300r/min。

6：未按下 AC 键或已按下 ECON（经济）模式。

7：空调关闭（鼓风机开关处于 0 档）。有可能是发动机编码不正确。

EA111 和 EA113 发动机编码规则：

0	0	?	0	?	?	?
		配置 1		传动系	CAN 总线	变速器
		0= 标准（可变维修周期，2 个电子扇）		0= 前驱	+1=ABS	1=5MT
		3= 装备 1 个冷却风扇		1= 四驱	+2= 气囊	2=6MT
		5= 关闭可变维修周期			+4= 全自动空调	5=6AT
						7=DSG/0AM
						8=DSG/02E

例如：如果是装备两个冷却风扇、前驱、全自动空调和 7 档 DSG 的车，其编码为 77。

故障案例：一辆装备全自动空调的 2004 款 1.4L Polo，更换发动机控制单元后压缩机不吸合。发现此发动机控制单元编码为 31，将其更正为 71 后故障解决。

8：外部温度低于 3℃；外部温度曾低于 2℃，并且目前低于 5℃和处于外循环。

其他可能：如果是检修空调后压缩机不工作，出现关闭代码 8，并且数据流中的外部温度一直显示为 0℃，需要断电对空调控制单元进行初始化。

9：暂时未定义。

10：车辆电源电压小于 9.5V。

11：发动机冷却液温度高于 118℃。

12：来自其他控制单元发出的请求压缩机切断信号。

可能原因之一是发动机控制单元向空调控制单元发出压缩机断开的信号。需要检查：发动机控制单元编码错误；发动机存在影响转矩的故障，需要先对发动机进行维修；发动机控制单元程序有瑕疵，需要升级；如果是对空调进行维修或更换发动机部件后出现的故障，断电后行驶一段时间，如果轻踩加速踏板压缩机断开，原因有可能是发动机动力不足，需要对发动机进行维修。

可能原因之二是 J217 自动变速器强制降档信号 kick-down。当 J217 根据行驶工况需要进行强制降档时，会向空调控制单元输出一个强制降档信号，让压缩机切断约 10s。

13：车内电压 KL.15 大于 17.0V；空调压力 / 温度传感器 G395 信号故障。

14：蒸发器温度太低，结冰；数据总线故障。

15：车辆编码错误或无编码；在此次驾驶循环中，制冷剂管路压力至少有 30 次过高。

16：空调控制电磁阀 N280 断路或短路；蒸发器出口温度低于 0℃至少 1min。

故障案例：迈腾的 N280 空调控制电磁阀与 V50 冷却液循环泵插接件反接，导致压缩机不吸合。

17：压力传感器信号不稳或无信号；蒸发器出口温度低于5℃。

18：外界温度信号不合理，可能是G17外界温度传感器和/或G89新鲜空气进气温度传感器有故障。

19：辅助加热功能打开。

20：暂时未定义。

21：外界温度曾低于-8℃并且目前仍低于-5℃，没有自动空气循环模式；或者外部温度曾低于2℃，并且目前低于5℃。

22：驾驶舱内温度低于8℃，外界温度曾低于-8℃目前仍低于-5℃，并处于内循环模式。

23：冷却风扇故障。

2. 电控可变排量压缩机原理简介

随着技术的发展，空调制冷压缩机由纯机械压缩机外部控制发展到机械可变排量内部控制。N280电磁单元由操纵和显示单元通过500Hz的通断频率进行控制，如图6-3所示。

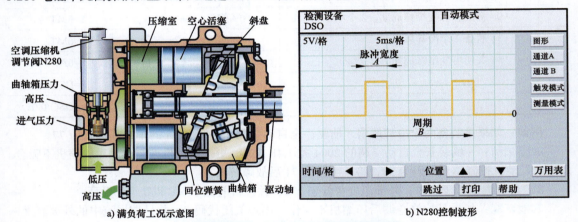

图6-3 机械式和电控可变排量泵工作原理

三 故障案例

1. 空调继电器故障导致压缩机不吸合

车型： 装备CDE 1.6发动机、手动变速器、手动空调的2009款上汽大众朗逸，行驶里程1169km。

故障现象： 室外温度30℃，空调不制冷。

初步诊断： 按下A/C开关后，A/C指示灯点亮，但压缩机不吸合，出风口为自然风。由于此车装备手动空调，不能通过空调控制单元的001_1"空调压缩机关闭代码"进行诊断。用诊断仪对全车控制单元进行扫描，没有任何故障码。读取发动机控制单元的137_3空调压力为7bar，与用空调压力表检测的数据一致，说明制冷剂正常。

数据流分析： 读取发动机控制单元的050组数据，如图6-4所示。

050_3"空调高档"表示空调控制单元接收到各传感器信号，判断此时需要压缩机吸合，向发动机控制单元发出"压缩机吸合请求"的信号，可以判断与空调控制单元连接的传感器信号正常。050_4"压缩机开"表示发动机控制单元判断压缩机吸合不会导致功率严重下降而熄火，因此已增大转矩，并向压缩机控制单元发出"允许压缩机吸合"的信号。

050~069、137组 转速控制 第六章

1. J32 空调器继电器(126继电器)
2. J19 起动继电器(643继电器)
3. J271 发动机供电继电器(643 继电器)
4. J17 燃油泵继电器(449继电器)
5. J59 X触点卸载继电器

图 6-4　故障车的发动机控制单元 050 组数据和朗逸空调继电器位置图

根据图 6-1 可知，故障点应是在空调控制单元、空调控制单元与压缩机连接的线路或继电器。

故障排除：找到空调压缩机继电器，手摸非常热。更换后压缩机正常吸合，恢复制冷。判断为空调继电器故障。

2. 空调压缩机不吸合的数据流分析方法

车型：装备电控可变排量压缩机的 2020 款速腾。

故障现象：车主抱怨车辆在天热的时候空调不够凉，有时冷起动十多分钟后仍无冷风吹出。

初步诊断：用诊断仪对全车控制单元进行扫描，没有任何故障码。

数据流分析：通过诊断仪采集发动机和空调的相关数据。

发动机相关数据流：

050		急速	急速转速调节 - 空调提速	
数据项	发动机转速	目标转速	压缩机吸合请求	压缩机吸合允许
实际值	700r/min	700r/min	A/C-High	Compr.ON
经验值	680r/min	680r/min	A/C-High	Compr.ON
057		急速	AC 压力 / 转矩，急速稳定 / 提速	
数据项	发动机转速	目标转速	压缩机状态	压缩机负荷信号
实际值	700r/min	700r/min	Compr.ON	2~3N·m
经验值	680r/min	680r/min	Compr.ON	6~8N·m
137		行车	空调请求	
数据项	空调压缩机吸合请求	空调压缩机吸合	空调压力	来自 AC 冷却风扇请求
实际值	AC ON	Compr.ON	12bar	60%
经验值	AC ON	Compr.ON	15bar	60%

空调相关数据流：

002		压缩机控制		
数据项	N280 实际电流	N280 目标电流	发动机转速	压缩机负荷信号
实际值	0.790 A	0.790 A	700r/min	2~3N·m
经验值	0.790 A	0.790 A	680r/min	6~8N·m
006		车内温度控制		
数据项	蒸发器后的温度	车内温度	左侧光照强度	右侧光照强度
实际值	12℃	30℃	—	—
经验值	2℃	24℃	—	—

数据流分析：

1）数据流中主要不合理的问题：蒸发器温度偏高并且压缩机需要转矩偏低。

2）发动机的050组说明空调控制单元已向压缩机发出制冷的指令。

3）压缩机最大制冷时需要 0.8A 左右的工作电流，并且随着室内温度逐渐下降，空调控制单元会逐渐减小压缩机电流，从而降低输出功率。

4）此时蒸发器温度为 12℃，而压缩机电流已调节到最大值。此时可分析出，空调控制单元判断制冷功率不足（蒸发器温度过高），因此以大功率输出制冷；但压缩机所需转矩为 2~3N·m，比经验值低。也就是说，空调控制单元要压缩机100%满负荷工作，但压缩机实际只需50%转矩就能处理满负荷（转动压缩机）。

综合上述： 压缩机电磁阀N280或压缩机内活塞等机构有故障，导致输出功率不足、空调不够凉。

解决方案： 由于无单独的 N280 供货，所以更换压缩机总成。

更换压缩机后主要的数据如下：

	发动机 137_3	空调 002_1	空调 002_4	空调 006_1
数据项	空调压力	N280 实际电流	压缩机负荷信号	蒸发器后的温度
实际值	15bar	0.8A	6~7N·m	3℃

对比维修前后可以发现，压缩机工作电流基本一样，但压缩机转矩提升了 2~3 倍而蒸发器温度降低至 3℃，系统压力提升了 3bar，故障排除。

3. 行车一个多小时后空调出风口不出风

车型： 装备电控可变排量压缩机的 2010 款速腾。

故障现象： 速腾车行驶开空调约一个多小时后出风口不出风，关闭空调十几分钟后又可恢复。

初步诊断： 用诊断仪对全车控制单元进行扫描，没有任何故障码。

数据流分析： 发生故障时读取相关数据流。

发动机相关数据流：

050		怠速	怠速转速调节 - 空调提速	
数据项	发动机转速	目标转速	压缩机吸合请求	压缩机吸合允许
实际值	700r/min	700r/min	A/C-High	Compr.ON
经验值	680r/min	680r/min	A/C-High	Compr.ON

空调相关数据流：

002		压缩机控制		
数据项	N280 实际电流	N280 目标电流	发动机转速	压缩机负荷信号
实际值	0.80A	0.80A	700r/min	8N·m
经验值	0.80 A	0.80 A	680r/min	6~8N·m

050~069、137组 转速控制 第六章

（续）

006		车内温度控制		
数据项	蒸发器后的温度	车内温度	左侧光照强度	右侧光照强度
实际值	10℃	16℃	—	—
经验值	2℃	24℃	—	—

从发动机的 050 组数据流可看到，空调控制单元接收到正常的信号，并向压缩机发出吸合的指令。此时出风口的风量变小，但根据鼓风机的声音可以判断此鼓风机正常，应该是发生冰堵。通过数据流可以发现，蒸发器温度一直在10℃左右。蒸发器或出风口温度高，空调控制单元会增加制冷功率来降低温度。而大多数车辆正常的工作温度都会在5℃左右，此车偏高，说明此车识别到制冷功率长期不足，所以加大了制冷功率，导致长时间行驶蒸发器结冰不出风。

解决方案：更换蒸发器温度传感器测试，系统正常，故障排除。

其他说明：造成大众车蒸发器结冰可能有以下原因：

解决方案如下：

1）蒸发器温度传感器。

① 传感器检测有误，可能蒸发器已出现结冰，但传感器发给空调控制单元的信号是2℃或以上。检测方案是将传感器放置在冰水混合物中，通过数据流读取其温度，正常应是 0℃。

② 通过配件电子目录查其零件号是否有更新，例如 1K0 907 543 A 应改为 1K0 907 543 F。

2）蒸发器温度传感器与蒸发器接触不良。解决方案如下：

① 将蒸发器温度传感器胶皮剥下，直接与蒸发器表面接触。

② 用铁丝缠绕蒸发器温度传感器的感温部分，使其充分与蒸发器接触。

3）建议客户，为省油和提高动力，将空调温度调节到最冷后回调一点。在随车手册中有这样的说明：如选择的温度值低于 +16℃，显示屏将显示字母 LO，这种情况下系统将以最大制冷功率运转，而不能自动调节车内温度。

4）适当减少制冷剂加注量。例如，原厂要求是 525g ± 25g，改为 450g；缺点是有可能车主会反映制冷不足。

5）原车设计不合理。有可能进风流经蒸发器温度传感器尾部，导致其检测不准确。

4. 踩下加速踏板时空调不制冷

车型：装备电控可变排量压缩机、手动空调的 2008 款开迪，已行驶接近 20 万 km。

故障现象：车主反映只要加速踏板踩得急些，出风口就出热风。

初步诊断：怠速和匀速行驶时，空调制冷正常；如车主所说的工况时就会出现故障。用诊断仪对全车控制单元进行扫描，没有任何故障码。由于是手动空调，不能通过空调控制单元读取"空调压缩机关闭代码"进行诊断。

数据流分析：采集发动机相关数据流，如图 6-5 所示。

002	带 MAP，歧管喷射	怠速		
数据项	发动机转速	发动机负荷	喷油脉宽	进气压力
实际值	990r/min	26.3%	5.2ms	459mbar
经验值	740r/min	18%	3ms	350mbar

050		怠速	怠速转速调节 - 空调提速	
数据项	发动机转速	目标转速	压缩机吸合请求	压缩机吸合允许
实际值	830r/min	800r/min	A/C-High	Compr.ON
经验值	740r/min	740r/min	A/C-High	Compr.ON

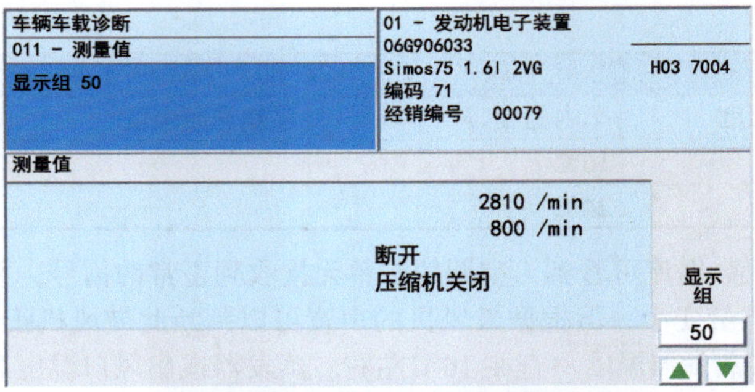

```
车辆车载诊断              01 - 发动机电子装置
011 - 测量值              06G906033
显示组 50                 Simos75 1.6l 2VG    H03 7004
                         编码 71
                         经销编码   00079

测量值
                                    2810 /min
                                     800 /min
                         断开
                         压缩机关闭                          显示
                                                           组
                                                           50
```

图 6-5 压缩机断开时的数据流

从 002_2 可以看到，急速时发动机负荷已很大。此车已做常规保养和检查、更换汽油等，可以判定为发动机内部磨损过大，导致发动机动力不足。在轻踩下加速踏板时，如果压缩机仍吸合会阻碍发动机快速提速，因此此时发动机控制单元切断压缩机，让转速上升后再吸合。

解决方案：大修发动机。

5. 空调压力传感器故障导致电子扇长转

车型：装备 CIF 发动机的 2006 款捷达。

故障现象：发动机起动后电子扇一直高速转动。

故障诊断：

1）读取发动机故障码，正常。

2）读取相关数据。

001	L 型发动机	急速		
数据项	发动机转速	水温	TWC 前氧修正值	基本设定所需的工况
实际值	760r/min	96.0℃	3.1%	10111111
经验值	740r/min	84~94.5℃	−10.0%~10.0%	11111111
137		行车	空调请求	
数据项	空调压缩机吸合请求	空调压缩机吸合	空调压力/空调开关	来自 AC 冷却风扇请求
实际值	断开	断开	40bar	0%
经验值	AC ON	Compr.ON	3bar	0.0%

可以看到，水温正常。但在没有开空调的情况下，空调压力达 40bar 最大值。

解决方案：更换空调压力传感器 G65，故障排除。

原因分析：

捷达车型的电子扇的控制原理较复杂，如图 6-6 所示。低速是由 F18 双温开关直接控制，并将低速信号发送给 J293 电子扇控制单元。当 J361 发动机控制单元接收到 F18 的高温信号，或 G65 的空调管道高压信号后，控制 J293 的 T10W/6 脚接地，并通过 T10W/8 向 J293 发送电子扇高速转的信号，J293 根据此信号控制 V7 高速运转。

因此，当 G65 发生故障而产生错误的高压信号时，电子扇会长转，实行故障保护。

第六章 050~069、137组 转速控制

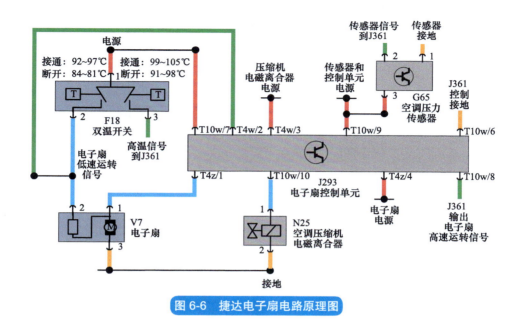

图 6-6 捷达电子扇电路原理图

第二节 050~059组 怠速转速控制

一、数据流说明

1. 第050组 转速提高

050	怠速转速提高	怠速	空调压缩机提速	
数据项	发动机转速	目标转速	压缩机吸合请求	压缩机吸合允许
规定值	640~6800r/min	670~760r/min	A/C-High/Low	Compr.ON/OFF/Low
经验值	680r/min	700r/min	A/C-High	Compr.ON

怠速控制组的 050~059_1：数据流显示最高转速为2550r/min，实际转速超过2550r/min 也只显示 2550r/min。

050_2、051_2、052_2、053_2、056_2、057_2：怠速目标转速最高显示为1440r/min。

2. 第051组 档位

051	怠速转速调节	怠速	档位和电压	
数据项	发动机转速	目标转速	档位	实际电压
规定值	640~6800r/min	670~760r/min	P/N=0, 档位=1~6,R=7	12~15V
经验值	680r/min	700r/min	0	>13.5V

051_3：档位信息。对装备自动变速器/DSG的车型，0为P或N位，7为R位（倒档），1~6表示所挂的档位，当如果档位大于6档，显示为"6"；对装备手动变速器的车型，通过车速与转速的对应关系，计算出档位。

3. 第052~054组 转速提高

052		急速	急速转速 - 压缩机和风窗加热	
数据项	急速实际转速	目标转速	空调请求	前后风窗玻璃加热
规定值	640~2550r/min	560~1440r/min	A/C-High/Low	ON/OFF
经验值	680r/min	700r/min	A/C Low	OFF
053		急速	急速转速 - 发电机负荷	
数据项	急速实际转速	目标转速	蓄电池电压	发电机负荷
规定值	640~2550r/min	560~1440r/min	11.5~15.0 V	0~100%（或N·m）
经验值	680r/min	700r/min	>13.5V	35%~40%
054		急速	急速阀和电子节气门	
数据项	急速实际转速	行车工况	加速踏板 1-G79	节气门开度（G187）
规定值	640~2550r/min	LL/TL/VL/SA/BA	12%~97%	0.2%~4.0%
经验值	680r/min	LL	14.5%	2.8%

052_4：大用电气状态，包括前后风窗玻璃加热、鼓风机、座椅加热等。

054_2：行车工况，包括LL-急速、TL-部分负荷、VL-全负荷、SA-倒拖/断油滑行、BA-加速加浓。

4. 第055、056组 急速进气控制

055		急速	急速学习值 / 长期修正	
数据项	急速实际转速	急速瞬时修正值	急速转矩损失自学习值	工况
规定值	640~2550r/min	−4%~12.2%	AC OFF：−3%~3% AC ON：−6%~6%	xxxxx
经验值	680r/min	−1%~1%	−1%~1%	0
056		急速	急速修正值 / 瞬时修正	
数据项	急速实际转速	目标转速	急速转矩变化	工况
规定值	640~2550r/min	560~1440r/min	−4%~12.2%	xxxxx
经验值	680r/min	680r/min	−1%~1%	0

						第 055、056、061 组 第 4 区
1	2	3	4	5	6	含义
					1	空调压缩机接合允许
				1		已入行车档
			1			空调压缩机接合请求
		1				后风窗玻璃加热/除霜开启
	1					动力转向在止点（最大转向）位置、正在转向状态
1						前风窗玻璃加热开启

1= 开 0= 关

050~069、137组 转速控制 第六章

主要数据流解释：

055_3：根据当前发动机工况进行的长期修正。对于新的发动机，由于内阻较大，可能为正值；使用时间较长的发动机，可能为负值。

055_4 第2位：转向助力开关状态位。其控制方式如图6-7所示。

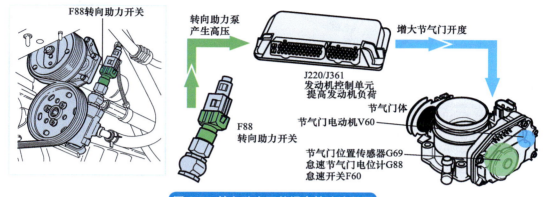

图6-7 转向助力开关提高转速流程图

5. 第057组 急速进气控制-压缩机压力信号

057		急速	AC压力/转矩，急速稳定/提速	
数据项	发动机转速	目标转速	压缩机状态	压缩机负荷信号
规定值	640~6800r/min	670~760r/min	Compr.ON/OFF	0~8 N·m
经验值	680r/min	700r/min	Compr.OFF Compr.ON	0 N·m 6~8N·m

057_4：空调压缩机吸合时的转矩需求信号。部分发动机管理系统显示可变排量压缩机电磁阀N280的占空比信号。

6. 第058组 急速进气控制-电液控制发动机和变速器

058	电控液压发动机悬置			
数据项	发动机转速	发动机负荷	发动机右悬置	发动机左悬置
规定值	600~6600r/min	>13.5%	ON/OFF	ON/OFF
	电控液压发动机和变速器悬置			
数据项	发动机转速	发动机负荷	发动机悬置1/2	变速器悬置1/2
规定值	600~6600r/min	>13.5%	ON/OFF	ON/OFF

主要数据流解释： 为了减少发动机的振动传递到车身，部分车型装备了电控液压发动机悬置。

二 相关原理说明

1. 急速工况

在急速时，发动机不需要转矩输出，燃烧过程产生的能量被用来维持发动机本身的运转和驱动附属设备。在这种工况下，维持运转所需要的转矩和急速转速一起决定了油耗。闭环急速控制能保证在设定的急速状态下稳定、可靠地工作。这些变化则可能是由多种因素，包括电气系统、空调压缩机、自动变速器齿轮啮合、助力转向等引起的电流波动而导致的，如图6-8所示。

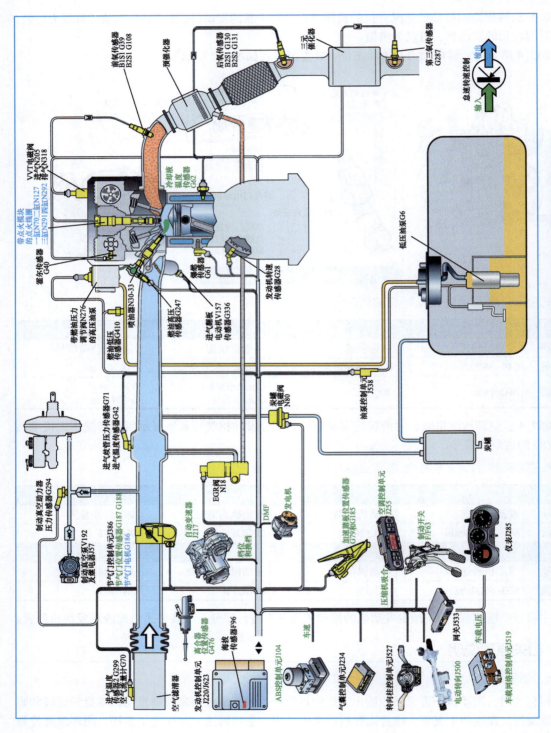

图 6-8 怠速控制影响因素（绿色字体表示影响怠速的输入信号、蓝字表示怠速控制的元件）

050~069、137组 转速控制 第六章

2. 电液控制发动机和变速器

为了减少发动机的振动传递到车身，部分车型装备了电控液压发动机悬置。发动机和变速器控制单元主要是根据车速和转速控制悬置软硬，如图 6-9 所示。

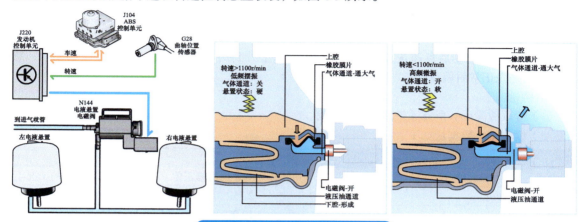

图 6-9 电控液压悬置的控制示意图

三 故障案例

1. 新宝来由于动力转向开关故障导致熄火

车型：装备 BWH 发动机的 2003 款新宝来 1.6，VIN 为 LFV2A21J4630xxxxx，行驶里程 12 万 km，使用时间 10 年。

故障现象：怠速偶尔抖动，行驶一段时间后 EPC 点亮，此时加速不良，并且容易熄火。

故障诊断：

1）读取故障码，如图 6-10 所示。17796/P1388 的确切含义是：发动机控制单元对 DBW（节气门体）监控出现不合理的故障。

图 6-10 故障码及转向助力开关 F88

2）读取相关故障流如下：

055	怠速转速调节	怠速，快速转向	怠速瞬时修正和自学习	SIMOS92
数据项	发动机转速	怠速瞬时修正值	怠速长期自学习值	工况
实际值	730r/min	-2N·m	0N·m	000000
经验值	750r/min	-10~10N·m	-10~10N·m	010000

正常情况下，快速转动方向盘或将方向盘转到极限位置时，005_4 第 2 位会显示 1，但此车在多次快速转向时，有时显示 1，有时显示 0，并且怠速波动较大、EPC 灯点亮。判断为 F88 转

145

向助力开关信号不稳定导致。

故障排除：更换 F88 转向助力开关。

2. DFM线断路导致发动机转速偏高

车型：装备 BYJ 发动机的 2009 款迈腾 1.8TSI，VIN 为 LFV3A23C993xxxxx，行驶里程 6 万 km，使用时间 3 年。

故障现象：起动后怠速正常，但几分钟后转速上升到约 960r/min 不下降。重新起动后，怠速转速仍是先正常后偏高。

故障诊断：

1）读取故障码，所有系统没有故障记忆。

2）读取相关数据流如下：

001	L 型发动机	怠速		
数据项	发动机转速	水温	TWC 前氧修正值	基本设定所需的工况
实际值	960r/min	97.0℃	−2.7%	10111111
经验值	740r/min	84~94.5℃	−10.0%~10.0%	11111111
002	装备 HFM	怠速	TSI	
数据项	发动机转速	发动机负荷	喷油脉宽	进气量
实际值	960r/min	19.8%	1.4ms	3.3g/s
经验值	740r/min	17%	1.0~1.5ms	2.9g/s
003	装备 HFM	怠速		
数据项	发动机转速	进气量	节气门开度（G187）	点火提前角
实际值	960r/min	3.3g/s	4.10%	1.5° ATDC
经验值	740r/min	2.9g/s	0.2%~4.0%	3~6° BTDC
004		怠速		
数据项	发动机转速	供给 ECU 电压	水温	进气温度
实际值	960r/min	13.9V	97.0℃	64.0℃
经验值	740r/min	>13.5V	>80℃	>外界温度
053	怠速转速调节	怠速	发电机负荷	
数据项	发动机转速	目标转速	蓄电池电压	发电机负荷
实际值	960r/min	960r/min	13.9V	82.40%
经验值	740r/min	700r/min	14V	35%~40%

发现负荷、进气量、节气门开度都偏大。根据 053_1 实际转速与 053_2 目标转速一致，说明发动机控制单元判断需要提高转速。053_4 发电机负荷高于正常值，初步判断故障点在 DFM 信号线。

3）测量发电机与发动机控制单元 J623 的 DMF 连接线，其电阻无穷大，说明 DFM 线断路，如图 6-11a 所示。

故障解决：修复 DFM 线束。

3. 发电机电压调节器故障导致仪表停止工作

车型：装备 CEA 发动机的 2012 款迈腾 B7L 1.8TSI，VIN 为 LFV3A23CXB30xxxxx，行驶里程 100km。

故障现象：怠速时工作正常，转速超 3000r/min 后仪表不工作、黑屏、所有指针回零位。

050~069、137组 转速控制 第六章

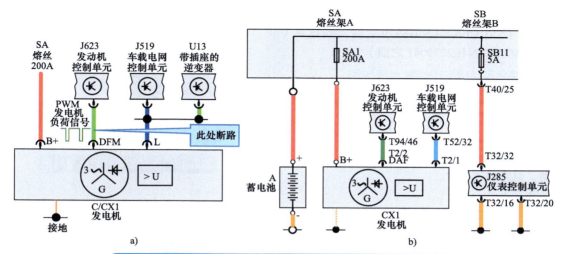

图 6-11 发电机相关电路图和 B7L 仪表电源线和地线相关电路图

故障诊断：

1）读取车辆故障列表，包括发动机和仪表在内的所有系统正常。

2）检查仪表电源线和接地线（图 6-11b），正常；更换仪表后，故障未能解决。

3）考虑到此车是转速超 3000r/min 才出现故障，连接诊断仪，踩下加速踏板使转速达到 3000r/min，读取各控制单元状态及数据流，暂时未发现故障。但读取发动机控制单元数据流时，发现随着转速的提高，发电机电压也提高，甚至超过 16V。初步判断是发电机输出电压过高导致。

053		急速	急速转速 - 发电机负荷	
数据项	实际转速	目标转速	蓄电池电压	发电机负荷
实际值	760r/min	760r/min	14.194 V	47.5%
经验值	760r/min	760r/min	13~15V	35%~40%
		停车，踩下加速踏板	实际转速 2600r/min	
数据项	实际转速	目标转速	蓄电池电压	发电机负荷
实际值	2550r/min	1410r/min	15.510V	19.6%
经验值	2550r/min	1410r/min	13~15V	35%~40%
		停车，踩下加速踏板	实际转速 >3000r/min	
数据项	实际转速	目标转速	蓄电池电压	发电机负荷
实际值	2550r/min	1410r/min	16.638V	23.1%
经验值	2550r/min	1410r/min	13~15V	35%~40%

故障排除： 更换发电机。试车，发电机最高电压为 16V，说明故障与蓄电池无关。

4. 全新帕萨特/途观急速转速过高

车型： 2015 款全新帕萨特和途观。

故障现象： 车辆急速高，达到 1200~1600r/min，ECM 记忆故障码为"01287/P0507-急速控制转速超出规定值偶发"。

解决方案： 更换新状态的电子节气门，零件号仍为 06F 133 062 AB，新状态零件在壳体位置有蓝色打点标识，如图 6-12 所示。

受影响的车型包括全新帕萨特 1.8T（底盘号 LSVCT6A41EN088394 之前）、全新帕萨特 2.0T（底盘号 LSVCU6A40EN088979 之前）和途观（底盘号 LSVXU25N4E2079041 之前）。

5. 双质量飞轮发卡导致怠速抖动

车型：装备 CFB 发动机的高尔夫 6 1.4TSI，VIN 为 LFV2B21K5C3xxxxxx，使用时间 1 年，行驶里程 1 万 km。

故障现象：怠速抖动，均速行驶时感觉到车身振动，但急加速正常。

图 6-12 新状态零件打蓝点标记

故障诊断：

1）读取故障码，所有系统没有故障记忆。

2）数据流分析。通过数据流，可以判断发动机系统基本正常，只是很轻微的失火现象。

001	单列		怠速	
数据项	发动机转速	水温	TWC 前氧修正值	基本设定所需的工况
实际值	680r/min	65.0℃	0.0%	10110110
经验值	680r/min	84~94.5℃	−10.0%~10.0%	11111111
002	带 MAP		怠速	TSI
数据项	发动机转速	发动机负荷	喷油脉宽	进气压力
实际值	720r/min	18.0%	0.77ms	290.0mbar
经验值	680r/min	17%	0.51~0.75ms	290~320mbar
015			行车	1~3 缸失火识别
数据项	1 缸失火量	2 缸失火量	3 缸失火量	失火识别
实际值	1	3	2	激活
经验值	0	0	0	active
016			行车	4 缸失火识别
数据项	4 缸失火量			失火识别
实际值	1			激活
经验值	0			active
032			怠速/行车	λ 学习值/长效修正-最大值
数据项	B1 怠速 λ 学习值 +	B1 部分负荷 λ 学习值 ×		
实际值	+1.1%	−3.1%		
经验值	−3%~3%	−5%~5%		
106	EA111/MED17.5.20		怠速	燃油压力	高压泵
数据项	燃油分配管目标压力	低压油泵状态		停止工作时间
实际值	49.93 bar	接通		655.35s
经验值	50bar	开		

3）进行常规保养和检查。检查发现火花塞燃烧正常；清洗喷油器，检查确认雾化正常；气缸压力在 10~11bar，正常。

4）对故障现象进一步检查。怠速没有踩下加速踏板时发动机抖动，但只要踩加速踏板使转速达到800r/min左右,发动机立即平稳。中速等速直线行驶时,明显感觉车身抖动。

故障排除: 根据以上分析,判断是双质量飞轮发卡导致。

关于双质量飞轮的技术说明:由于活塞式发动机的特性,会在曲轴和飞轮产生交替变化的转矩,导致产生扭转振动,并传递到变速器和传动系,为解决这个问题,奥迪/大众在多款车装备了双质量飞轮(图6-13)。双质量飞轮的主动飞轮与曲轴相连,属发动机质量惯性矩;从动飞轮与变速器相连。这两部分质量通过弹簧连接,缓冲发动机的扭转振动。

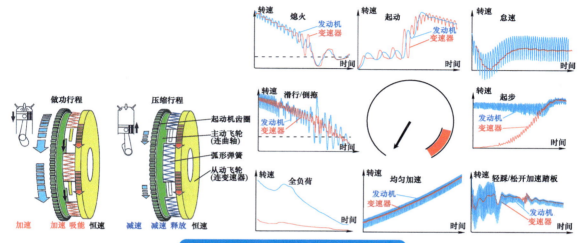

图6-13 双质量飞轮的组成及各工况调节

第三节

060~069组 电子节气门控制

一 数据流说明

1. 第060组 节气门匹配

060	装备 ESB	停机/打开点火开关	电子节气门匹配	在功能04 基本设定
数据项	节气门角度 1-G69	节气门 2-G88	行车工况	匹配状态
规定值	3%~97%	97%~3%	LL/TL/VL/SA/BA	ADP 运行中/正常/错误
经验值	13%	87%	LL	ADP 正常
060	装备 EPC	停机/打开点火开关	电子节气门匹配	在功能04 基本设定
数据项	节气门角度 1-G187	节气门 2-G188	节气门匹配过程	匹配状态
规定值	3%~97%	97%~3%	3~8	ADP 运行中/正常/错误
经验值	13%	87%	4	ADP 正常

主要数据流解释:

ESB 表示装备怠速节气门控制的发动机,它仅是怠速范围内节气门由 ECM 控制,如图 6-14a 所示。ESB 一般装备在早期的车型中,本书如无特殊说明,一般是指装备 EPC(电子节气门)的发动机。

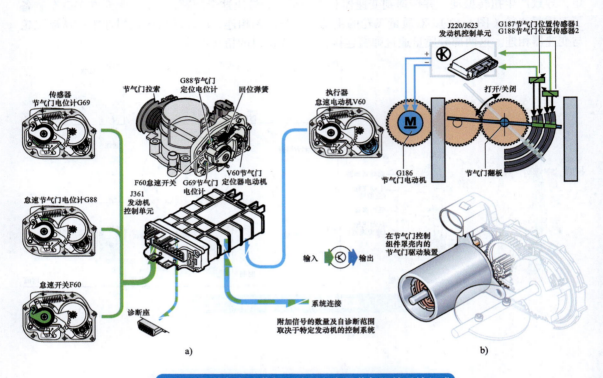

图 6-14 装备怠速节气门控制和电子节气门的系统组成

060_1 和 060_2:电子节气门中两个互为反相的传感器开度信号,两者的和接近 100%。

060_3:节气门匹配状态。4 表示匹配后怠速转速提升。

060_4:节气门匹配。在清洗或更换电子节气门、更换发动机控制单元后,必须对电子节气门进行自适应(或称为学习)。

节气门匹配过程:连接诊断仪,打开点火开关;选择功能 04(基本设置);用"激活"按钮启动短行程;等待"匹配正常"出现在区域 4 中。如果匹配不成功,可多匹配几次,或找出故障原因。

2. 第061组 电子节气门

061		怠速	电子节气门系统	
数据项	发动机转速	电子节气门电压	节气门电机控制	节气门控制工况
规定值	700~860r/min	11.5~15.0V	-30%~60%	111111
经验值	680r/min	13.5~14.3V	3.5%	0

第055、056、061组 第4区

1	2	3	4	5	6	含义
					1	空调压缩机接合允许
				1		已入行车档
			1			空调压缩机接合请求
		1				后风窗玻璃加热开启
	1					（转向助力压力）
1						前风窗玻璃加热开启

1=开 0=关

主要数据流解释：

061_3：节气门电动机控制。来自 PCM 的指令使直流电动机动作，通过传动机构实现对节气门开度的控制，如图 6-14b 所示。

节气门开度在怠速时为 2%~3%；EPC 有故障时为 7%~10%，作用是保证跛行回家；大负荷时可达 100%。因此，节气门翻板需要正反两个方向转动。奥迪/大众多采用 CCS 中央处理单元产生两个 PWM 信号，然后通过功率 MOS 管实现对直流电动机的高频打开、关闭，并采用 H 桥电路满足直流电动机双向控制的需求，如图 6-15 所示。

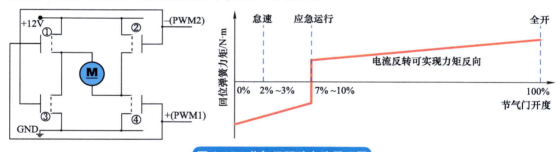

图 6-15 节气门驱动电路原理图

MOS 管与电动机的控制关系如下：

MOS 管				输出到电动机		电动机
①	②	③	④	PWM1	PWM2	转向
闭合	断开	断开	闭合	高	低	正转
断开	闭合	闭合	断开	低	高	反转
断开	断开	断开	断开	低	低	自由状态
闭合	闭合	闭合	闭合			短路

节气门电动机信号波形如图 6-16 所示。

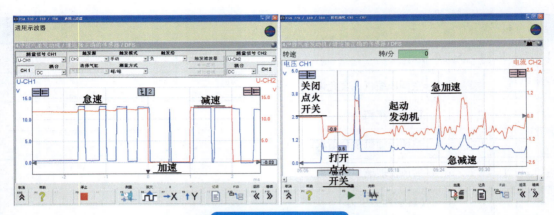

图 6-16 G186 信号波形

3. 第062组 电子节气门信号电压与基准电压的相关性-$U_{实际电压}/U_{基准电压}$

062	急速		电子节气门电位计电压比 U/U 基准	
数据项	节气门角度 1-G187	节气门 2-G188	加速踏板 1-G79	加速踏板 2-G185
规定值	13%	87%	14.5%	7%
经验值	3%~97%	97%~3%	12%~97%	6%~50%

主要数据流解释:

在电子节气门系统中,采用两个加速踏板位置传感器 G79/G185 和两个节气门位置传感器 G187/G188,构成整个电子节气门控制系统安全监控功能的一部分,能提供系统所期望的冗余度,如图 6-17 所示。

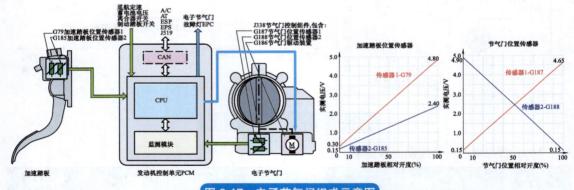

图 6-17 电子节气门组成示意图

其开度数据特点是:G79 约是 G185 的两倍、G187 与 G188 的和约为 100%。

4. 第063组 强制降档匹配

063	停机	打开点火开关	AT 强迫降档开关匹配	在功能 04 基本设定
数据项	加速踏板 1-G79	已匹配强制降档点 G79	强制降档开关	匹配状态
规定值	79%~94%	79%~94%	- / Kick Down	ADP 运行中 / 正常 / 错误
经验值	95%	5%	Kick Down	ADP 正常

152

050~069、137组 转速控制 第六章

主要数据流解释：

自动变速器强制降档的匹配过程：连接诊断仪，打开点火开关；进入发动机中的"基本设置"功能，再进入063组；将加速踏板踩到底并保持2s；063_4开始显示"ADP运行中"，然后显示"ADP正常"，匹配完成。如果不成功，再次尝试，必须要进行故障诊断。

5. 第064组 电子节气门位置传感器匹配值

064	停机	打开点火开关	节气门电位计匹配值	
数据项	G187下电气停止位	G188下电气停止位	G187紧急运行停止位	G188紧急运行停止位
规定值	0.24~0.81V	4.195~4.761V	0.235~1.367V	3.653~4.785V
经验值	0.56V	4.54V	0.82V	4.28V

主要数据流解释：

064_1和064_2：下电子停止位。在电子节气门匹配过程中，通过电气能控制的节气门最大限度关闭位置。在工作中，节气门的关闭位置不会超过下电子停止位。这样可以防止节气门伸入壳体中。

064_3和064_4：紧急运行模式位置。当节气门驱动装置上没有电压时，弹簧回位系统把节气门设置在紧急运行模式上。在该位置上，车辆只能在高怠速状态下行驶并且功能受到限制，一般用于故障工况。

6. 第065组 电子节气门匹配值复位

065	仅适用于带EGR/AT	停机/打开点火开关	节气门匹配值复位	在功能04基本设定
数据项	节气门角度1-G187	节气门2-G188	节气门匹配过程	匹配状态
规定值	3%~97%	97%~3%	3~8	ADP运行中/正常/错误

主要数据流解释： 仅适用于装备EGR、自动变速器的车型，并且需要登录码。

7. 第066组 巡航定速开关

066		怠速	CCS定速控制系统	
数据项	车速（实际值）	制动离合定速开关	目标车速（上次记忆值）	定速控制开关位置
规定值	0~255 km/h	xxxx1xxx	0~255km/h	xxxxxxxx
经验值	0	0	0	0

主要数据流解释：

066_2：制动离合定速开关状态。巡航激活 01-11-11463，取消 01-11-16167。

第066组 第2区：制动、离合器和定速开关（4位状态位）

1	2	3	4	含义
			1	踩下制动踏板（制动灯开关F接通）
		1		踩下制动踏板（制动踏板F47接通）
	1			（MT）踩下离合器/（AT）踩下制动踏板
1				接通定速开关

1=满足条件 0=未满足条件

153

066_2、067_2：制动、离合器和定速开关（8位状态位）

1	2	3	4	5	6	7	8	含义
							1	踩下制动踏板（制动灯开关F接通）
						1		踩下制动踏板（制动踏板F47接通）。部分车型来自ABS控制单元信号
					1			（MT）踩下离合器/AT恒定为1
				1				接通定速开关/允许定速工作
			1					ACC功能激活/装备空调控制单元（也可能未使用，恒为0）
		1						已按下定速主开关按键/未使用，恒为0
0	0							未激活自动车距控制/定速巡航装置（也可能未安装）
0	1							自动车距控制/定速巡航装置处于调节运行模式
1	0							操作过度状态，驾驶员比定速巡航装置调节器的加速快
1	1							未启用自动车距控制，定速巡航装置已启用

部分数据流解释：
066_2和067_2第6位：离合器的信号。将驾驶员踩下离合器的信息传递给发动机控制单元。
066_4：定速控制开关位置。
第066组第4区：定速控制开关

1	2	3	4	5	6	7	8	4位状态位	4位状态位，4向定速开关	4位状态位，6向定速开关
							1	定速开关在OFF(停止)位置，固定在卡住位置	定速开关开/关（1/0）：CAN	定速开关开/关（1/0）：CAN
						1		定速开关在OFF(停止)位置。卡住或未卡住都可能	定速巡航装置开启/关闭	定速巡航装置开启
					1			按下SET（设置）按键	设置/减速[按住RES（−）]	减速[按住RES（−）]
				1				定速开关在RES(恢复)位置	启动/恢复/加速[按住SET（+）]	加速[按住SET（+）]
			0					（不存在）	—	启用/设置
		0						（不存在）	—	重新开始/恢复
	0							（不存在）	—	
1								（不存在）	定速巡航装置开启（主开关）	定速巡航装置开启（主开关）

1=满足条件 0=未满足条件

8. 第067组 巡航定速停用

067		怠速	CCS定速停用原因	
数据项	CCS停用原因（可恢复）	制动离合定速开关	CCS停用原因（不可恢复）	
规定值	255	xxxx1xxx	255	
经验值	255	0	255	

050~069、137组 转速控制 第六章

主要数据流解释：

067_1 和 067_3 的数据，是将 067_2 的数据二进制转化为十进制。
067_2 的状态位，请参看 066_2。

9. 第068组 变速器工况

068		怠速		变速器档位	
数据项	发动机转速	发动机负荷	档位	变速器/离合器状态	
规定值	700~860r/min	13%~45%	P/N=0，1~6档，R=7	TC 断开 / 接通 / 控制 / 错误	
经验值	680r/min	18%	0	TC 断开	

主要数据流解释：

068_3：对装备 MT 车型，是采用车速/转速比来判断档位；对装备 AT/DSG 车型，是通过接收变速器控制单元的档位信号。

10. 第069组 车速限制

069		最高车速限制	
数据项	状态		
规定值	第 7 位（拖车 0 不带 /1 带），第 8 位（减振器弹簧 0 钢制 /1 气压式）		
经验值			

二 相关原理说明

1. 非接触式加速踏板位置传感器

奥迪从 2004 款 A3 开始，装备了非接触式加速踏板，并集成了强制降档开关，如图 6-18 所示。

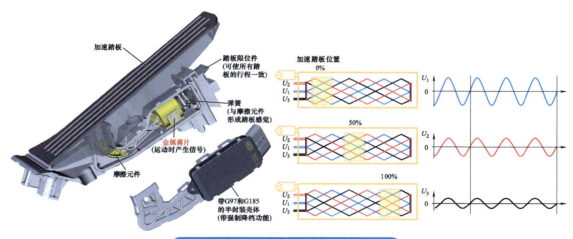

图 6-18 非接触式加速踏板的组成及信号

它的优点是不需做强制降档开关设定。踏板内部控制单元对电压值的评估，结果相应转换成线性电压信号并在输出端使用。

2. 磁阻式节气门位置传感器G187和G188

从 EA888 Gen3 开始，奥迪装备了磁阻式节气门位置传感器 J388，如图 6-19a 所示。

此传感器为非接触式，优点是对温度波动影响少、耐老化、机械公差小。它将相差45°正弦曲线的信号转化为互为反相的两个模拟数据，输送给发动机控制单元。其原理图如图6-19b所示。

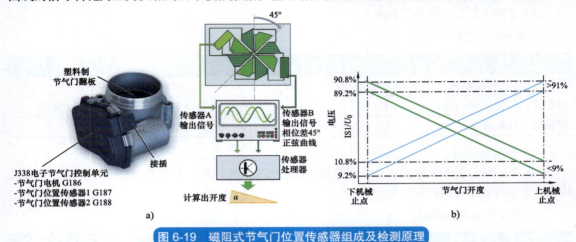

图6-19 磁阻式节气门位置传感器组成及检测原理

3. 制动灯开关F和制动踏板开关F47

奥迪/大众有以下三种制动开关。

（1）安装在制动踏板上 - 两个输出信号

制动灯开关F和制动踏板开关F47集成一体，安装在制动踏板上。两个开关都向发动机控制单元发送"制动"信号，对节气门开度进行控制（制动优先）。制动踏板信号一旦检测到故障，系统默认车辆一直处于踩下制动踏板的状态，从而影响到车辆的驾驶性能，特别是会出现转矩限制的情况。这种开关如图6-20所示。

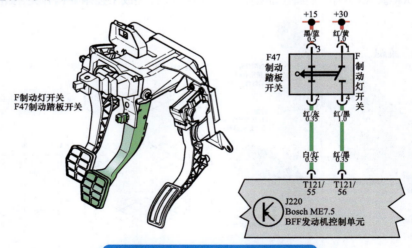

图6-20 安装在制动踏板上的制动开关

（2）安装在制动主缸上 - 两个输出信号

制动踏板位置传感器G100安装在制动主缸中。两个制动信号都输入J623，其中一个还输入到J519用于控制制动灯。其电路图和原理图如图6-21所示。当踩下制动踏板时，霍尔元件1从0V到12V跳变，霍尔元件2从12V到0V跳变。

050~069、137组 转速控制 第六章

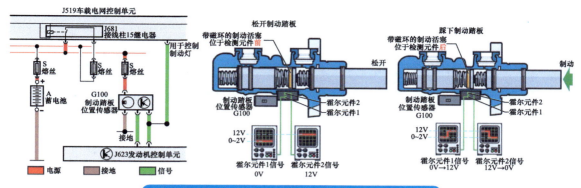

图 6-21 制动踏板位置传感器 G100 电路图和工作原理

（3）安装在制动主缸上 - 一个输出信号

当松开制动踏板时，活塞和磁铁环处于自由状态。制动灯开关 F 的电子计量元件把 0~2V 的电压信号传递到发动机控制单元 J623 和车辆电气系统控制单元 J519。

当踩下制动踏板时，活塞移动经过霍尔传感器。当活塞磁铁环经过霍尔传感器时，电子计量元件把高于 2V 但低于车辆电气系统电压（12V）的电压信号传递到 J623 和 J519，判断驾驶员踩下制动踏板，如图 6-22 所示。

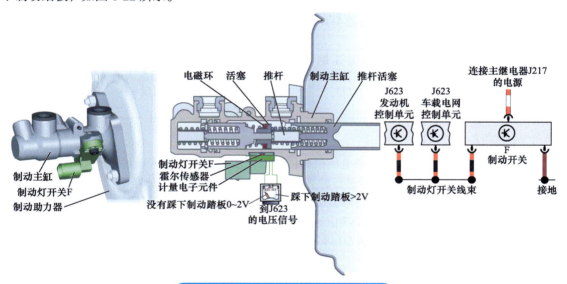

图 6-22 安装在制动主缸上的制动开关

F 和 F47 的状态关系见表 6-1。

表6-1 F和F47状态关系表

状态	制动灯开关两个信号		制动灯开关一个信号	
	未踩制动	踩下制动	未踩制动	踩下制动
F/V	0	12V	0	12
F47/V	12V	0	（ABS）<10bar	（ABS）>10bar
066_2 后两状态位	00	11	00	11

157

三、相关故障码

1. 加速踏板相关故障码

故障码	故障码含义	诊断程序	监控策略	故障判据和阈值	启用条件的辅助参数	失效模式
P1630 P2122	加速踏板位置传感器 1-G79/D 开关电路电压过低	检查加速踏板位置传感器 G79 及强制降档开关	电压低于允许范围	<0.63V	起动后 2s	采用 G185×2 的电压信号进行替代计算
P1631 P2123	加速踏板位置传感器 1-G79/D 开关电路电压过高	检查加速踏板位置传感器 G79 及强制降档开关	电压超出允许范围	>4.82V	起动后 2s	采用 G185×2 的电压信号进行替代计算
P1633 P2127	加速踏板位置传感器 2-G185/E 开关电路电压过低	检查加速踏板位置传感器 G185 及强制降档开关	电压低于允许范围	<0.29V	起动后 2s	采用 G79 的电压信号进行替代计算
P1634 P2128	加速踏板位置传感器 2-G185/E 开关电路电压过高	检查加速踏板位置传感器 G185 及强制降档开关	电压超出允许范围	>2.5V	起动后 2s	采用 G79 的电压信号进行替代计算
P1639 P2138	加速踏板位置传感器 G79 和 G185/D 与 E 开关电路电压不合理	检查加速踏板位置传感器 G79 和 G185	合理性检查	G79 与 2×G185 电压差值 >0.12~0.7V	G79>0.43V,打开点火开关后出现 9 次	采用 G79 与 2×G185 中较小值

2. 节气门相关故障码

系统必须对 G187 和 G188 两路电压信之间进行同步检查,并引入通过进气量/转速换算得到的节气门开度(W3)对两路信号进行验算,并用于以下三个故障码诊断中:

(1) P0121/P1542 节气门位置传感器 1-G187 信号不合理

发生以下任一种情况,就判 G187 信号不合理:

1) 系统仅在位置信号 G187 和 G188 同步检查时发现偏差超限,且 G187 与 W3 差值 >G188 与 W3 差值。

2) 系统引入参考位置 W3 进行运算时发现位置信号 W1 与 W3 间差异 > 设定值(≈10%)。

失效保护模式:使用 G188 电压进行替代计算,引入 W3 进行冗余校验。

(2) P0221/P1171 节气门位置传感器 2-G188 信号不合理

发生以下任一种情况,就判 G188 信号不合理:

1) 系统仅在位置信号 G187 和 G188 同步检查时发现偏差超限,且 G188 与 W3 差值 >G187 与 W3 差值。

2) 系统引入参考位置 W3 进行运算时发现位置信号 W2 与 W3 间差异 > 设定值(≈10%)。

失效保护模式:使用 G187 电压进行计算,引入 W3 进行冗余校验。

(3) P1545 节气门实际位置与目标位置偏差超限

当节气门实际位置与目标位置偏差 > 设定值,设置此故障码。

失效保护模式：电子节气门电动机断电，"limp-home（跛行回家）"模式

信号（✓正常，✘异常）		处理策略		
W1	W2	W1	W2	W3
✓	✓	主	校验	有时才进行修正
✘	✓	—	主	冗余校验
✓	✘	主	—	
不同步 |W1-W3| 与 |W2-W3| 最小值		（小）✓	—	校验
		—	（小）✓	
✘	✘	"紧急运行开度"，开度6°~8°		

（4）其他故障码。

故障码	故障码含义	诊断程序	监控策略	故障判据和阈值	失效模式
P0122 P1543	节气门位置传感器1-G187/传感器A电路电压过低	检查电子节气门体J338	电压低于允许范围	<0.25V	G188进行替代计算，引入W3进行冗余校验
P0123 P1544	节气门位置传感器1-G187/传感器A电路电压过高	检查电子节气门体J338	电压高于允许范围	>4.75V	G188进行替代计算，引入W3进行冗余校验
P0222 P1172	节气门位置传感器2-G188/传感器B电路电压过低	检查电子节气门体J338	电压低于允许范围	<0.2V	G187进行替代计算，引入W3进行冗余校验；或J338进入紧急运行工况
P0223 P1173	节气门位置传感器2-G188/传感器B电路电压过高	检查电子节气门体J338	电压高于允许范围	<4.76V	G187进行替代计算，引入W3进行冗余校验

早期奥迪和大众的节气门位置和加速踏板位置传感器的名称说明如下：
传感器A：节气门位置传感器1-G187；
传感器B：节气门位置传感器2-G188；
D开关：加速踏板位置传感器1-G79；
E开关：加速踏板位置传感器2-G185。

3. 节气门电动机相关故障码

故障码	故障码含义	诊断程序	监控策略	故障判据和阈值	启用条件的辅助参数	监测时间长度	失效模式
P0638	电子节气门电动机控制范围/性能	检查电子节气门体J338及传感器	节气门关闭过程合理性检查；节气门在机械停止位时的信号范围检查	●从参考点打开12%的时间>0.14s ●从参考点关闭3%的时间>0.56s	打开点火开关，车速和发动机转速为0，进气温度和水温>5℃		P0638
P2106	电子节气门体驱动级故障	检查电子节气门体J338	检查控制信号	PWM>80%和ECM的驱动级故障		J338进入紧急运行工况	P2106

4. EPC常见故障码案例

（1）EA888 Gen3 冷车时出现节气门控制单元不可信信号

问题描述：EPC故障灯亮，抖动或起动困难，出现故障码"P0638-节气门控制单元不可信信

号",并带有 DFCC 码 15345。

涉及车型：装备 EA888 Gen3 2.0L 纵置发动机的车型。

节气门零件号：06K 133 062H。

问题原因：因为 EA888 Gen3 结构发生了变化，进气歧管集成了 MPI 喷油嘴，相比 EVO2，更容易在进气管节气门区域产生积炭。由于积炭的影响，节气门在发动机熄火后的复位过程中出现蝶阀偶发性卡滞，如图 6-23 所示。

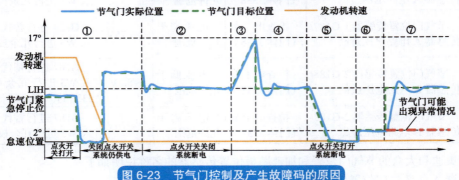

图 6-23 节气门控制及产生故障码的原因

图 6-23 说明了节气门在关闭点火开关然后重新打开时，节气门的自检控制过程。具体过程如下：

① 关闭点火开关，发动机转速降为 0。关闭点火开关时，节气门完全关闭，迅速切断空气供给，迅速停止发动机运转；当发动机转速接近 0 时，重新打开节气门，防止燃烧室内形成较强的真空而产生抖动。

② 点火开关处于关闭阶段，节气门断电，处于紧急停止位。

③ 打开点火开关，节气门也打开，进行位置学习。

④ 节气门不供电，学习紧急停止位。

⑤ 节气门关闭，学习下电子停止位。

⑥ 节气门稍打开，学习怠速位置。

⑦ 节气门重新打开，进行位置学习。在此阶段，节气门温度较低，如果此时节气门有积炭，积炭的黏度较高，会阻止节气门重新打开而出现卡滞故障。J623 检测到此故障，就会记忆故障码 P0638。

（2）装备 EA113 的速腾或新宝来出现节气门位置传感器不可信信号

问题描述：车辆在行驶过程中突然加速无力，仪表 EPC 灯点亮。转速降到怠速时发动机抖动，易熄火。

涉及车型：装备 EA113 发动机的速腾和新宝来。

技术说明：不同的车型，可能出现不同的故障码，但其含义类似，如图 6-24 所示。而且，故障码无法清除，节气门基本设定无法执行。

图 6-24　可能出现的故障码

问题原因：节气门线束接插件密封不良，导致进水而接触不良。严重时，水会顺着线束流入节气门体内损坏节气门，如图 6-25 所示。

图 6-25　节气门接插件进水并有生锈痕迹

解决方案：先尝试清理接插件，然后清除发动机故障码，行驶一段时间，看故障是否解决。如果仍不能解决，需更换电子节气门。

（3）节气门清洗不当导致产生故障码

技术说明：节气门未清洗或清洗不当，可能导致发动机控制单元对节气门的故障误判。清洗节气门时，要确保将腔孔内端面、蝶阀端面和侧端面清洗干净，如图 6-26a 所示。清洗节气门时，蝶阀必须水平放置，防止清洗液流入节气门中导致腐蚀。图 6-26b 所示为错误的方法。

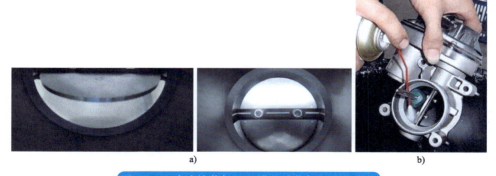

图 6-26　清洁的节气门和错误的节气门清洗方法

四　故障案例

1.高尔夫1.4TSI偶尔加速不良

车型：装备 CFB 发动机的 2014 款高尔夫 1.4TSI，VIN 为 LFV2B21K3D35xxxxx，行驶里程

7600km，使用时间8个月。

故障现象：车主反映EPC和排放灯偶尔点亮，并伴随加速不良。

故障诊断：读取故障码（图6-27）和相关数据流。

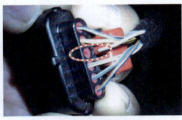

图6-27 故障码及故障部位（断路的加速踏板连接线）

062		急速	电子节气门电位计电压比 U/U 基准	
数据项	节气门角度1-G187	节气门2-G188	加速踏板1-G79	加速踏板2-G185
实际值	13%	86%	0%	7%
经验值	13%	87%	14.5%	7%

根据故障码和数据流，初步判断是加速踏板位置传感器1-G79及线路故障。对加速踏板线束进行检测，发现线路断路。

故障排除：修复相关线束。

2. 全新捷达1.6L节气门太脏导致急速抖动

车型：装备BJG发动机的2012款捷达。

故障现象：急速抖动，行驶和急加速正常。

故障诊断：读取故障码（图6-28）和相关数据流。

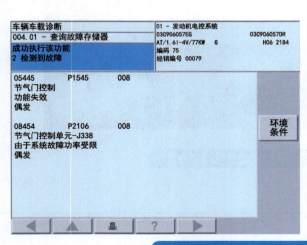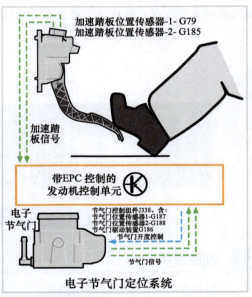

图6-28 电子相关故障码及电子节气门控制原理

050~069、137组 转速控制 第六章

003	装备MAP	急速		
数据项	发动机转速	进气压力	节气门开度（G187）	点火提前角
实际值	800r/min	270mbar	6.3%	6° v.OT
经验值	800r/min	290~320mbar	3.1%~4.0%	0~6° BTDC
062		踩下加速踏板时	电子节气门电位计电压比 U/U 基准	
数据项	节气门角度1-G187	节气门2-G188	加速踏板1-G79	加速踏板2-G185
实际值	86%	12%	86%	43%
经验值	G187+G188=100%		$G79 = 2 \times G185$	

根据 062 组数据，初步判断加速踏板和节气门传感器正常；根据 003_3 节气门开度较大，但进气压力和转速与经验值接近，判断可能是节气门脏导致。

故障排除： 清洗节气门后，急速稳定。

案例说明：

1）产生故障码 P1545 的原因，是由于节气门很脏，当发动机控制单元按标定值打开节气门时，进气量仍低于"转速/进气压力计算的节气门开度模型"，从而产生节气门开度不合理的故障码。

2）产生故障码 P2106 的原因，是由于节气门很脏，导致蝶阀不能正常打开，发动机控制单元从而产生 J338 不受控制的故障码。

3）节气门较脏时，如只有节气门蝶阀开度受控（节气门轴干净、不会产生卡滞），一般只会导致节气门开度增大、急速较平顺。对于此案例，由于节气门蝶阀轴较脏，导致节气门开度不受控，从而导致急速时发动机控制单元不断修正节气门开度而产生抖动现象。

3. 制动灯开关故障导致EPC灯点亮

车型： 2011 款大众 CC，VIN 为 LFV3A23C6A38xxxxx。

故障现象： 仪表上 EPC 灯点亮，车辆行驶中感觉不到异常。

故障诊断：

1）通过诊断仪读取故障码，如图 6-29 所示。

图 6-29 故障码及故障件（制动踏板开关）

2）读取制动踏板相关的数据流。

066		未踩制动踏板	怠速	CCS 定速控制系统	
数据项		车速（实际值）	制动离合定速开关	目标车速（上次记忆值）	定速控制开关位置
实际值		0km/h	11010000		00000000
经验值		0km/h	00010000		00000000
		踩下制动踏板	怠速	CCS 定速控制系统	
数据项		车速（实际值）	制动离合定速开关	目标车速（上次记忆值）	定速控制开关位置
实际值		0km/h	11010010		00000000
经验值		0km/h	00010011		00000000

066_2 倒数第 2 位（按系统数据流的状态位，应是最右侧为第 1 位，以此类推。但为了与习惯对应，本书以最左侧为第 1 位）是来自 J104ABS 控制单元传递的制动压力信号，实际值与倒数第 1 位来自制动开关 F 的相反，说明制动踏板开关有故障。

解决方案：更换制动踏板开关，故障排除。

4. 节气门体故障导致 EPC 灯点亮

车型：装备 CGM 发动机的 2011 款大众 CC 2.0TSI，VIN 为 LFV3A23C3A38xxxxx，行驶里程 3800km，使用时间半个月。

故障现象：仪表中 EPC 灯点亮，发动机加速不良。

故障诊断：

1) 通过诊断仪读取故障码。系统中有与节气门体相关的故障码。

2) 尝试对节气门进行基本设置，但不成功，如图 6-30 所示。

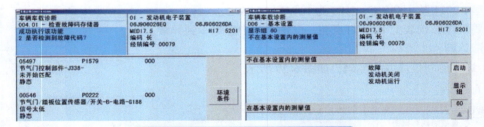

图 6-30 发动机故障码和节气门匹配提示

3) 读取与节气门相关数据流第 062 组，发现 062_2 的数据有问题。

062		打开点火开关	电子节气门电位计电压比 U/U 基准	
数据项	节气门角度 1-G187	节气门 2-G188	加速踏板 1-G79	加速踏板 2-G185
实际值	16%	0%	14%	7%
经验值	16%	83%	14%	7%

4) 经认真检查节气门线束及接插件，正常。

故障解决：更节气门体，重新做基本设定。

050~069、137组 转速控制 第六章

5.发动机线束抗干扰不良导致EPC灯点亮

车型：装备 CDF 发动机的 2012 款新宝来 1.6。

故障现象：EPC 灯点亮，加速不良。

故障诊断：ECM 记忆了故障码 00289，如图 6-31 所示。经外观检查，没有发现其他故障。

图 6-31 故障码 00289

解决方案：此故障多数是发动机线束故障，节气门体故障的可能性较少。

6.离合器开关故障

车型：装备 0A4 手动变速器的 2008 款迈腾 2.0。

故障现象：行驶一段时间，显示屏显示出车速巡航控制系统故障的信息，如图 6-32 所示。关闭点火开关后重新打开，仪表显示恢复正常。

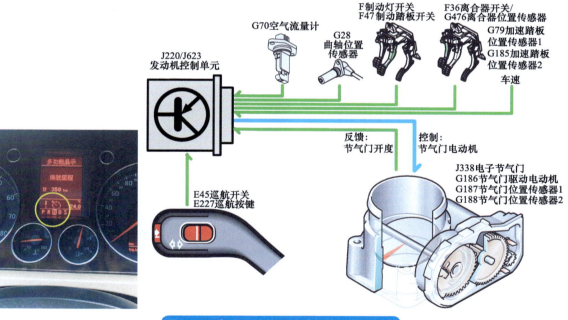

图 6-32 车速巡航控制系统故障及控制原理

故障诊断：

1）通过诊断仪读取故障码，发动机有"01796P0704000 离合器开关输入电路"的故障码。

2）已更换离合器开关、离合器总泵、ECM、网关控制单元、ABS 控制单元、巡航定速开关、转向柱控制单元、制动灯开关、EPS 电动机转向控制单元、车载电网控制单元、全车线束，故障仍未排除。

3）通过诊断仪对产生此故障的相关元件进行功能测试，包括离合器、发动机控制单元、

CAN 等，均正常。

4）与车主共同试车进行故障确认，发现该车主换档从不踩离合器。

故障排除：向车主解释，踩离合器后才换档，是为了保护变速器。如果多次换档而没有检测到离合器踩下的信息，就会提示故障。

案例说明：ECM 对离合器信号的合理性进行诊断。当转速 >800r/min、车速 >35km/h、换档 20 次，但没有检测到离合器信号或检测到离合器完全踩到底的信号，就会记忆 "P0704- 离合器开关输入电路" 的故障码。ECM 检测到离合器分离的信号后，喷油量会短时减少以防止换档时发动机抖动。

第七章

090~098、110~119、142~144组 动力提升

奥迪/大众将090~098组定义为可变正时机构（VVT）组（包括095的可变进气管长度组），将110~119组定义为涡轮增压组，将142~144组定义为进气翻板控制组。

第一节

090~098组 可变正时机构（VVT）组

一 数据流说明

1. 第090组 VVT

090	第1代 VVT	急速	进气凸轮轴 B1 VVT	
数据项	发动机转速	N205 状态	B1 调整规定值	
规定值	500~860r/min	ON/OFF	−3~25°KW	
经验值	680r/min	OFF	−1~1°KW	
	第2代 进VVT 单列	急速	进气凸轮轴 B1 VVT	
数据项	发动机转速	N205 状态	B1 调整规定值	
规定值	500~860r/min	ON/OFF	−5~57°KW	
经验值	680r/min	ON	19.5°KW	
	第2代 进排VVT 单列	急速	排气凸轮轴 B1 VVT	
数据项	发动机转速	N318 调整	凸轮轴调整目标值	凸轮轴调整规定值
规定值	500~860r/min	0%~100%	−5~57°KW	−5~57°KW
经验值	680r/min			
	第2代 VVT 双列	急速	排气凸轮轴 B1 VVT	
数据项	发动机转速	N318 调整	B1 排气调整目标值	B2 排气调整规定值
规定值	500~860r/min	ON/OFF	−5~57°KW	−5~57°KW
经验值	680r/min			

主要数据流解释：

调整目标值：ECM根据各传感器计算出此工况最合适的凸轮轴角度，指令可变气门正时调整电磁阀进行调整。

调整实际值：ECM根据曲轴位置传感器和凸轮轴位置传感器输出信号，计算出此时凸轮轴的实际角度，如图7-1所示。

N205 状态、N318 状态：表示 ECM 是否进行 VVT 调整。
N318 调整：表示 ECM 指令 VVT 调整的通电时间占空比值。

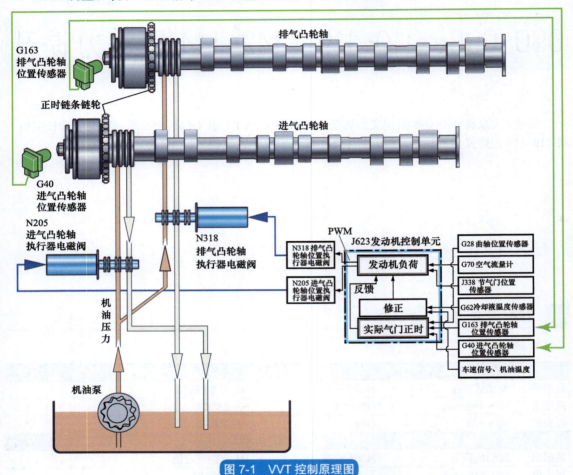

图 7-1 VVT 控制原理图

2. 第091组 B1进气VVT

091	第 1 代 VVT	行车/有负荷	进气凸轮轴 B1 VVT	
数据项	发动机转速	发动机负荷	N205 状态	B1 调整实际值
规定值	640~6800r/min	0~150%	ON/OFF	-3~25°KW
经验值	800r/min	18%	OFF	-1~1°KW
	第 2 代 VVT	行车/有负荷	进气凸轮轴 B1 VVT	
数据项	发动机转速	N205 调整	B1 进气调整目标值	B1 进气调整实际值
规定值	640~6800r/min	0~100%	-5~57°KW	-5~57°KW
经验值 *1	680r/min	5.90%	19.5°KW	19.5°KW
经验值 *2	760r/min	43%~46%	34°KW	34°KW

（1）第 1 代 VVT 的说明

1）第 1 代 VVT 在正常工况急速时 VVT 不进行调整，所以此时第 3 区为 OFF- 正常位置，第 4 区应为 -1~1°KW。如果不在此范围，有可能是 VVT 调整机构卡滞、配气正时不正确等原因。

090~098、110~119、142~144组 动力提升 第七章

2）行车工况检测VVT的方法：挂入1档加速行驶至最高转速，第3区应为ON-调整位置，此时第4区显示可调凸轮轴实际位置，应能达到最大调整角度（具体数据与车型有关）。如果不能达到最大角度，说明VVT调整机构油压控制调整到开度最大的位置，希望将机油压力直接传至机械式凸轮轴调整器上，但未达到终点位置（例如VVT运动困难、机油压力过低、油道堵塞等）。这就需要做进一步检查。

（2）第2代VVT的说明

1）"经验值*1"适用于装备Bosch MED17.5.20的发动机，"经验值*2"适用于装备Bosch MED17.5的发动机。

2）第2代VVT，为了稳定怠速，怠速时也进行提前小角度调整，092_2表示ECM在怠速工况对VVT调整的值。

3）行车工况检测VVT的方法：VVT的调整与负荷和转速相关，因此挂档在各负荷和转速下行驶，此时N205调整应在0~100%变化，调整实际值也从最小到最大变化，调整目标值与实际值的差异应符合数据第093组的相关要求。

3. 第092组 B2进气VVT

092	第1代VVT	行车/有负荷		进气凸轮轴B2 VVT	
数据项	发动机转速	发动机负荷		N208状态	B2调整实际值
规定值	640~6800r/min	0~150%		ON/OFF	-3~25°KW
经验值	800r/min	18%		OFF	-1~1°KW
	第2代VVT	行车/有负荷		进气凸轮轴B2 VVT	
数据项	发动机转速	N208调整		B2进气调整目标值	B2进气调整实际值
规定值	640~6800r/min	0~100%		-5~57°KW	-5~57°KW
经验值1	680r/min	5.90%		19.5°KW	19.5°KW
经验值2	760r/min	43%~46%		34°KW	34°KW

数据流解释参看091组。

4. 第093组 VVT匹配值

093	第1代VVT双列	行车/有负荷	进气VVT匹配	
数据项	发动机转速	发动机负荷	B1相位差值	B2相位差值
规定值	640~6800r/min	0~150%	0°KW	0°KW
经验值	800r/min	18%	0°KW	0°KW
	第2代进VVT单列*1	行车/有负荷	VVT匹配	
数据项	发动机转速	发动机负荷	B1相位差值	
规定值	640~6800r/min	0~150%	0°KW	
经验值	800r/min	18%	-1~1°KW	
	第2代进VVT单列*2	行车/有负荷	VVT匹配值	
数据项	B1进气相位			
规定值	110°KW			
经验值	110°KW			
	第2代VVT双列	行车/有负荷	VVT匹配值	
数据项	B1进气相位	B2进气相位	B1排气相位	B2排气相位
规定值				
经验值				

主要数据流解释:

进气相位/排气相位: 以曲轴转角的度数为单位,显示时实际进气凸轮轴/排气凸轮轴相对曲轴的位置。

相位差值: 凸轮轴调整目标值与实际值之间的差值,以曲轴转角的度数为单位。

(1) ECM 对 VVT 系统的监控策略

为了满足排放要求,发动机控制单元对 VVT 系统进行监控,根据相应的故障产生以下故障码:

1) 16396-B1 凸轮轴提前调整响应慢:如果 VVT 响应慢导致排放有可能超过标准限值 1.5 倍时。

2) 16394-B1 凸轮轴调整目标调整错误:VVT 系统没有响应发动机控制单元的指令,有可能是卡滞故障。

(2) 第 2 代进 VVT 单列 *1 适用于采用 Bosch MED17.5 的车型

数据流解释:093_3 进气凸轮轴调整差值;093_4 排气凸轮轴调整差值。

1) 原理说明。发动机正在运行时,ECM 通过控制向 VVT 电磁阀发出的 PWM 信号的时刻和脉宽,控制 VVT 机构以改变凸轮轴正时。ECM 通过曲轴位置传感器和凸轮轴位置传感器的信号确认凸轮轴实际的位置。

2) 经验值:在稳定工况 <2°;在突变工况 <6°~10°。

3) 此数据相关的故障原因分析如下:

① 在稳定工况时 093_3 在 1°~2°:可能原因是正时链或正时带拉长。对 Gen3 EA888,正时链张紧器新增检查窗口,用于判断正时链是否过长,如图 7-2 所示。可能导致的故障是怠速不稳、油耗增大。

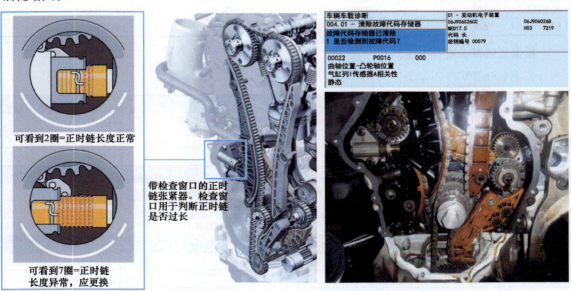

图 7-2　Gen3 EA888 的正时链张紧器结构及故障后产生的故障码

② 如果 093_3>5° 并且超过 10s,有可能产生 P0011(进气凸轮轴位置系统性能)或 P0014(排气凸轮轴位置系统性能)故障码。可能原因包括机油(如黏度不对、太脏、机油油位或压力不足)、VVT 电磁阀(质量问题、油泥过多导致卡滞)。

090~098、110~119、142~144组 动力提升 第七章

③ 如果 093_3>+9°（实际值比目标值提前）或 093_3>-12°（实际值比目标值延迟），有可能产生 P0016（曲轴位置 - 进气凸轮轴位置不合理）或 P0017（曲轴位置 - 排气凸轮轴位置不合理）故障码。

可能原因包括： 凸轮轴/曲轴位置传感器的没有正确安装；正时链张紧器故障、安装不正确、间隙过大或跳齿；机械凸轮执行器卡在最大提前位置或最大延迟位置。

奥迪/大众的 VVT 绝大部分是通过机油压力提供动力，因此须注意机油压力是否足够。

（3）第 2 代进 VVT 单列 *2 适用于采用 Bosch MED17.5.20 的车型

数据流解释： 093_1 B1 侧进气凸轮轴位置传感器相对曲轴位置传感器的角度。

1）原理说明。ECM 得到凸轮轴位置传感器的信号，并结合曲轴上止点齿缺信号，可以判别 1 缸处于压缩上止点还是排气上止点，并确认凸轮轴的变化实际位置，如图 7-3 所示。

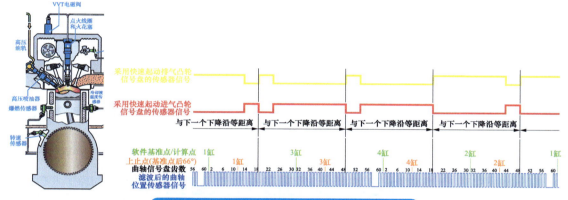

图 7-3　曲轴位置传感器与进排气凸轮轴的信号图

2）正常值。装备 VVT 的 EA111 发动机，在正常状态急速工况 110°（1 缸上止点到下一个凸轮轮下降沿的距离）。

3）此数据相关的故障原因分析。如果数值 >113°，有可能是正时链拉长或配气相位不正确。

5. 第094组 VVT调节测试-短行程

094	第 1 代 VVT 双列	行车/有负荷	B1/B2 进气诊断	在功能 04 基本设定
数据项	发动机转速	VVT 状态	B1 诊断结果	B2 诊断结果
规定值	2200r/min	ON/OFF	正在测试/测试关闭/系统正常/系统错误	正在测试/测试关闭/系统正常/系统错误
经验值	800r/min	ON	系统正常	系统正常
	第 2 代 VVT 单列	行车/有负荷	B1 进气诊断	在功能 04 基本设定
数据项	B1 进气调整实际值		B1 诊断结果	
规定值	-5~57°KW		正在测试/测试关闭/系统正常/系统错误	
经验值	19.5°KW		系统正常	
	第 2 代 VVT 双列	行车/有负荷	B1/B2 进气诊断	在功能 04 基本设定
数据项	发动机转速	B1 进气相位	B1 诊断结果	B2 诊断结果
规定值	2200r/min		正在测试/测试关闭/系统正常/系统错误	
经验值	800r/min		系统正常	系统正常

（1）基本设定过程

前提条件是水温 >80℃。过程是进入功能 04（基本设置）-094；用"激活"按钮启动短行程测试；同时完全踩下制动踏板和加速踏板，发动机转速自动调整至2200r/min（根据发动机型号的不同，部分发动机会控制在2000r/min），094_3 和 094_4 显示"测试接通"；等待"系统正常"出现在诊断结果区域中。

（2）故障分析

如果诊断结果是"系统错误"，需要进行以下操作：

1）读取故障码。如果故障码是 16395（B1 凸轮轴滞后调节）或 16396（B1 凸轮轴提前调节），表示凸轮轴调整电磁阀已将机油压力传至机械式凸轮轴调整器，但调整器未达到终点位置（如因运动困难）；如果存在其他故障码，则按故障码提示进行检修。

2）检查机油质量、机油压力及机械。

3）如果仍未达到规定要求，尝试更换发动机控制单元。

6. 第095组 可变进气管长度

关于这部分内容，可参看本章第二节。

7. 第096组 排气VVT诊断-短行程

096	第 1 代 VVT V 型	行车/有负荷	B1/B2 排气诊断	在功能 04 基本设定
数据项	发动机转速	VVT 状态	B1 诊断结果	B2 诊断结果
规定值	2200r/min	ON/OFF	正在测试/测试关闭/系统正常/系统错误	
经验值	800r/min	ON	系统正常	系统正常
	第 2 代 VVT V 型	行车/有负荷	B1/B2 排气诊断	在功能 04 基本设定
数据项	发动机转速	排气相位	B1 诊断结果	B2 诊断结果
规定值	2200r/min		正在测试/测试关闭/系统正常/系统错误	
经验值	800r/min		系统正常	系统正常

基本设定过程请参看第 094 组。

8. 第098组 B2排气侧VVT

098	第 2 代 VVT V 型	行车/有负荷	排气凸轮轴 B2 VVT	
数据项	发动机转速	N319 调整	B2 排气调整目标值	B2 排气调整实际值
规定值	640~6800r/min	0~100%	−5~57°KW	−5~57°KW
经验值	760r/min	43%~46%	34°KW	34°KW

二、可变气门正时和可变气门升程相关原理说明

为了优化发动机转矩、提高发动机功率和降低排放，现在大部分奥迪/大众车型都装备了气门控制机构。

气门控制机构分为可变气门正时和可变气门升程两大类。

1. 可变气门正时VVT

奥迪/大众车型的可变气门正时技术发展了两代，第一代是凸轮轴正时链驱动式 VVT，第二代是叶片式 VVT。

（1）第一代凸轮轴正时链驱动式 VVT 机构

第一代凸轮轴正时链驱动式 VVT，由于其结构特性，仅能对进气凸轮轴正时进行调整，一

般只有正常位置和提前位置两个状态。曲轴通过正时带驱动排气凸轮轴，排气凸轮轴通过正时链条驱动进气凸轮轴。如果需要调节进气门正时，VVT 调节器工作，驱动链条使得进气凸轮轴按目标值提前或延迟；当需要将进气凸轮轴调整到提前状态时，VVT 调节器工作，发动机控制单元控制 VVT 电磁阀中通向液压缸的油路，使得 VVT 调节器上升或下降，从而调节进气凸轮轴提前或延迟。其工作过程如图 7-4 所示。

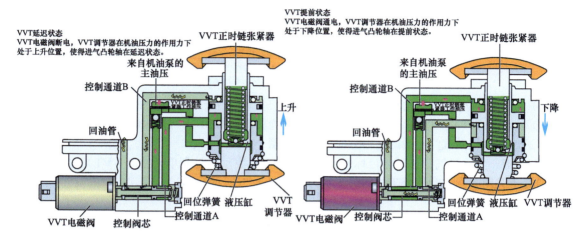

图 7-4　第一代 VVT 工作过程

（2）第二代叶片式 VVT 机构

现在大部分的汽车生产厂均采用此结构，如图 7-5 所示。它分为仅调整进气凸轮轴和进排气凸经轴同时调节两种。

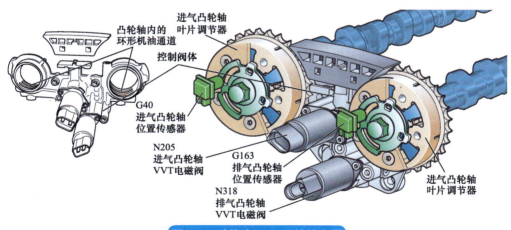

图 7-5　叶片式 VVT 系统的布置

1）叶片式 VVT 机构的组成。它包括进/排气凸轮轴叶片调节器、控制阀体、进/排气凸轮轴 VVT 电磁阀、排气凸轮轴调节器回位及锁止机构等部件，如图 7-5、图 7-6 所示。

2）叶片式 VVT 的控制方式。发动机控制单元根据各传感器的数据计算出最优的目标气门正时，然后通过 PWM 信号控制 VVT 电磁阀，使得压力机油进入相应的油道，然后调节叶片调节器的位置，实现控制气门正时。

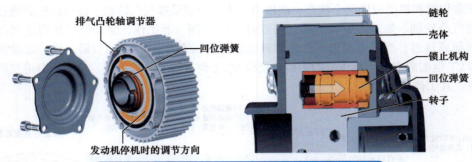

图 7-6　第二代排气凸轮轴调节器回位弹簧和锁止机构

3）叶片式 VVT 的工作过程。现在以调节进气凸轮轴为例，说明叶片式 VVT 的工作过程。

① 延迟。VVT 电磁阀断电，电磁阀内的回位弹簧阀芯推回芯，压力机油作用在叶片室的延迟侧，进气凸轮轴向气门正时的延迟方向旋转，如图 7-7a 所示。

② 保持。当实际气门正时与目标气门正时相等时，发动机控制单元控制 VVT 电磁阀至两个回油道处于关闭状态，叶片处于相对静止状态，如图 7-7b 所示。

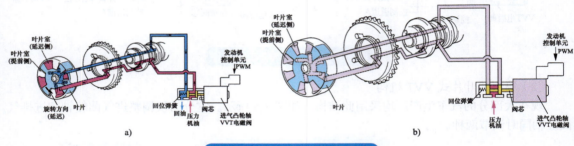

图 7-7　VVT 在延迟和保持位置

③ 提前。发动机控制单元通电控制 VVT 电磁阀的阀芯，使得压力机油作用于叶片室的提前侧，进气凸轮轴向气门正时提前方向旋转，如图 7-8 所示。锁销工作示意图如图 7-9 所示。排气凸轮轴的变化与进气凸轮轴类似。

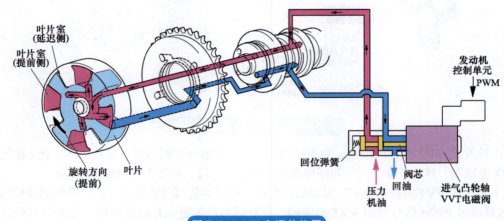

图 7-8　VVT 在提前位置

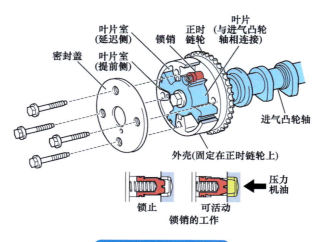

图 7-9 锁销工作示意图

2. 可变气门升程 AVS

为了提高驾驶舒适性、降低油耗，奥迪在 2006 年开始装备可变气门升程系统，奥迪将其命名为 AVS（Audi Valvelift System）。

（1）进气 AVS

在 2006 年 11 月，奥迪将 AVS 安装 A6 车型的进气侧。AVS 可实现气门升程的二级控制，凸轮轴直接操纵 AVS，这在设计气门升程曲线时具有明显的优势，如图 7-10 所示。

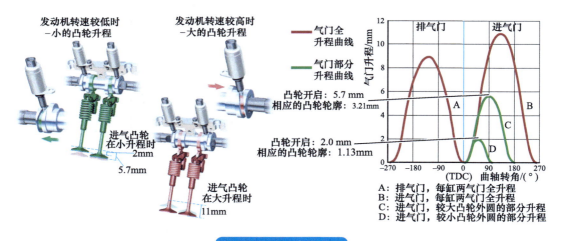

图 7-10 AVS 气门控制

（2）排气 AVS

在 2008 年 6 月，奥迪在链条驱动的 4 缸 TFSI 形式的 EA888 发动机系列中，装备了 AVS。由于此系列发动机配备涡轮增压系统，所以 AVS 安装在排气侧。

3. VVT 的配置

VVT 技术在不断发展，而且不同的生产厂对发动机性能、油耗、排放和成本有不同的要求，目前应用的 VVT 技术有以下几种：

VVT 配置	说明	相位调节示意图 ——固定相位 ……可变正时 排气 进气	对发动机性能的影响			
			怠速	转矩/功率	燃油经济性	排放
单排气连续可调	1997—现在 以达到降低排放的美国车为代表		++		+	++
单进气连续可调	1995—现在 奥迪、大众车多采用此形式		+	+	+	+
进排气等相位连续可调	较少车采用，例如日产 200X				++	+
进排气独立连续可调	1996—现在 旧款的奥迪已采用，大众刚开始采用		++	++	++	++

4. VVT 控制策略

不带 VVT 的发动机，其配气正时是固定的，为了依靠惯性增加进气和排气效率，按照曲轴转角或活塞位置设定进气门正好在上止点前开启、下止点后关闭；排气门则在下止点前开启、上止点后关闭。未装备 VVT 的发动机配气正时图如图 7-11 所示。

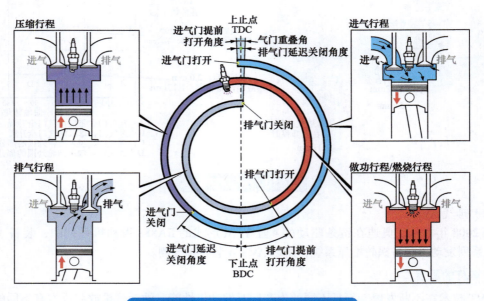

图 7-11 未装备 VVT 的发动机配气正时图

090~098、110~119、142~144组 动力提升 第七章

VVT系统可以优化气门正时，从而提高功率输出，改善燃料消耗率并减少废气排放。本文以进排气独立连续可调的配置，说明VVT的控制策略。图7-12所示为各工况下VVT的变化及其目的。

工况	气门正时	重叠角	目的/影响
熄火/起动	最前←排气 进气→最迟	最小	减少进气侧废气回流 ⇒ 改善起动
水温低			⇒ 稳定高怠速、降低油耗
怠速	稍后→排气 进气←稍前	小	⇒ 稳定怠速、降低油耗
轻负荷	中等延迟→排气 进气←最迟	中	⇒ 确保发动机稳定性
中负荷	最迟←排气 进气←最前	最大	增加内部EGR、减少泵送损失 ⇒ 降低油耗、降低排放
大负荷低中速	最迟←排气 进气←最前	最大 进气门早关	提高容积效率 ⇒ 增加低中速转矩，提高动力输出
重负荷高速	最前←排气 进气←稍前	最少	改善容积效率 ⇒ 提高输出功率

图7-12 VVT根据工况调节的作用

（1）在轻负荷工况时VVT的控制策略

1）工况：起动、低温、怠速、轻负荷。
2）目的：减少气门重叠，减少内部EGR。
3）效果：稳定燃烧，提高燃油经济性，保证发动机运转平稳。轻负荷时VVT的控制如图7-13所示。

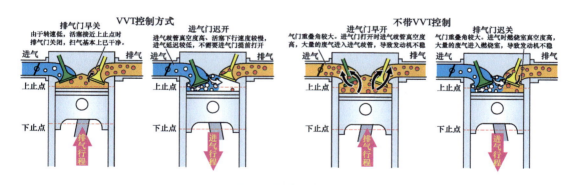

图7-13 轻负荷时VVT的控制

（2）在中负荷工况时VVT的控制策略

在一般行驶工况下，VVT将进气门提前、排气门延迟，可提供行驶的动力，并降低油耗和排放，如图7-14所示。

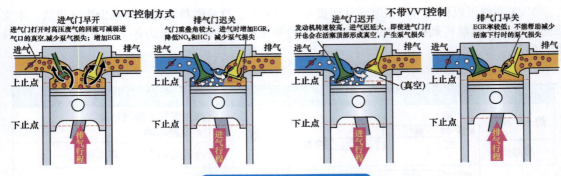

图 7-14 中负荷时 VVT 的控制

（3）在低中转速大负荷工况时 VVT 的控制策略

在低中转速、大负荷工况下，VVT 控制进气门提前关闭，以提高充气效率（减少废气进入进气侧）；排气门延迟打开，以充分利用燃烧压力。其控制策略如图 7-15 所示。

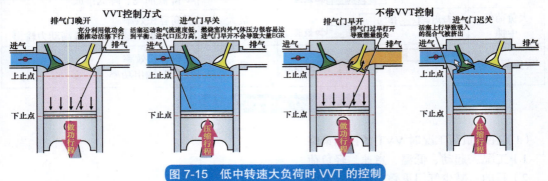

图 7-15 低中转速大负荷时 VVT 的控制

（4）在高转速大负荷工况时 VVT 的控制策略

当加速踏板全程踩下时，VVT 会尽可能增加混合气吸入量，以提升发动机功率至最大，如图 7-16 所示。

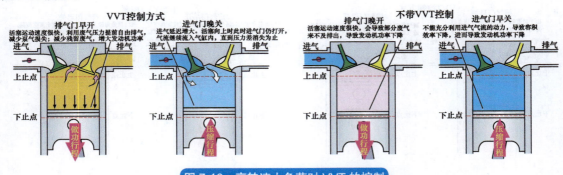

图 7-16 高转速大负荷时 VVT 的控制

三、常见故障码

奥迪/大众有几个与 G28（曲轴位置传感器）和 G40（凸轮轴位置传感器）相关的故障，如果弄清它们的关系，将对维修工作很有帮助。

090~098、110~119、142~144组 动力提升 第七章

G40 凸轮轴位置传感器和 G28 曲轴位置传感器之间的安装关系，是相邻采样的两个相位信号应该在高电平和低电平之间规律地交替变化，即"低高 - 低高 - 低高"或"高低 - 高低 - 高低 - 高低"，如图 7-17 所示。

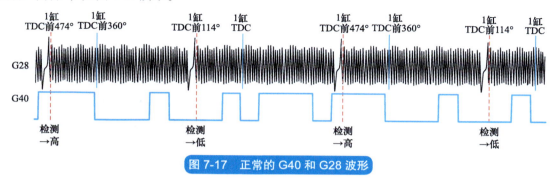

图 7-17　正常的 G40 和 G28 波形

（1）P0016-G40 与 G28 位置不合理

说明：发动机正在起动或运行，G28 与 G40 信号已同步。VVT 调整时，G40 提前量比目标值 >9°，或延迟量 >12°。

故障原因：G28 和 G40 传感器及信号盘安装不正确；正时链条张紧器故障、安装不正确、间隙过大或跳齿，VVT 执行器卡在最大提前位置或最大延迟位置。

维修建议：先通过 091_3、091_4、093_3 这三组数据进行分析，并且需要拆检配气正时。

实例：

1）EA888 正时链跳齿后，会出现 P0016 的故障码，如图 7-18 所示。

2）N205 VVT 电磁阀内部由于有杂质导致发卡后，也会出现 P0016 的故障码，如图 7-18 所示。

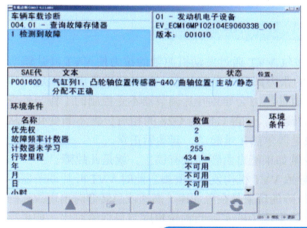 

图 7-18　VVT 电磁阀卡滞后出现的故障码

3）一辆全新捷达车，到维修站后起动机转动正常，但不能起动。经检查，点火和喷油正常，并存在图 7-19a 所示故障码。经检查，机械的配气正时正确（图 7-19b）。此车的标准气缸压力是 10~15bar，但此车 4 个缸都是 18bar。

初步判断是机械原因导致。更换缸盖和不带 N205 的 VVT 机构后，故障码和缸压仍一样，只是可以起动但没有怠速。由于故障码指向是配气相位不正确、气缸压力过高，判断仍是配气相位问题，影响配气相位的还有 VVT。于是检查 N205VVT 电磁阀，发现它卡在最提前位置。更换

179

后故障解决。

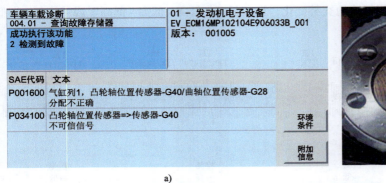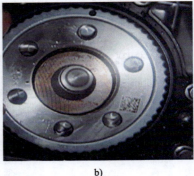

图 7-19　全新捷达不能起动时记录的故障码、配气正时正确

（2）P0341-G40 传感器信号不合理

系统检测到 G40 的有效边沿，但在 G40 两个相邻信号采样窗口处理不稳定的变化中，即 00/01/10/11。

此故障在奥迪 / 大众车型上较多出现，故障码及数据流如图 7-20 所示。其常见原因如下：

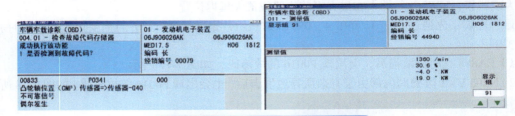

图 7-20　故障码 P0341 的截图及数据流

1）锁销不能锁止。当发动机停机前，进气 VVT 通过发动机曲轴的拉力使 VVT 叶片调节器回到最延迟状态，排气 VVT 通过回位弹簧的张力回到最提前状态，此时锁销弹出，固定叶片调节器。如果锁销不能锁止，起动时不稳定的机油压力会导致叶片调节器不受控制的工作与外壳产生撞击声音；并且会导致凸轮轴不受控制的转动，使得 G40 与 G28 的相对位置不断变化，从而产生 P0341 的故障码。可能产生故障的现象是偶尔热车难起动，起动后正常。

检测方案：热车关闭点火开关后，凸轮轴如果能自由转动没有锁止，就是此故障。

2）机油压力不足，机油质量差并可能导致 VVT 机构发卡 / 磨损。此时 VVT 叶片调节器不受控制，也会产生 P0341 的故障码。可能产生故障的现象是在急加速、高速或急转弯时出现故障码。

检测方案：模拟故障工况，通过发动机数据流中的实际凸轮轴角度与目标值对比，如果存在较大差异，就需要认真检测润滑系。例如，油底壳被撞扁的位置刚好在机油泵的吸入口，能满足发动机正常运转的机油流量；在急转弯并加速时，机油流量不足，从而导致 VVT 不受控制，产生 P0341 的故障码。

3）VVT 电磁阀及线路故障。排除以上两种原因后，需要对 VVT 电磁阀及线路进行检测，必要时还可以更换 ECM 试试。可能产生的故障现象并没有一定的规律。

（3）P0342-G40 信号电路电压过低

系统检测 G40 不存在有效的边沿，且其一直处于低电平状态。而 P0340 是检测到 G40 有高、低电位变化。故障原因可能是 G40 电路对地短路等。

（4）P0343-G40 信号电路电压过高

系统检测 G40 不存在有效的边沿，且其一直处于高电平状态。而 P0340 是检测到 G40 有高、低电位变化。故障原因可能是 G40 电路对电源短路或断路等。

例如，一辆大众 CC 2.0TSI，出现热车难起动的故障。已更换 G40，仍出现 P0343 的故障码，如图 7-21 所示。

图 7-21　故障码及部分数据流（正常起动后的数据）

由于故障码 P0343 说明 G40 一直处于高电位，线路故障的可能性最大。最后发现是 ECM 接插件中 G40 接脚接触不良。

（5）配气相关故障码建议维修方案

故障码	含义	故障码标准和阈值	更换零件优先级		
			1	2	3
P0341	G40 线路范围/性能	没有检测到缺齿信号超过 12 次	进气侧凸轮轴位置传感器	进气侧四位三通阀	进气侧凸轮轴
P0016	G40 与 G28 位置不合理	G40 提前量大于目标值 >9°，或延迟量 >12°	进气侧四位三通阀	进气侧凸轮轴	轴承桥
P0011	B1 进气侧凸轮提前过度	G40 提前量超过目标值 >8°	进气侧四位三通阀	进气侧凸轮轴	
P000A	B1 凸轮调节过慢	G40 提前量慢于目标值 >1.9°~4.2°/s	进气侧四位三通阀	进气侧凸轮轴	
P0366	G163 线路范围/性能	没有检测到缺齿信号超过 12 次	排气侧凸轮轴位置传感器	排气侧四位三通阀	排气侧凸轮轴
P0017	G163 与 G28 位置不合理	G163 提前量大于目标值 >9°，或延迟量 >12°	排气侧四位三通阀	排气侧凸轮轴	
P0014	B1 进气侧凸轮提前过度	G163 提前量大于目标值 >8°	排气侧四位三通阀	排气侧凸轮轴	
P000B	B1 凸轮调节过慢	G163 提前量慢于目标值 >1.9°~4.2°/s	排气侧四位三通阀	排气侧凸轮轴	

四　故障案例

1. 高尔夫 6 GTi 转速到约 2000r/min 时高压油泵有响声

车型：装备 EA888 发动机的 2011 款高尔夫 6，单进气可变第 2 代 VVT，发动机管理系统为

MED17.5。

故障现象： 发动机大修后，发现有一个气门的响声过大，于是重新拆卸凸轮轴、更换了3个气门液压挺柱、重新对正时。在刚起动时，有点困难，起动后怠速有点抖动，加油到2000r/min左右时，高压油泵会有响声。

初步诊断： 发动机起动后，发动机排放指示灯点亮，通过VAS读得其故障为00022，如图7-22a所示。

图7-22 案例1故障码截图和更换正时链后的093组数据

采集的主要数据流如下：

001	单列		怠速		
数据项	发动机转速	水温		TWC前氧修正值	基本设定所需的工况
实际值	800r/min	47.0℃		25.0%	00111110
经验值	680r/min	84~94.5℃		−10.0%~10.0%	11111111
002	装备 HFM/TSI		怠速		
数据项	发动机转速	发动机负荷		喷油脉宽	进气量
实际值	760r/min	23.31%		1.78ms	3.86g/s
经验值	680r/min	17%		0.51~0.75ms	2.9g/s
091	第2代 VVT		怠速		进气凸轮轴 B1 VVT
数据项	发动机转速	N205 调整		B1进气调整目标值	B1进气调整实际值
实际值	720r/min	5.88%		28.0°KW	28.0°KW
经验值 *1	680r/min	5.90%		19.5°KW	19.5°KW
093	第2代进 VVT 单列 *1		怠速		VVT 匹配
数据项	发动机转速	发动机负荷		B1 相位差值	
实际值	720r/min	22.55%		19.075°KW	
经验值	680r/min	18%		−1~1°KW	
094	第2代 VVT 单列		怠速	B1进气诊断	在功能04基本设定
数据项	发动机转速	B1进气调整实际值		B1诊断结果	
实际值	720r/min	28.0°KW		测试关闭	
经验值	680r/min	19.5°KW		系统正常	

数据流分析： 093_3 已超出正常范围，根据其数据判断已跳了3个齿。

解决方案： 重新拆检发动机并对配气正时。

其他故障分析： 由于跳齿，配气相位不正确，导致起动困难；在转速较高时，由于电磁阀的开启和关闭角度不对，导致高压泵异响。

090~098、110~119、142~144组 动力提升 第七章

2. 迈腾1.4TSI发动机油耗高

车型：装备 CFB/EA111 发动机的 2015 款迈腾 1.4TSI，单进气可变第二代 VVT，发动机管理系统为 MED17.5.20。

故障现象：车主反映车辆消耗过高。

故障诊断：采集的主要数据流如下：

001	单列	急速		
数据项	发动机转速	水温	TWC前氧修正值	基本设定所需的工况
实际值	680r/min	84.0℃	00.0%	00110111
经验值	680r/min	84~94.5℃	−10.0%~10.0%	11111111
002	装备 MAP/TSI	急速		
数据项	发动机转速	发动机负荷	喷油脉宽	进气压力
实际值	680r/min	26.30%	0.77ms	410.0mbar
经验值	680r/min	17%	0.51~0.75ms	290~320mbar
032		急速/行车	λ学习值/长效修正-最大值	
数据项	B1急速λ学习值+	B1部分负荷λ学习值×		
实际值	−2.9%	5.1%		
经验值	−3%~3%	−5%~5%		
093	第2代进VVT单列*2	急速	VVT匹配值	
数据项	B1进气相位			
实际值	117.95°KW			
经验值	110°KW			
106	EA111/MED17.5.20	急速	燃油压力	高压泵
数据项	燃油分配管目标压力	低压油泵状态		停止工作时间
实际值	134.92bar	ON		613.00s
经验值	50bar	开		

数据流分析：093_1 已超出正常范围，导致高压油泵控制的起动位置不准，使得 106_1 中的油压过高。油压过高，导致 002_3 的喷油脉宽缩短，但发动机负荷增大，油耗增加。

解决方案：更换正时链后，093_1 为 108.94°（图 7-22b），高压压力 106_1 为 50bar，正常。

3. 迈腾1.8TSI暖车难起动

车型：装备 BYJ/EA888 发动机的 2010 款迈腾 1.8TSI，单进气可变第二代 VVT，发动机管理系统为 MED17.5。

故障现象：冷车和热车都很容易起动；如果冷车行驶几千米后停车熄火，很多情况下很难起动，需要很长时间转动起动机才能勉强起动；急速、急加速、高速一切正常。

维修记录：通过 VAS 读取的故障码为 16725（凸轮轴位置传感器 => 传感器-G40 信号错误，间歇性），故障码可以清除，在多次起动失败后故障码会再次出现。经检查，机油正常，机油压力 3.0bar 左右；已更换 G40（凸轮轴位置传感器）、G28（曲轴位置传感器）、N205、ECM、发动机线束、低压油泵、低压油泵控制单元、高压油泵；喷油器采用免拆清洗，故障仍未解决。此故障已出现半年并多次维修。

故障诊断：采集相关数据流如下：

001	单列	急速		
数据项	发动机转速	水温	TWC 前氧修正值	基本设定所需的工况
实际值	720r/min	97.0℃	−3.50%	10111111
经验值	680r/min	84~94.5℃	−10.0%~10.0%	11111111
002	装备 HFM/TSI	急速		
数据项	发动机转速	发动机负荷	喷油脉宽	进气量
实际值	720r/min	17.30%	1.02ms	2.44g/s
经验值	680r/min	17%	0.51~0.75ms	2.9g/s
032		急速/行车	λ 学习值/长效修正 - 最大值	
数据项	B1 急速λ学习值 +	B1 部分负荷λ学习值 ×		
实际值	0.2%	−9.4%		
经验值	−3%~3%	−5%~5%		
091	第 2 代 VVT	急速	进气凸轮轴 B1 VVT	
数据项	发动机转速	N205 调整	B1 进气调整目标值	B1 进气调整实际值
规定值	720r/min	48.6%	34°KW	33.5°KW
经验值 *2	760r/min	43%~46%	34°KW	34°KW
093	第 2 代 进 VVT 单列 *2	急速	VVT 匹配值	
数据项	发动机转速	发动机负荷	B1 相位差值	
实际值	720r/min	17.3%	0.61°KW	
经验值	680r/min	18%	−1~1°KW	
094	第 2 代 VVT 单列	急速	B1 进气诊断	在功能 04 基本设定
数据项	发动机转速	B1 进气调整实际值	B1 诊断结果	
实际值	720r/min	34.0°KW	测试关闭	
经验值	680r/min	34°KW	系统正常	

数据流分析：从以上数据流可以看到，发动机在急速工况时系统正常。根据故障码出现的条件，判断故障点与起动工况、凸轮轴位置相关，初步判断有可能是 VVT 锁销不能锁定 VVT 叶片。

解决方案：由于大众厂家不允许拆检 VVT 机构，将新的 VVT 机构装车后，故障解决。

故障原因：经对 VVT 机构拆检，发现锁销和锁销孔有少量胶质，导致锁销不能顺利进入锁销孔。这有可能是车主使用劣质机油导致。

故障现象说明：在冷起动时，尽管此时锁销没有锁定 VVT 叶片导致进气门开启时间不受控制，但较浓的混合气可使发动机顺利起动；在热车时，胶质软化，锁销容易进入锁销孔；但在暖车时起动时，混合气不是很浓，VVT 叶片不断变化导致进气门开启时间也随着变化，产生起动困难的故障，并生成 16725 故障码。

4. B7迈腾CGM发动机可变气门处异响

车型：装备第二代 EA888 发动机的 2012 款迈腾 B7 2.0TSI，VIN 为 LFV3A23C6B30xxxxx，行驶里程 1.2 万 km，使用时间 6.5 年。

故障现象：踩下加速踏板后，发动机正时链部位出现"哒哒哒"异响，转速越高响声越大。仪表显示屏提示"发动机故障"，EPC 和排放指示灯点亮。

090~098、110~119、142~144组 动力提升 第七章

故障诊断：

1）故障确认。异响不是一直都有的。有时急速正常，但急踩下加速踏板到1500r/min时，"哒哒哒"异响就出现；有时急速就出现，踩下加速踏板后转速越高异响越大。拔下进气相位电磁调节阀N205接插件后异响消除。初步判断异响来自可变气门正时机构。

2）读取发动机故障码，如图7-23所示。

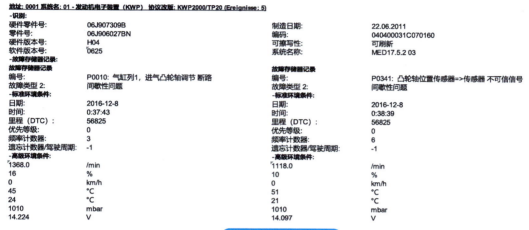

图7-23 故障码截图

3）根据故障码进行诊断。

① P0010：气缸列1，进气凸轮轴调节断路。检查相关连接线束，测量进气相位电磁调节阀N205的电阻，结果正常。暂时排除电路问题。

② P0341：凸轮轴位置传感器相对曲轴传感器出现不可信信号。该故障码表示发动机控制单元得到相位信号的有效边沿，但在两个相邻信号采样窗口一直处于不稳定的变化中，即00/01/10/11均有可能出现。

③ 对可变气门正时机构做元件测试：功能04（基本设置）；用"激活"按钮启动短行程；同时完全踩下制动踏板和加速踏板，发动机转速自动调整至2200r/min->"测试接通"；等待"系统正常"出现在区域3中。结果是，有时显示"正常"，有时显示"失败"。初步判断是可变气门正时机构或机油原因导致。放出机油并检查，机油较干净。更换原厂机油后，故障仍未解决。

4）根据数据流进行诊断。与VVT相关的数据流如下：

091	第2代VVT	急速	进气凸轮轴B2 VVT	
数据项	发动机转速	N205调整	B1进气调整目标值	B1进气调整实际值
实际值	840r/min	65.88%	8°KW	12.5°KW
经验值	680r/min	5.90%	19.5°KW	19.5°KW
093	第2代进VVT L型	急速	VVT匹配	
数据项	发动机转速	发动机负荷	B1相位差值	
规定值	800r/min	22.56%	−0.35°KW	
经验值	680r/min	18%	−1~1°KW	

(续)

094	第 2 代 VVT L 型	急速	B1 进气诊断	在功能 04 基本设定
数据项	发动机转速	B1 进气调整实际值	B1 诊断结果	
规定值	800r/min	12.5°KW	测试关闭	
经验值	680r/min	19.5°KW	系统正常	

从 093_1 和 093_2 可看到,发动机负荷比正常值大,通过提高发动机转速提高负荷。

通过 093_3 可看到,凸轮轴位置传感器的相位差在正常范围,初步排除配气正时跳齿、正时链拉长、曲轴和凸轮轮位置传感器及信号盘错位的可能。

通过 091_3 和 091_4 可看到,VVT 目标值与实际值相差较大;并且 091_2 占空比较大,说明发动机控制单元已增大占比空,期望 VVT 达到目标值。通过以上分析,初步判断是 VVT 不受发动机控制单元控制而出现差异,可能原因是 N205 VVT 电磁阀故障、VVT 机械故障、机油压力不足导致不受控制。

故障排除:

1)与正常车对换 N205 VVT 电磁阀,故障未排除。

2)检查机油压力,正常。

	维修手册要求 /bar	实测值 /bar	判断
急速	1.2~2.1	1.3	符合要求
2000r/min	1.6~2.1	2.0	
3700r/min	3.0~4.0	3.5	

3)尝试更换 VVT 阀,故障仍未解决;而且,VVT 机构较干净,没有发现积炭现象,如图 7-24 所示。

图 7-24 已尝试更换 VVT 电磁阀和 VVT 机构

4)再认真听一下异响,仍判断是 VVT 机构发出。

5)通过 EA888 润滑系油路图分析,测量机油压力是机油滤清器副支架的主油道上,但不能说明到 VVT 机构的油压是足够的,如图 7-25 和图 7-26 所示。

090~098、110~119、142~144组 动力提升 第七章

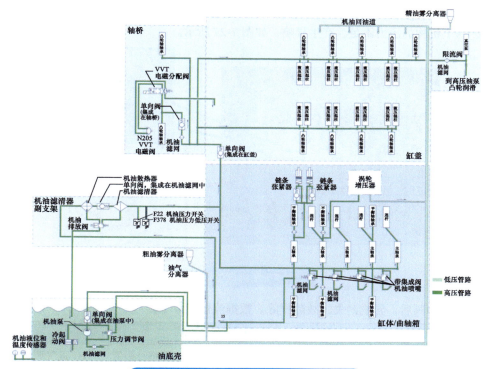

图 7-25　第二代 EA888 润滑系油路布置图

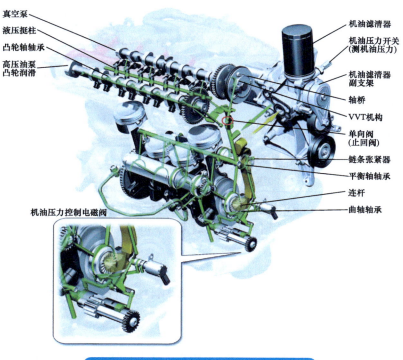

图 7-26　第二代 EA888 润滑系油路位置图

6）再次拆检发动机，认真检查机油道。终于发现通向 VVT 机构的单向阀（止回阀）位置偏移，导致 VVT 机构的压力不足，产生异响，如图 7-27 所示。

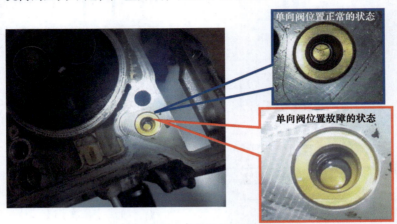

图 7-27　单向阀位置错误

7）更换单向阀后，异响消失，故障排除。数据流也正常了。

091	第 2 代 VVT	怠速	进气凸轮轴 B2 VVT	
数据项	发动机转速	N205 调整	B1 进气调整目标值	B1 进气调整实际值
故障时	840r/min	65.88%	8°KW	12.5°KW
维修后	840r/min	42.0%	19.5°KW	19.0°KW
093	第 2 代进 VVT L 型	怠速	VVT 匹配	
数据项	发动机转速	发动机负荷	B1 相位差值	
故障时	800r/min	22.56%	−0.35°KW	
维修后	840r/min	16.5%	0.52°KW	
094	第 2 代 VVT L 型	怠速	B1 进气诊断	在功能 04 基本设定
数据项	发动机转速	B1 进气调整实际值	B1 诊断结果	
规定值	800r/min	12.5°KW	测试关闭	
经验值	840r/min	19.00°KW	系统正常	

案例点评：发动机控制单元根据各种信号计算出目标值，然后控制 N205 凸轮轴调节阀。当 VVT 中的机油压力不足时，会导致锁销不能有效锁定、叶片与外壳撞击而产生异响，如图 7-28 所示。

5. 高尔夫7由于G40信号盘偏移导致起动困难

车型：装备 EA211/CSTA 发动机的 2014 款高尔夫 71.4TSI，行驶里程 2.5 万 km，使用时间 4 年。

故障现象：起动困难，起动后发动机抖动。

故障诊断：

1）读取发动机故障码，有 P0016（G40 与 G28 位置不合理）故障码，初步判断是配气正时不对导致，如图 7-29 所示。

090~098、110~119、142~144组 动力提升 第七章

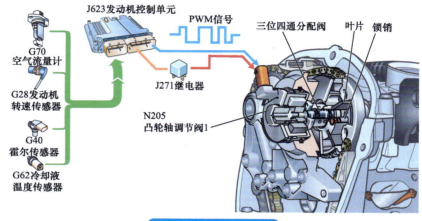

图 7-28 VVT 控制原理

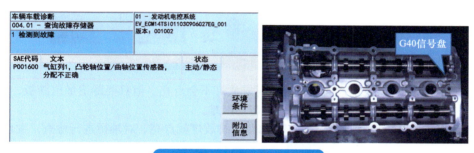

图 7-29 故障码和 G40 信号盘

2）根据故障内容和经验，做了相应的检查：机油压力正常，从正常车上对换 G28/G40/VVT 电磁阀，故障一样；根据维修手册检查了配气正时，正常。

3）根据故障码进行分析，认为故障点仍是配气正时。已对配气正时进行了机械部分的检查，如果配气正时电气部分不正确，也会导致此故障现象。于是，拆下故障车的凸轮轴罩盖，按手册要求转到上止点位置，与正常车对比，发现 G40 信号盘轴向移动并旋转了一定的角度，如图 7-30 所示。

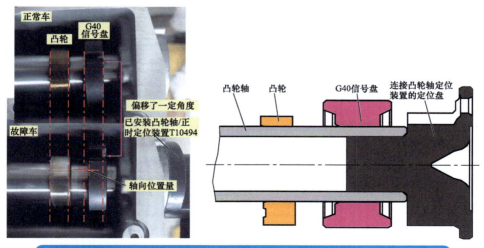

图 7-30 G40 信号盘的固定（左图已旋转了一定的角度，右图为其固定形式）

4）根据相关资料可以查出，G40 信号盘与凸轮轴是通过过盈配合连接，并且没有记号，位置错乱后只能更换凸轮轴盖。

故障排除：更换凸轮轴盖。

6. VVT故障导致排放灯点亮、难起动

车型：装备 CDNB 发动机的 2013 款奥迪 A4L 2.0TSI，行驶里程 2 万 km。

故障现象：排放灯点亮，起动困难，加速无力。

故障诊断：

1）通过诊断仪读取故障码，如图 7-31 所示。由于 P0088 和 P0506 影响因素较多、诊断较复杂，因此首先检查 P0016 故障码。

图 7-31　VVT 的三位四通阀卡滞及产生的故障码

2）清除故障码后，能正常起动，怠速时排放灯不会点亮。但只要踩下加速踏板，排放灯就点亮，再次出现图 7-31 所示的故障码，并且起动困难。

3）此车为发生过前部碰撞的事故车，修复后排放灯就点亮。对轴桥进行检查，发现有裂纹，更换轴桥和 VVT 调节器，故障不能解决。

4）检查配气正时，并将曲轴信号盘/活塞上止点/进排气凸轮轴/凸轮轴信号盘的实际位置认真检查，正常。

5）读取相关数据流。可以看到，怠速工况时，093_3 检测到相位差较大，N205 已进行调节，使怠速的目标值和实际值基本一致。说明故障点在 VVT 控制部分。

091	第 2 代 VVT		怠速	进气凸轮轴 B1 VVT	
数据项	发动机转速		N205 调整	B1 进气调整目标值	B1 进气调整实际值
实际值	626r/min		92%	28°KW	28°KW
经验值 *2	760r/min		43%~46%	28°KW	28°KW
093	第 2 代进 VVT 单列 *1		怠速	VVT 匹配	
数据项	发动机转速		发动机负荷	B1 相位差值	
实际值	626r/min		17.3%	42.65°KW	
经验值	680r/min		18%	−1~1°KW	

6）再次检查新更换的 VVT 机构，发现三位四通阀卡滞，必须用较大的力才能将阀压入，压入后不会复位。这说明新件存在故障。

故障排除：由于已安装的件不能退货，拆下三位四通阀用细砂纸仔细打磨，让其自由滑动。重新安装后故障排除。

7. 可变凸轮轴升程AVS的技术说明

涉及车型：装备 AVS 的 2011 款奥迪 C6 2.8CCE /C7 2.5CLX、2.8CNY/Q5FBU 3.2CAL

090~098、110~119、142~144组 动力提升 第七章

故障现象： 发动机 EPC 灯报警，发动机转速限速 4000r/min。重新起动发动机后故障灯熄灭。

故障说明：

1）读取发动机控制单元故障码，会记录 P11Bx 的故障码，如图 7-32 所示。

04536 P11BB 000
6缸凸轮轴调节器"B"
不可靠信号
偶尔发生的

04532 P11B4 000
5缸凸轮轴调节器"B"
不可靠信号

图 7-32 故障码截图

2）AVS 元件通过 J271 供电、J623 控制接地进行触发。金属销伸出时电流约 3A，时间 18~22ms，加速度约 100g，如图 7-33 所示。

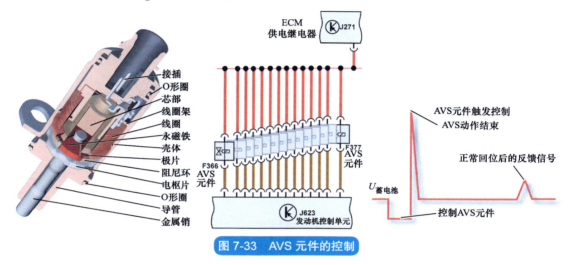

图 7-33 AVS 元件的控制

3）如果有一个气缸不能切换到大升程，那么所有气缸就保持在小升程，有故障现象并存储；如果有一个气缸不能切换到小升程，那么所有气缸都切换到大升程，无故障现象但是有故障码。

4）产生此故障的原因是梯形框架出现较大偏差。金属销和凸轮块基圆之间的距离应 <0.9mm。实测情况是，气缸列 1 基本正常；气缸列 2 位置倾斜，并且超过 80% 的故障发生在 5 缸和 6 缸，如图 7-34 所示。

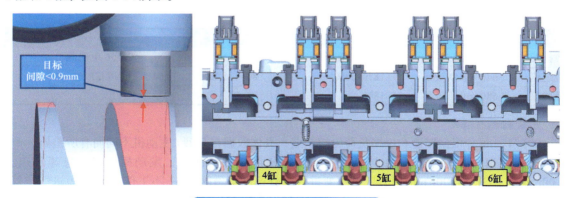

图 7-34 气缸列 2 的梯形框架偏差

5）实测情况如图 7-35 所示。

图 7-35　气缸列 2 的梯形框架偏差实测情况

解决方案： 根据奥迪配件电子目录 ETKA 订购最新状态的 AVS 部件。

第二节

095组 可变进气管长度组

一　数据流说明

095 组：可变进气管长度

095	单级可变长度		怠速	
数据项	发动机转速	发动机负荷	水温	N156 电磁阀
规定值	640~6800r/min	18%~23%	80~115℃	ON/OFF
经验值	680r/min	18%	84~94.5℃	OFF

主要数据流解释：

095_4：可分根据转速和根据负荷为控制点，具体数据与车型/发动机不同而有所差异。

根据转速为控制点：存在与可变进气歧管长度相关的故障、发动机停机、怠速转速至 1100r/min、转速 >4200r/min 时，N156 可变进气歧管长度电磁阀 OFF（不工作），处于短进气歧管、功率调节位置；转速在 1100~4200r/min 时，N156 通电 ON，处于长进气歧管、转矩调节位置。

根据负荷为控制点：在转速低于 4000r/min 时，急踩下加速踏板至全负荷时，N156 通电 ON，处于长进气歧管、转矩调节位置，如图 7-36 所示。

090~098、110~119、142~144组 动力提升 第七章

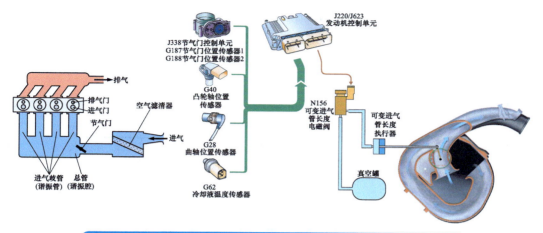

图 7-36 发动机进气道的构成及单级可变进气歧管长度真空管路示意图

095	多级可变长度		急速	
数据项	发动机转速	发动机负荷	水温	状态
规定值	640~6800r/min	18%~23%	80~115℃	OFF/1级ON/2级ON
经验值	680r/min	18%	84~94.5℃	OFF
095	带传感器		急速	
数据项	实际位置	目标位置	传感器偏差	状态
规定值	5%~95%	5%~95%	-5%~5%	ON/OFF
经验值	95%	95%	0	OFF

主要数据流解释： 可变进气歧管长度控制有两个位置，一个用于功率工况的短进气道，一个用于转矩工况的长进气道。对于V型发动机，进气管长度的切换是通过两根控制轴来实现的，这两个轴是通过一对齿轮副连接在一起的。

二 可变进气管长度相关原理说明

可变进气歧管长度，是在非涡轮增压或机械增压的发动机上，通过改变进气歧管的有效长度，利用谐振增压方法，提高了发动机从低速到高速的所有转速范围内的动力性。

1. 可变进气歧管长度工作原理

进气门打开，产生真空波。随着时间的推移，真空波从进气歧管（谐振管）的进气门一端，传递到与总管（谐振腔）连接的另一端，并到达总管，作用在总管的空气上。真空波在总管连接处反射，产生谐振增压，如图7-37所示。

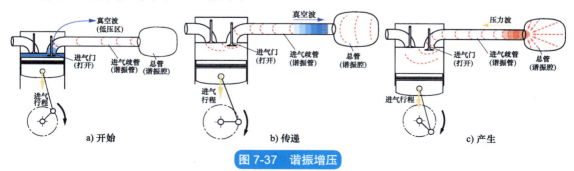

图 7-37 谐振增压

193

这个压力波通过进气歧管向燃烧室方向推进到达进气门上方,如果进气门仍打开,就会进入燃烧室。这个过程会持续到进气门上方与燃烧室的压力相近为止,如图 7-38 所示。

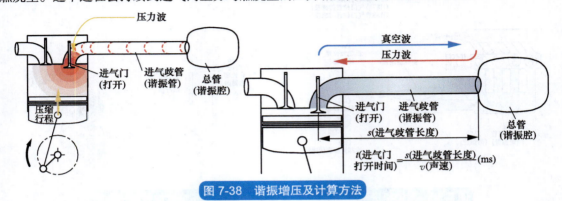

图 7-38　谐振增压及计算方法

总结: 通过一次谐振增压的发动机,其容积效率可达 100% 甚至更高。适当设计或控制进气门的关闭时刻,防止谐振增压后的进气在燃烧室流回进气歧管。

2.可变进气歧管长度类型

奥迪/大众车型有多款发动机采用可变进气歧管长度的技术,以下说明其实现方式。

(1) 在长短进气谐振管间转换

代表车型: 采用单级可变进气歧管长度的 VR6 发动机(大众/奥迪车型)。

采用可变进气歧管长度的 VR6 发动机,在中低转速区时的功率和转矩有显著的提高,如图 7-39 所示。

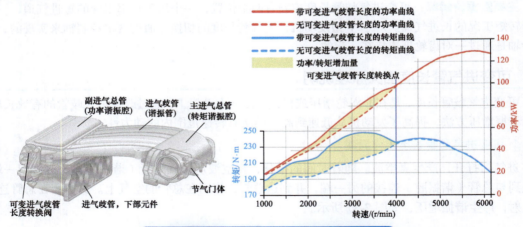

图 7-39　采用可变进气歧管长度的 VR6 发动机

VR6 发动机可变进气歧管工作的示意图如图 7-40 所示,它的不同工况特性如下:

发动机转速	N156	可变进气歧管长度转换阀	进气总管	进气歧管长度	作用
中低转速	ON	关闭	转矩谐振腔	770mm	提高容积效率
急速和高速	OFF	打开	转矩谐振腔 + 功率谐振腔	450mm	基本无变化

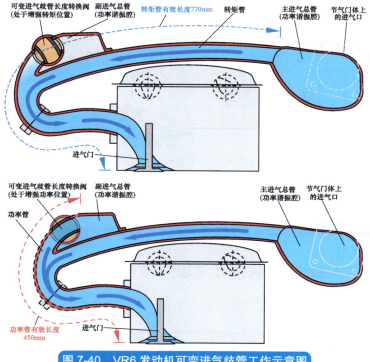

图 7-40 VR6 发动机可变进气歧管工作示意图

（2）调整进气谐振管长度

代表车型：采用三级可变进气歧管长度的奥迪 AQF（A8）和 ARS（A6）发动机。

该技术通过两个翻板实现三种不同的进气歧管（谐振管）长度，如图 7-41 所示。它的不同工况特性如下：

发动机转速	N156	二级翻板	N261	三级翻板	进气歧管长度
急速到低转速	ON	关闭	ON	关闭	最长
中等转速	OFF	打开	ON	关闭	中等长度
停机、高转速	OFF	打开	OFF	打开	最短

其中，N156 是可变进气歧管长度二级转换电磁阀；N261 是可变进气歧管长度三级转换电磁阀。

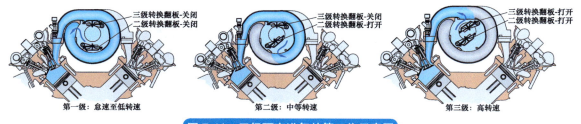

图 7-41 三级可变进气歧管工作示意图

可根据发动机转速和负荷的不同，采用相应长度的进气歧管（谐振管），因此可在整个转速范围内获得接近最佳的转矩特性曲线，如图 7-42a 所示。

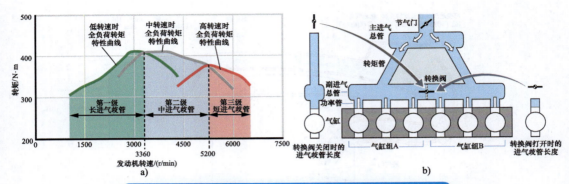

图 7-42 可变进气歧管长度对转矩的影响　图 7-43 组合示意图

（3）带谐振管转换和谐振腔组合系统

当转换阀处于打开状态时，副进气总管的左右相通并作为谐振腔。由于长度较短，适用于频率较高-转速高的工况。

在低/中发动机转速时，转换阀关闭，主进气总管作为谐振腔，满足发动机转矩需求，如图 7-42b 所示。

三　故障案例

车型：装备 BDW V6 发动机、01J 变速器的 2006 款奥迪 A6L，行驶里程约 17 万 km。

故障现象：冷车和热车起动时间都要在 10s 以上，熄火后立即再起动就正常；急加速无力，且车速超 80km/h 后就很难再提速。

维修过程：通过诊断仪读取发动机控制单元共有 3 个故障码："18502- 可变进气管始终打开""18507- 可变进气管位置传感器 电气故障""16725- 凸轮轴位置传感器 G40 信号错误"。经对 G336、G40、N156、N205 的电源线和接地线进行检测，确认正常；更换新的部件，故障码仍存在，起动困难的故障仍未排除。最后检查线束，发现 G336 与 G40 线束长度差不多，接插件可以互插，现在问题是这两个接插件互为反接，如图 7-43 所示。

故障排除：按要求将 G336 和 G40 插好。

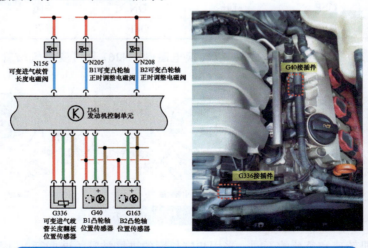

图 7-43 采用 Simos 的奥迪 BDW 发动机电路图（部分示意图）

090~098、110~119、142~144组 动力提升 第七章

故障现象说明： 由于 G40 得不到正确的信号，导致起动困难。

第三节

110~119组 涡轮增压组

一 数据流说明

1.第110组 全负荷增浓

110	负荷/全负荷增浓	行驶		
数据项	发动机转速	水温	喷射时间	节气门开度（G187）
规定值	640~6800r/min	80~115℃	MPI 2~4;TSI 0.51~1.78	2.80%
经验值	760r/min	84~94.5℃	MPI 2~4;TSI 0.51~1.78	0.2%~4.0%

主要数据流解释：
110_3：当处于倒拖工况时，喷射时间为0。

2.第111组 增压控制

111	负荷/全负荷增浓	行驶		
数据项	转速范围1 N75修正	转速范围2 N75修正	转速范围3 N75修正	转速范围4 N75修正
规定值				

3.第112组 排气温度

112	B1排气温度/排温保护	单列，行驶		
数据项	B1排气温度	B1氧传感器增浓系数	预设的排气温度	特性曲线排气温度
规定值	0~1000℃	0~100%	0~1000℃	0~1000℃
经验值	550~700℃	0%	550~700℃	550~700℃
	B1排气温度/排温保护	双列，行驶		
数据项	B1排气温度	B1氧传感器增浓系数	B2排气温度	B2氧传感器增浓系数
规定值	0~1000℃	0~100%	0~1000℃	0~100%
经验值	550~700℃	0%	550~700℃	0%

主要数据流解释： 排气温度过高可能会损坏排放控制元件——三元催化器。因此，发动机管理系统增加一个软件模块，或在前催化器的前面增加一个排气温度传感器，监测排气温度。如果超过最高的目标排气温度，可触发混合气加浓程序，这样可通过燃油在排气中蒸发吸收热量，使废气冷却。也可采用限制进气和限制转矩的常规方法进行降低排气温度。

4. 第113组 排气温度

113		急速	排气温度	
数据项	发动机转速	发动机负荷	节气门开度（G187）	大气压力
规定值	640~6800r/min	18%~23%	2.80%	500~1200mbar
经验值	680r/min	18%	0.2%~4.0%	1010mbar

主要数据流解释：

113_4：根据气候状况，实际值可能与检测值有偏差。以下是海拔与大气压力关系对照表，其作用参看第006组。

海拔 /m	0	500	1000	1500	2000	2500	3000	3500	4000
大气压力 /mbar	998	954	902	853	805	756	704	655	607

5. 第114组 增压控制

114		急速	增压控制	
数据项	修正前的目标负荷	修正后的目标负荷	发动机负荷	进气旁通阀 N249
规定值	18%~150%（或175%）	18%~150%（或175%）	18%~150%（或175%）	0~100%
经验值	18%	18%	18%	0% 或 2%

主要数据流解释：

114_1：修正前的发动机负荷目标值。它是由加速踏板位置传感器确定的特性曲线值。根据车型的不同，其发动机负荷最大值达150%（例如AUM发动机）或175%（例如ARZ发动机）。

114_2：修正后的发动机负荷目标值。涡轮增压器到节气门这段的进气压力受发动机转速、节气门开度、涡轮增压器增压压力、进气温度、大气压力和增压空气冷却器效率的影响。为了准确计算出发动机负荷，其目标值除对以上参数进行修正外，加上爆燃控制、海拔自适应及冷却液温度等因素进行修正。

114_3：发动机实际负荷。通过进气旁通阀 N249 和排气旁通阀 N75 调整到发动机的目标负荷值。

114_4：对EA111，此值为0%；对EA888，此值为2%，N249都处于断电关闭状态。在发动机转速高时节气门从打开较大角度到突然关闭时，为防止进气振动产生冲击和损坏涡轮增压器，N249打开（100%），允许空气在涡轮增压器内进行循环并保持涡轮增压器的转速。在其他工况，此阀处于关闭工况，优化涡轮增压器的响应。

6. 第115组 增压控制

115		急速	增压控制	
数据项	发动机转速	发动机负荷	目标增压压力	实际增压压力
规定值	640~6800r/min	18%~150%(或175%)	300~2000(或2200)mbar	990~2000(或2200)mbar
经验值	680r/min	18%	300~390mbar	990mbar

主要数据流解释：

115_3：由 G31 增压压力传感器检测的数据。发动机控制控制单元根据各参数计算目标涡轮增压器增压压力。根据车型的不同，其目标增压压力最大值达2200mbar（例如AUM发动机）或2000mbar（例如ARZ发动机）。在急速工况，发动机控制单元不希望增压，但由于G31在节气门

090~098、110~119、142~144组 动力提升 第七章

前方，所以此时的目标增压压力低于实际增压压力。

115_4：增压压力传感器G31测量涡轮增压器和节气门之间的压力。可通过以下办法判断G31信号是否正确：

1）打开点火开关时，进气歧管压力002_4（如果装备进气歧管压力传感器G71）、大气压力113_4和实际增压压力115_4的差值小于40mbar。

2）急速工况，由于涡轮转速慢，实际增压压力约与大气压力应相差不大。

3）在1档或2档行车时节气门全开，进气歧管压力002_4与实际增压压力115_4的差值小于200mbar。

增压不足或目标增压压力大于实际增压压力的可能原因包括：排气管堵塞；涡轮增压器故障，如卡滞、漏气、叶片变形等；进气旁通阀N249卡在打开位置（可能是N249或真空控制管道故障）、增压电磁阀N75发卡；进气歧管或排气歧管漏气、空气滤清器堵塞。较多的情况是进入中冷器的进气管连接不良导致漏气、增压压力传感器故障，以及发动机动力不足。

有以下两种增压压力调节的检查方法（具体请参看维修手册）：

1）装备博格华纳（BorgWarner）的涡轮增压器：行车检测压力。在发动机机油温度超60℃时，从2000r/min以第3档加速至节气门全开；在转速3000r/min时记录压力测试仪和115_4的数据，此时应在1.6~1.7bar（绝对压力，就是增压0.6~0.7bar），如图7-44a所示。

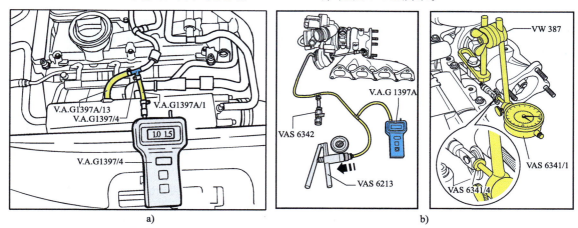

图7-44 博格华纳增压器行驶检测增压压力调节和石川岛增压器检测涡轮增压器操纵杆

2）采用石川岛（IHI）的涡轮增压器：检测涡轮增压器操纵杆的行程。当压力为375mbar时，增压器操纵杆行程为1mm；压力为475mm时行程为5mm，如图7-44b所示。

7.第116组 增压控制

116		急速	增压控制	
数据项	发动机转速	修正系统-燃油	修正系统-水温	修正系统-进气温度
规定值	640~6800r/min	0~20%（MT） 0~27%（AT）	0~20%	0~20%（MT） 0~25%（AT）
经验值	680r/min	0%	0%	0%

主要数据流解释：正常情况下，这三个修正值应为0%。如果不在此范围，根据相关数据流进行检查。

8.第117组 增压控制

117		急速	增压控制	
数据项	发动机转速	加速踏板位置	节气门开度（G187）	目标增压压力
规定值	640~6800r/min	0%	0.2%~4.0%	300~2000（或2200）mbar
经验值	680r/min	0%	2.80%	300~390mbar

9.第118组 增压控制

118		急速	增压控制	
数据项	发动机转速	进气温度	排气旁通阀N75	实际增压压力
规定值	640~6800r/min	−48~105℃	0~100%	990~2000（或2200）mbar
经验值	680r/min	−48~105℃	0% 或 2%	990mbar

主要数据流解释：

118_3：对EA111，此值为0%；对EA888，此值为2%，N75都处于断电关闭状态。涡轮增压器带有一个由压力差控制、发动机控制单元通过脉宽调制（PWM）排气旁通阀N75确定的废气门，用于调节涡轮增压的压力比。

下表说明进气旁通阀和排气旁通阀的工作过程。

工况	进气旁通		排气旁通		作用
	数据流	状态	数据流	状态	
急速到中高速/无负荷	0% 或 2%	关闭	0% 或 2%	关闭	增加涡轮增压器转速
中速/有负荷	0% 或 2%	关闭	5%⇔95%	关闭 ⇔ 打开	转矩到峰值后控制增压
急加速/无负荷	0% 或 2%	关闭			增加进气量
急减速	100%	打开			防止喘振，保护进气管路和涡轮增压器 使涡轮保持较高转速，减少增压滞后
换档					降低发动机转矩，提高换档平顺性
高速	0% 或 2%	关闭	95%	打开	防止增压过多

急速时，发动机控制单元将排气旁通阀N75指令至0%；在节气门全开状态下发动机负荷或转速首次提高时，指令N75可能高达90%~100%，达到最大增压；当增压压力达到适当水平时，将减少N75的PWM至65%~85%；节气门突然关闭，发动机控制模块就应指令涡轮增压器排气泄压阀电磁阀参数退回至0%，以允许涡轮排气泄压阀以空气压力差率打开，以此降低涡轮转速。

10.第119组 增压控制

119		急速		
数据项	发动机转速	排气旁通修正系数	排气旁通阀N75	实际增压压力
规定值	640~6800r/min	0mbar	0~100%	990~2000（或2200）mbar
经验值	680r/min	0mbar	0% 或 2%	990mbar

主要数据流解释：

119_2：正常此值应为0。如果不在此范围，检查是否有漏气、涡轮增压器损坏等故障。

二 涡轮增压器相关原理说明

以下详细说明涡轮增压系统的演变过程。

1.增加排气旁通阀N75

为解决高转速增压过度、低转速增压不足问题,在排气中增加排气旁通阀,如图7-45a所示。

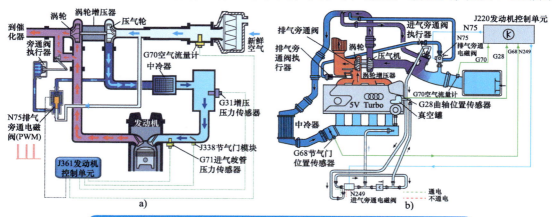

图7-45 带排气旁通和增加电子控制的进气旁通的涡轮增压系统示意图

发动机控制单元通过PWM信号控制N75排气旁通阀,从而调节排气旁通阀的开度。

2.可调式涡轮增压器(简称VGT)

可调式涡轮增压器由于其制造成本和材料原因,大众奥迪品牌暂时仅用在柴油机上,如图7-46所示。

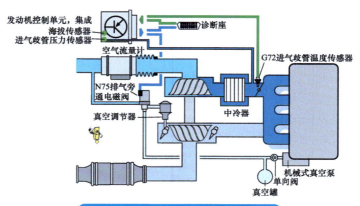

图7-46 可调式涡轮增压系统示意图

3.增加电子控制的进气旁通阀N249

进气旁通阀N249(图7-45b)的作用如下:

1)在倒拖工况时防止产生压力波动、增压过度和涡轮转速下降的现象。倒拖是指发动机转速高、节气门的开度迅速减少的工况,此时发动机提供给飞轮的能量会变为负值。在行驶时发动机转速较高,如果突然松开加速踏板,此时节气门相应会减少开度至接近关闭,但此时进气管路仍有较高的增压压力存在,并且涡轮仍高速运转,因此会在压气机管路中产生一个较高的速滞压力。

2）怠速时排气旁通阀关闭，涡轮增压器可产生较小的增压。
3）部分车型换档时，打开进气旁通阀以快速降低发动机转矩。

4.采用电磁阀式的进气旁通阀N249直接控制

为了快速精确控制进气旁通阀，从EA888开始，进气旁通阀采用电磁阀式控制，控制示意图如图7-47所示。

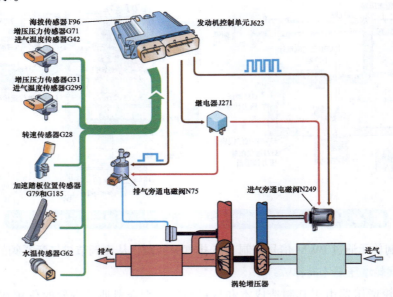

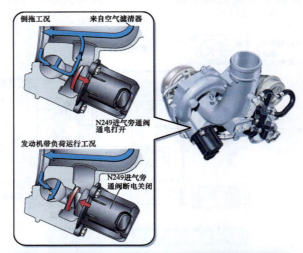

图7-47　装备电磁阀式进气旁通阀的涡轮增压器组成

检测和安装时注意：进气旁通阀安装在车上时需要有6N·m的预紧力矩。因此，将此阀拆下后通电检测，它不会吸合，需要施加少许力才会吸合。

5.采用电动机V465控制的排气旁通阀

大众奥迪在第三代EA888采用电动机控制的排气旁通阀，如图7-48所示。它最大优点的是响应速度更快、精度更高。

090~098、110~119、142~144组 动力提升 第七章

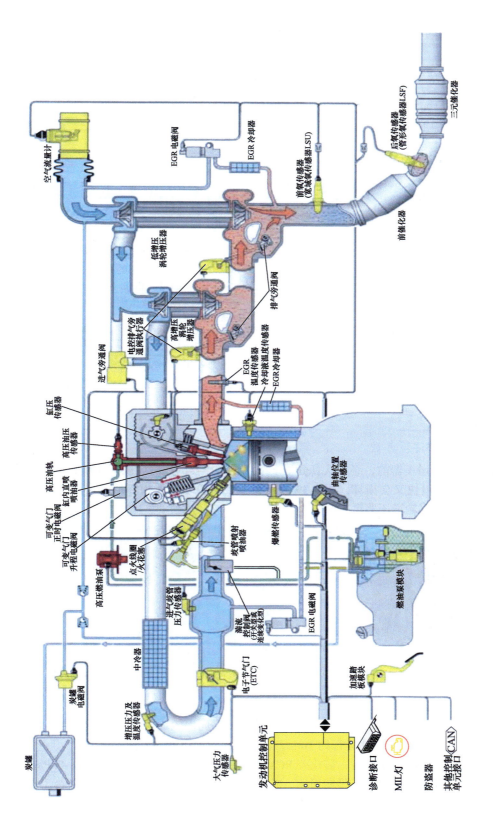

图 7-48 第三代 EA888 系统示意图

EA211采用的电控式排气旁通调节器的类型如下：

发动机类型	功率/kW	最大增压/bar	诊断功能
1.2TSI	63	1.7	故障码
	77	1.9	故障码
1.4TSI	90	1.8	调节位置数据流、故障码
	103	2.0	故障码

三 涡轮增压器相关故障码

故障码	含义	故障码标准和阀值
P0033	进气旁通电磁阀N249故障	N249控制线断路或电阻过大
P0045	排气旁通电磁阀N75断路	PCM输出的控制线断路
P00AF	排气旁通执行器模块性能不良	排气旁通执行器卡滞 控制工况<17%或非控制工况>17%
P0234	增压压力控制超出控制极限	实际增压大于目标增压的0.3~0.8bar，允许范围与转速变化和喷油量的相关
P0299	增压压力控制不足	实际增压低于目标增压的0.4~0.8bar，允许范围与转速变化和喷油量的相关
P2563	排气旁通执行器位置传感器不可信信号	位置传感器电压<0.3V或>4.5V
P2564	排气旁通执行器位置传感器信号太小	位置传感器电压<0.15V
P2565	排气旁通执行器位置传感器信号太高	位置传感器电压>4.85V
P334A	增压压力促动器电气故障	

四 故障案例

1. 涡轮增压器维修注意事项

1）安装新的涡轮增压器前，必须认真分析上个涡轮增压器的故障原因，并彻底清理润滑系，否则新的涡轮增压器很快又会损坏。图7-49所示为上个涡轮增压器损坏后未彻底清理润滑系，导致行驶2.5万km后涡轮增压器再次损坏。

a）堵塞的滤网　　b）起动发动机后进油管无油出　　c）回油腔有大量金属屑

图7-49　故障的涡轮增压器

2）安装新的涡轮增压器前，必须通过进油管路的接头向涡轮增压器中加注发动机机油。安装涡轮增压器后必须让发动机怠速运行约1min，以保证涡轮增压器的供油。

3）当怀疑涡轮增压器漏机油时，需检查PCV系统的真空度。怠速工况应是-4~0kPa。

4）如果涡轮增压器由于过热而早期损坏，要检查一下V51冷却液继续循环泵是否工作正常。V51的作用是在发动机停机后，继续冷却涡轮增压器。

090~098、110~119、142~144组 动力提升 第七章

2. 2009款奥迪C6 2.0T车速很难超120km/h

车型：装备 BPJ 2.0T 发动机、01J 变速器的 2009 款奥迪 C6，行驶里程 9 万 km。

故障现象：车速到 120km/h 后就很难再提速。

故障诊断：用诊断仪对发动机系统进行诊断，发现故障码为"00665 P0299- 增压控制压力没有达到控制极限"。初步诊断，故障在涡轮增压系统。读取涡轮增压数据流如下：

115	行驶		增压控制	
数据项	发动机转速	发动机负荷	目标增压压力	实际增压压力
实际值	4100r/min	131%	1750mbar	1250mbar
经验值	4100r/min	150%	1750mbar	1750mbar

从上述数据可看到，由于增压不足导致发动机动力不足。根据"增压不足"的故障进行检查，发现 N249 的密封圈已损坏，如图 7-50 所示。

图 7-50　奥迪 N249（左图为故障件，右图为技术改进件）

解决方案：更换技术改进件后，故障正常。

技术说明：

1）早期的 N249 由于设计原因，导致密封圈容易早期损坏。密码圈损坏后，导致进气旁通了压气机，相当于涡轮增压不工作，使得发动机动力不足，车速很难超 120km/h。

2）对早期装备 EA888 的迈腾、昊锐、全新帕萨特、奥迪等车型进行维修时，如果发现有类似的故障现象，最好首先检测一下 N249。

3）如果还有其他故障，就需要综合分析。例如装备 EA888 的全新帕萨特加速不良，发动机控制单元有图 7-51 所示故障码。故障码 00665 的范围较大，结合故障码 00104、数据流中目标增压压力远高于实际压力和实际压力接近大气压力，可判断故障点在进气漏气或排气堵塞。最后确认故障点为三元催化器堵塞。

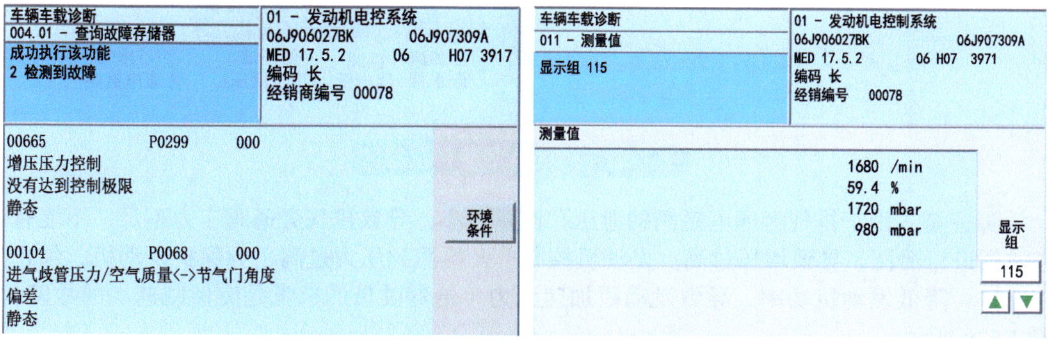

图 7-51　全新帕萨特加速不良故障码及数据流

3.宝来R加速无力

车型：装备BTH 1.8T发动机的2006款宝来R，行驶里程3000km，使用时间3个月，VIN为LFV3A11J9630xxxxx。

故障现象：加速不良。

故障诊断：通过诊断仪读取此车发动机系统故障码，系统正常。初步检查空气流量计、点火线圈、氧传感器，都正常。

数据流分析：根据故障现象，故障点有可能在涡轮增压系统。在行驶过程中读取115组数据流。

115	行驶		增压控制	
数据项	发动机转速	发动机负荷	目标增压压力	实际增压压力
实际值	2750r/min	110%	1750mbar	1000~1300mbar
经验值	2750r/min	150%	1750mbar	1750mbar

从数据流可看到，涡轮增压效果不良。外观检查进气无漏气。按涡轮增压器行驶检测方案进行测试，在3档从2000r/min全负荷急加速到3000r/min，进气管的绝对压力为1.11~1.20bar。对N75和N249进行检查，均正常。

解决方案：更换涡轮增压器。

4.装备EA111发动机的迈腾/速腾/高尔夫/新宝来行驶中突然加速无力

车型：装备EA111发动机的2010款迈腾/速腾/高尔夫/新宝来1.4TSI。

故障现象：在行驶过程中可能会出现抖动、加速无力、突然减速等故障现象，有可能出现故障码00564/P0234（涡轮增压压力超极限），如图7-52a所示。

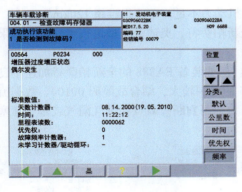

图7-52　P0234故障码及原因

故障分析：由于排气旁通电磁阀的泄压孔流量过小，导致排气旁通阀压力不足，不能有效打开旁通阀进行泄压，导致增压过高。发动机控制单元检测到压力过高，为保护发动机，停止涡轮增压工作、降低发动机功率，导致发动机加速无力（给驾驶员的感觉是突然减速）的故障现象，如图7-52b所示。

第四节

142~144组 进气翻板控制

一、数据流说明

1. 第142组 进气翻板匹配-短行程

142	开关式	怠速	进气翻板匹配	在功能04 基本设定
数据项	实际位置	目标位置	翻板电压值补偿	诊断结果
规定值	0~100%	0~100%	0~5V	正在测试 / 测试关闭 / 系统正常 / 系统错误
	连续调整式	怠速	进气翻板匹配	在功能04 基本设定
数据项	电压上限	电压下限	匹配状态（步数）	诊断结果
规定值	5V	0V		正在测试 / 测试关闭 / 系统正常 / 系统错误

采用开关式进气翻板的主要数据流解释：

142_1：进气翻板的实际位置。

142_2：进气翻板的目标位置。

142_4：怠速时做基本设置，正常情况下测量后应显示"系统正常"。更换进气翻板后，需要做基本设置。

2. 第143组 进气翻板开度

143	开关式	怠速	进气歧管翻板	
数据项	发动机负荷	B1 翻板开度	B2 翻板开度	MED 模式
规定值	16%~23%	%	%	00000001
	连续调整式	怠速	进气歧管翻板	
数据项	发动机转速	发动机负荷	翻板开度	MED 模式
规定值	640~6800r/min	16%~23%	%	00000001

3. 第144组 进气翻板诊断-短行程

144	开关式 - 真空控制	怠速	进气歧管翻板诊断	在功能04 基本设定
数据项	实际位置	目标位置	翻板电压偏差	诊断结果
规定值	0~100%	0~100%	0~5V	正在测试 / 测试关闭 / 系统正常 / 系统错误
	连续调整式 - 真空控制	怠速	进气歧管翻板诊断	在功能04 基本设定
数据项	电压上限	电压下限	匹配状态（步数）	诊断结果
规定值	5V	0V		正在测试 / 测试关闭 / 系统正常 / 系统错误

144_4：急速时做基本设置，正常情况下测量后应显示"系统正常"。

二　进气翻板相关原理说明

为了在燃油准备阶段提高燃烧的鲁棒性，特别是在低负荷工况，增加电动机或真空驱动的开关式进气翻板系统。

1.带分层和均质喷射的MED7.x系统

进气翻板位于进气歧管内上、下进气道的截面上，用来在不同进气模式下控制进入气缸的空气流动，如图7-53a所示。

进气翻板的控制原理如图7-54所示。

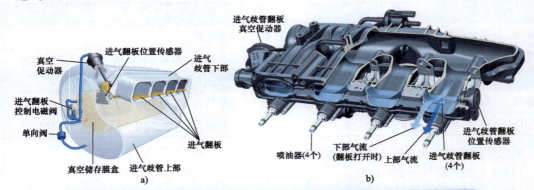

图7-53　进气翻板机构（左图为MED7版本，右图为MED9和MED17版本）

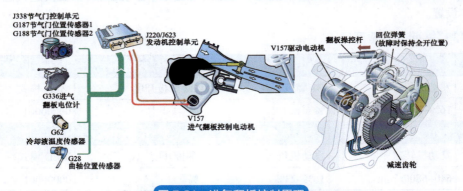

图7-54　进气翻板控制原理

2.只有均质喷射模式的MED9.x和MED17.x系统

早期是带进气翻板的系统，其结构及组成如图7-53b所示。在新型的发动机设计中，为减少进气翻板对进气的扰流，通过改进气缸盖进气口和活塞的设计，取消了进气翻板。

三　故障案例

1.进气翻板制造误差导致新件出现"进气翻板位置不可靠"的故障

车型：装备BYJ发动机的2007款迈腾1.8TSI，使用时间两年，行驶6万km，VIN为LFV3A3C773xxxxxx。

090~098、110~119、142~144组 动力提升 第七章

故障现象： 行驶时偶尔出现排放灯点亮，但不影响驾驶性能。关闭点火开关后再重新着车，排放灯很难再次点亮。

初步诊断：

1）此车通过诊断仪读得有"08213/P2015 000- 进气歧管风门位置/运行控制传感器 不可靠信号 偶发"故障码，如图 7-55a 所示。清除故障码后，行驶一段时间后故障又会再现。

图 7-55 故障码屏幕截图及 G336 进气翻板电位计匹配过程

2）更换带 G336 进气翻板电位计的进气翻板总成，行驶一段时间后故障再现。

3）为了进一步诊断故障，先对进气翻板进行匹配。这是由于行驶一段时间后，可变电阻型的 G336 进气翻板电位计有可能会产生数据漂移，匹配后可让发动机控制单元学习到此漂移值，然后对内部的特性曲线进行修正。结果为匹配成功，如图 7-55b 所示。

数据流分析：

1）读取怠速数据流，如图 7-56a 所示。

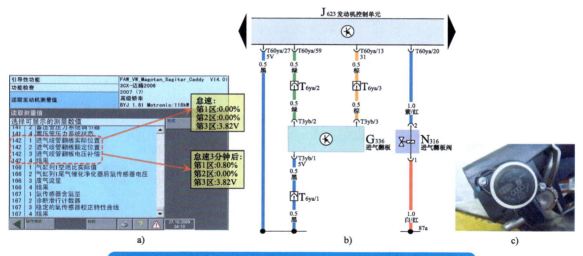

图 7-56 G336 进气翻板电位计怠速数据流、控制相关电路图及微调

2）读取行车动态数据流，如图 7-57 所示。

从图 7-58 可以看到，发动机负荷和转速低时，进气翻板的目标开度为 0，但实际开度不为 0 且最高达 2.4%，超出允许范围。因此，发动机控制单元就会根据此信号，记忆"08213/P2015 000 进气歧管风门位置/运行控制传感器 不可靠信号 偶发"故障码。现在要找出产生故障的原因。

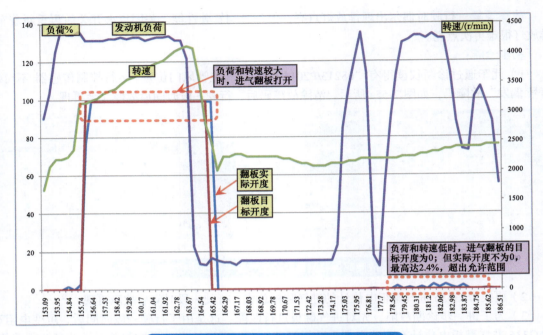

图 7-57 G336 进气翻板电位计行车动态数据流

3）查找故障部位。通过电路图，对 G336 进行检测，确认电源线 +5V 和接地线正常，如图 7-56b 所示。

通过真空泵，对进气翻板阀 N316 进行真空测试。经检测为正常，判断真空系统正常，如图 7-58 所示。

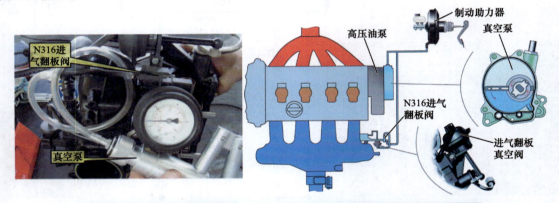

图 7-58 进气翻板相关真空管路进行检测及 EA888 进气翻板真空管路原理图

拆下进气歧管后，进行在线读取数据流，发现轻微地径向推动进气翻板，142_1 进气翻板实际值就会从 0% 变动到 2% 左右。通过细心地调整进气歧管风门位置/运行控制传感器的角度，配合数据流的读数把位置传感器调到了一个最佳的位置进行固定。确认数据在进气翻板关闭状态下，推动进气翻板时 142_1 数据保持为 0%。经过调整后大约比原位置向顺时针转动 0.5mm 左右，如图 7-56c 所示。调整完成后经过长时间的试车数据一切正常。

更换进气翻板后，另一种方法是对进气翻板进行基本设置，如图 7-59 所示。

090~098、110~119、142~144组 动力提升 第七章

图 7-59 对进气翻板进行基本设置（左图为设置前，右图为设置后）

故障原因：进气翻板位置传感器 G336 制造上有偏差，导致出现此故障。

维修思路：充分利用连续数据采集功能，就可以发现有差异的数据。

2.真空管变形导致进气翻板不受控制

车型：装备 CADA 发动机的 2014 款奥迪 Q5 2.0LTFSI，行驶里程 5680km。

故障现象：仪表上的排放故障灯点亮，发动机动力稍下降。

故障诊断：

1）通过诊断仪读取发动机故障码，有"18447/P2015- 进气翻板位置传感器 信号错误"的故障码。

2）根据引导型功能，将发动机转速提升到 3500r/min，读取 142 组数据，结果如图 7-60a 所示。

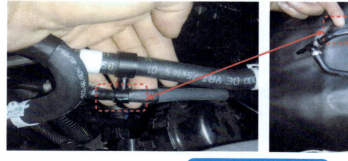

a) 故障车　　　　　　　　　　　　　　b) 维修后

图 7-60 进气翻板数据流

3）利用手动真空泵 VAS 6213 检查真空单元和进气翻板，结果正常。

4）最后仔细检查，发现与真空控制阀连接部位变形，压扁后导致控制进气翻板的真空不足，不能完全翻板。并且，由于此处有管套和固定箍包着，不容易发现，如图 7-61 所示。

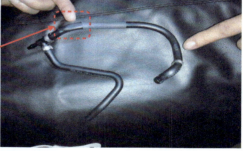

图 7-61 有故障的真空管

故障排除：更换真空管。读取数据流，数据正常，如图 7-60b 所示。

第八章

101~107、140~141组 燃油喷射

奥迪/大众将101~107组定义为燃油喷射组，将140~141组定义为高压喷射组。

第一节

101~107组 燃油喷射组

燃油喷射组数据流如下。

101	装备HFM	怠速	TSI	
数据项	发动机转速	发动机负荷	喷油脉宽	进气量
规定值	520~6500r/min	16%~23%	0.51~4ms	3.7g/s
经验值	680r/min	17%	0.51~0.75ms	2.9g/s
	装备MAP	怠速	TSI	
数据项	发动机转速	发动机负荷	喷油脉宽	进气压力
规定值	520~6500r/min	16%~23%	0.51~4ms	400mbar
经验值	680r/min	17%	0.51~0.75ms	350mbar
102	装备HFM	怠速	TSI	
数据项	发动机转速	水温	进气温度	喷油脉宽
规定值	520~6500r/min	80~115℃	-48~105℃	0.51~4ms
经验值	680r/min	84~94.5℃	>外界温度	0.51~0.75ms
103	装备HFM	怠速	按需调节低压泵诊断	在功能04基本设定
数据项	当前燃油压力（低压）	燃油泵压力调节I控制	燃油泵适配值	燃油泵状态
规定值	3~7bar	%/mbar	%/mbar	测试关闭/开启、系统正常/异常
经验值	7bar			系统正常
104	起动因素匹配值			
数据项	发动机起动时温度	温度修正系数1-燃油	温度修正系数2-进气歧管	温度修正系数3-水温
规定值	-48~143℃	-100%~99.2% 或 0~16	-100%~99.2% 或 0~16	-100%~99.2% 或 0~16
105		行车	断缸控制	
数据项	发动机转速	发动机负荷	水温	断缸控制
规定值	640~6800r/min	0~150%	80~115℃	ON/OFF
经验值	640~6800r/min	13%~45%	84~94.5℃	OFF

101~107、140~141组 燃油喷射 第八章

（续）

107	空燃比控制诊断	急速	EA111/MED17.5.20	在功能04基本设定
数据项	发动机转速	B1空燃比修正（平均值）	B1排气温度	空燃比控制测试
规定值	520~6500r/min	−10%~10%	0~1000℃	测试关闭/开启、系统正常/异常
经验值	680r/min	−3%~3%	550~700℃	系统正常
	空燃比控制诊断	急速	EA888和其他	在功能04基本设定
数据项	发动机转速	B1空燃比修正（平均值）	B2空燃比修正（平均值）	空燃比控制测试
规定值	520~6500r/min	−10%~10%	−10%~10%	测试关闭/开启、系统正常/异常
经验值	680r/min	−3%~3%	−3%~3%	系统正常

主要数据流解释：

107_4：功能04（基本设置）；用按钮"4"激活短行程功能（接通）；急速；等候"系统正常"在第4区中出现。

第二节

106/140~141组 高压油泵组

一 数据流说明

1. 第106组 高压油泵控制

106	燃油压力	急速	EA111/MED17.5.20	高压泵
数据项	燃油分配管目标压力	低压油泵状态		切断时间
规定值	50~100bar	开（工作）/关（停止）		0~8160s
经验值	50bar	开		
	燃油压力	急速	EA888/MED17.5	高压泵
数据项	燃油分配管目标压力	燃油分配管实际压力	高压油泵占空比	燃油温度
规定值	40~150bar	40~150bar	0~100%	
经验值	40bar	40bar	60%~70%	100℃
	燃油压力	急速	双高压泵	高压泵
数据项	燃油分配管目标压力	低压油泵1/2	低压油泵3/4	切断时间
规定值	40~150bar	ON/OFF 或 %	ON/OFF 或 %	0~8160s
经验值	40bar	ON	ON	

相关数据流说明：106_1 燃油分配管目标压力；106_3 燃油分配管实际压力（EA888）。

在各种不同情况下，发动机控制单元会调整喷油器的开启时间，并通过燃油压力调节阀分配管中的燃油压力，以确保喷油量准确无误，如图8-1所示。

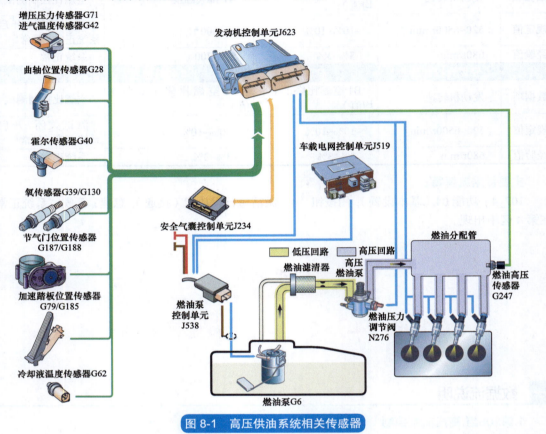

图8-1 高压供油系统相关传感器

106_3（EA111）：低压油泵状态。低压油泵控制由J538燃油泵控制单元和G6燃油泵组成，如图8-2所示。

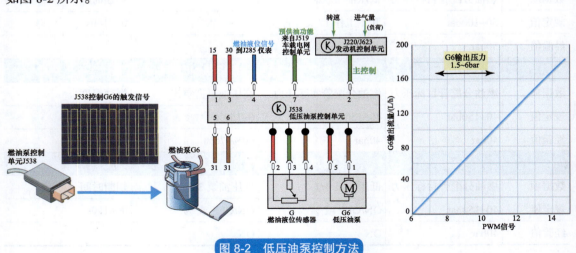

图8-2 低压油泵控制方法

101~107、140~141组 燃油喷射 第八章

1）燃油泵控制单元 J538。此控制单元从发动机控制单元获取信号。根据所接收到的信号，油泵控制单元会以脉冲宽度调制信号（PWM）触发燃油泵。同时，由 PWM 决定燃油低压系统中的压力（在 0.5~5bar 间）。暖起动和冷起动时压力会升至 6.5bar。

2）燃油泵 G6。此泵安装在后排座椅下方燃油箱中的燃油供给装置内。它由燃油泵控制单元 J538 控制，并在低压系统中将燃油输送至高压泵。它通过燃油泵控制单元的 PWM 信号触发，从而确保能始终正确输送发动机所需的燃油量。

2. 第140组 油压控制-短行程

140	N276 燃油压力调节阀	N276 诊断	博世 HDP1 高压泵	在功能 04 基本设定
数据项	N276 打开占空比	油轨目标压力	实际油轨压力	N276 诊断结果
规定值	%	40~120bar	40~120bar	正在测试 / 测试关闭 / 系统正常 / 系统错误
经验值		40	40	1
	N290 燃油流量控制阀	N290 诊断	博世 HDP2 高压泵	在功能 04 基本设定
数据项	N290 开度（打开/关闭）	油轨目标压力	实际油轨压力	N276 诊断结果
规定值	°KW	40~120bar	40~120bar	正在测试 / 测试关闭 / 系统正常 / 系统错误
经验值		40bar	40bar	1
	N276 燃油流量控制阀	N276 诊断	日立高压泵 /EA111	在功能 04 基本设定
数据项	N276 关闭角度	N276 打开角度	实际油轨压力	N276 状态
规定值	0~408°KW	–204~203°KW	50~100bar	1 激活 /10 停止
经验值	49.6°KW	52.8°KW	50bar	1
	N276 燃油流量控制阀	N276 诊断	日立高压泵 /EA888	在功能 04 基本设定
数据项	N276 关闭角度	N276 打开角度	实际油轨压力	N276 状态
规定值	0~408°KW	–204~203°KW	50~100bar	1 激活 /10 停止
经验值	26°KW	–5~0°KW	40bar	1

相关数据流说明：

140_3：实际油轨压力。如果需要对燃油压力传感器 G247 进行检测，采用此数据块与油压表的示值进行对比，允许误差在 5bar 内。

140_4（日立高压泵）：状态位共 8 位，前 6 位没有用。00000001（显示为 1）表示高压泵正在工作；00000010（显示为 10）表示高压泵停止工作。如果需要维修高压燃油系统，请严格遵守维修手册的指导。一般可将高压油泵熔丝拔下，然后尝试起动发动机；或通过诊断仪的"引导型功能"下的"卸除燃油高压"功能，将燃油压力降至低压。

140_4（博世高压泵）：通过功能"04"（基本设置），切断油量控制阀，且将油轨压力降至低压，用于修理燃油系统。

3. 第141组 供油系统

141	高压供油系统		博世 HDP 高压泵	
数据项	高压系统调节	高压系统调节器	高压系统调节器-非稳定	高压系统状态
规定值	bar			
经验值				
	高压供油系统		日立高压泵	
数据项	高压系统调节	控制器组件	总压缩容量	实际油轨压力
规定值	bar	mm^3	mm^3	50~100bar
经验值	−2~2bar			50bar

二、高压油泵相关故障码

与高压油泵/燃油压力调节阀（燃油压力调节阀2）N276 故障相关的故障码如下：

故障码	含义	故障码标准和阀值
P0087	油轨/供油系统压力过低	实际油压−目标油压<−16.38 bar，或实际油压<12~12.5bar
P0088	油轨/供油系统压力过高	实际油压−目标油压>16.38 bar，或实际油压>195bar
P2293	N276 性能	目标压力与实际压力差异超 15bar
P2294	N276 控制线路	控制线断路，电压保持在 1.4~3.2V，或信号波形不正确
P2295	N276 控制线路电压过低	控制线接地，电压长期<1.4~3.2V
P2296	N276 控制线路电压过高	控制线电流过高，电压长期>3.2V

高压油泵的诊断流程图如图 8-3 所示。

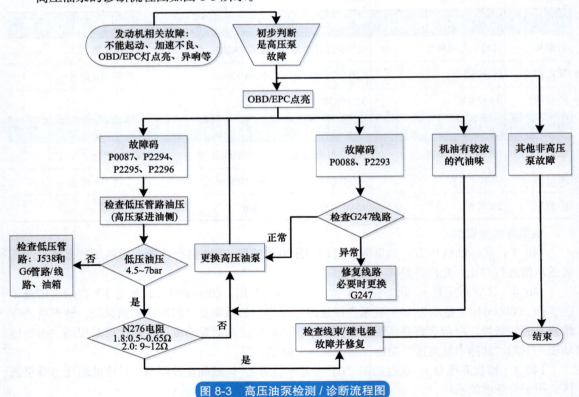

图 8-3 高压油泵检测/诊断流程图

101~107、140~141组 燃油喷射 第八章

油轨压力传感器 G247 相关故障码如下：

故障码	故障码含义	诊断程序	监控策略	故障判据和阈值	监测时间长度
P0190	油轨压力传感器 A 线路	检查油轨压力传感器 G247	信号范围检查	信号电压 >4.8V	0.5s
P0192	油轨压力传感器 A 线路信号太低	检查油轨压力传感器 G247	信号范围检查	信号电压 <0.2V	0.5s

三 故障案例

1. B7L动力不足、EPC灯点亮，有"08852燃油压力调节阀2控制电路"故障码

车型：装备 1.8TSI 的 2015 款新迈腾 B7L。

故障现象：EPC 灯点亮，急加速不良，最高转速不能超过 3000r/min。

故障诊断：通过诊断仪读取此车发动机系统故障码，如图 8-4a 所示。

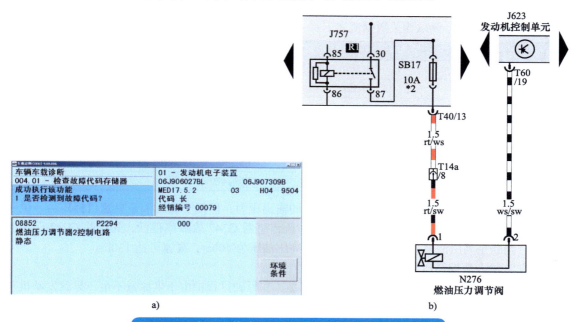

图 8-4 迈腾 B7L 故障码及燃油压力调节阀电路图（部分）

根据故障码，初步判断故障点在燃油压力调节阀 N276。经检测，N276 电源线没有电压（图 8-4b），最后发现 SB17 熔丝烧蚀，导致 N276 不工作。更换 SB17 后正常。

故障排除：更换 SB17 熔丝。

2. B7L高压泵故障导致发动机抖动

车型：装备 CEA 发动机的 2015 款迈腾 B7L 1.8TSI，VIN 为 LFV3A23C1B30xxxxx，行驶里程 2.4 万 km，使用时间 1 年。

故障现象：行驶时 EPC 和排放灯点亮，发动机抖动。

故障诊断：

1）故障确认。行驶试车，当加速到转速超 2000r/min 时，发动机开始抖动；即使将加速踏板踩到底，转速最多也只有 3400r/min。

2）读取故障码，如图 8-5a 所示。

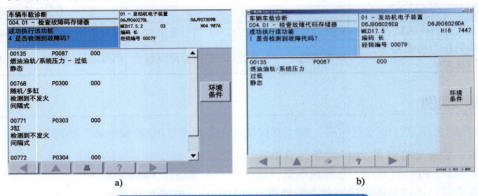

图 8-5　故障码截图（左为案例 2，右为案例 3）

3）急速状态下，读取相关数据流如下：

014		行车	失火识别	
数据项	发动机转速	发动机负荷	总失火量	失火识别
实际值	720r/min	17.1%	0	激活
经验值	640~680r/min	13%~45%	0	active
106	燃油压力	急速	EA888/MED17.5	高压泵
数据项	燃油分配管目标压力	燃油分配管实际压力	高压油泵占空比	燃油温度
实际值	40bar	7bar	65.1%	93℃
经验值	40bar	40bar	60%~70%	90%~100%

106_3 高压油轨油压的压力，为低压油泵的输出压力，但低于高压油泵急速目标压力，说明故障点在高压油路部分。一般情况下，燃油高压传感器 G247 故障率很低，先排除 G247 误报的可能性。判断是高压油泵故障，更换后，急速高压油压为 40bar，高速可达 130bar。

故障排除：更换高压油泵。

其他说明：此车同时出现失火的故障原因是，在行驶过程中由于供油量不足，导致发动机工作不良，产生失火故障码。

3. 大众CC加汽油后行驶容易熄火

车型：装备 CGM 发动机的 2010 款大众 CC 2.0TSI。

故障现象：车辆在加油站加油后，行驶时容易熄火。

故障诊断：

1）读取故障码。发动机控制单元记忆了"00135/P0087-燃油油轨/压力过低"的故障码，如图 8-5b 所示。

2）读取数据流进行分析。106_2 燃油高压明显低于目标值；106_3 表示高压油泵已尽量提高压力，通过燃油压力调节阀 N276 提前到最大角度打开。

106	燃油压力	急速	EA888/MED17.5	高压泵
数据项	燃油分配管目标压力	燃油分配管实际压力	高压油泵占空比	燃油温度
实际值	40bar	2.58bar	5.9%	97℃
经验值	40bar	40bar	60%~70%	90~100℃

101~107、140~141组 燃油喷射 第八章

3）由于低压油泵在怠速时能提供 5~6bar 的油压。如果燃油高压传感器 G247 正常，当实际压力低于 5bar 时，故障一般在燃油低压部分。

4）认真检查油泵控制单元 J538 电源和接地线、J538 与低油压油 G6 的连接线，正常；测量 J538 与低油压油 G6 的连接线电压，约 9.5V，初步判断正常。

5）拆下低压油泵 G6 进行检查，发现低压油泵回油管和油压调节阀连接处松旷，将要脱落。判断是回油管与油压调节阀连接不紧固，在加油时受汽油的冲击而脱开，如图 8-6 所示。

图 8-6 低压油泵回油管与油泵调节阀的连接（右图为新款低压油泵连接，黑色为激光焊接）

故障排除：更换低压油泵。新款低压油泵改进为激光焊接。

4.燃油高压传感器对地短路导致加速无力

车型：装备 CEA 发动机的 2012 款迈腾 B7L 1.8TSI，VIN 为 LFV2A11G3B35xxxxx，行驶里程 2.3 万 km，使用时间 2 年。

故障现象：排放灯点亮，行驶时动力不足，加速不良。

故障诊断：

1）读取故障码，发动机控制记忆了"00402/P0192- 燃油压力传感器对地短路"的故障码，如图 8-7a 所示。

图 8-7 故障码截图（左为案例 4，右为案例 5）

2）读取相关数据流如下：

140	N276 燃油流量控制阀	N276 诊断	日立高压泵 /EA888	在功能 04 基本设定
数据项	N276 关闭角度	N276 打开角度	实际油轨压力	N276 状态
实际值	16°KW	−4.8°KW	6.00bar	10
经验值	26°KW	−5°~0°KW	40bar	1

根据故障码和数据流，初步判断由于燃油高压传感器 G247 线路故障，导致 140_1 和 140_2

高压油泵控制在最小打开压力关态。140_4 表示高压油泵已停止控制；140_3 显示的是故障替代值。

3）经对 G247 线路仔细检查（图 8-8），发现信号线 T60/40 对地短路。

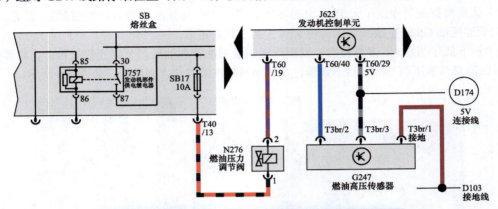

图 8-8　B7L CEA 发动机高压油路相关元件电路图（部分）

故障排除：维修相关线束。

5. N276 控制线接触不良导致急速时高压油泵响声大

车型：装备 CFB 发动机的 2013 款全新宝来 1.4TSI，VIN 为 LFV2A2154C36xxxxx，行驶里程 1 万 km。

故障现象：急速时发动机舱有异响，转速升高后响声消失。

故障诊断：

1）通过诊断仪，读得发动机控制单元记忆了"08852/P2294- 燃油压力调节器阀断路"故障码，如图 8-7b 所示。

2）读取相关数据流如下：

140	N276 燃油流量控制阀	N276 诊断	日立高压泵 /EA111	在功能 04 基本设定
数据项	N276 关闭角度	N276 打开角度	实际油轨压力	N276 状态
实际值	49.6°KW	70.4°KW	135.70bar	10
经验值	26°KW	-5°~0°KW	40bar	1

3）根据故障码和数据流，初步判断是 N276 或其控制线断路导致。经仔细检查接插件，发现连接 N276 的电源针脚弯曲，导致 N276 没有供电，如图 8-9 所示。

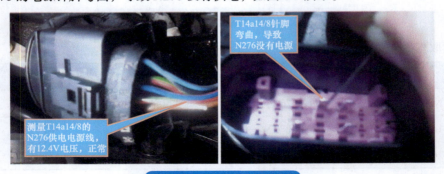

图 8-9　N276 供电针脚弯曲

101~107、140~141组 燃油喷射 第八章

故障排除：处理弯曲的针脚。

6. G247故障导致急加速不良

车型：装备 CEA 发动机的 2013 款 B7L1.8TSI，VIN 为 LFV3A23C6C30xxxxx，行驶里程 6700km，使用时间 1.5 年。

故障现象：怠速平稳，行驶一段时间后 EPC 灯点亮，急加速不良。

故障诊断：

1）读取故障码。故障码反映有一个不合理的现象，如果油轨压力过低，部分负荷时的混合气应是过稀，但现在反而是过浓，如图 8-10a 所示。

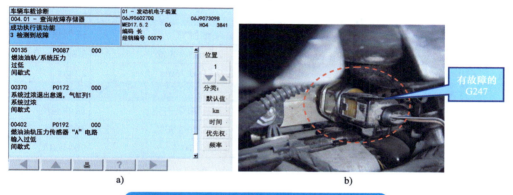

图 8-10 发动机故障码和 G247 油轨压力传感器

2）读取相关数据流如下：

032		怠速/行车	λ学习值/长效修正	
数据项	怠速λ学习值 +	部分负荷λ学习值 ×		
实际值	1.8%	−18.0%		
经验值	0	0		
106	燃油压力	怠速	EA888/MED17.5	高压泵
数据项	燃油分配管目标压力	燃油分配管实际压力	高压油泵占空比	燃油温度
实际值	40bar	40.19bar	65.1%	95℃
经验值	40bar	40bar	60%~70%	90%~100%
	燃油压力	急加速	EA888/MED17.5	高压泵
数据项	燃油分配管目标压力	燃油分配管实际压力	高压油泵占空比	燃油温度
实际值	117.42bar	88bar	92%	76℃
经验值	>110bar	>110bar		90%~100%

106_2 表明，怠速时油压显示正常，但急加速时油压偏低；032_2 显示部分负荷时是偏浓的。这两个数据不合理，需进一步检查。

3）测量低压油路油压为 5.1bar，正常；低压油泵控制单元及线路正常；试更换高压油泵，故障未解决；检查油轨压力传感器的线路，正常；通过 01-04-034 和 037 对 B1S1 氧传感器进行测试，结果正常。

由于氧传感器的数据与油轨压力传感器的数据相反，有可能其中一个元件信号失真，导致误报。

221

根据以上分析，初步怀疑是油轨压力传感器 G247 故障。更换后，故障解决。
故障排除：更换 G247 油轨压力传感器，如图 8-10b 所示。

7. ECM 与油泵控制单元信号线接触不良导致起动后很快熄火

车型：装备 CEAA 发动机的 2015 款迈腾 1.8TSI。
故障现象：起动后十多秒发动机就熄火，再次起动故障一样。
故障诊断：
1）读取故障码，发动机没有故障码。由于熄火前发动机抖动，初步判断是燃油原因导致。
2）读取相关数据流如下：

002	装备 HFM/TSI	怠速		
数据项	发动机转速	发动机负荷	喷油脉宽	进气量
实际值	980r/min → 0r/min	31% → 0%	2.3ms → 8ms	3.8g/s → 0g/s
经验值	680r/min	17%	0.51~0.75ms	2.9g/s
106	燃油压力	怠速	EA888/MED17.5	高压泵
数据项	燃油分配管目标压力	燃油分配管实际压力	高压油泵占空比	燃油温度
实际值	40bar	40bar → 0.2bar	60% → 100%	30℃
经验值	40bar	40bar	60%~70%	90~100℃

3）由于能建立 40bar 的高压，先排除燃油高压油路问题。发动机起动时，用万用表测量 ECM 向 J538 发出控制信号的 J538 端接线柱 2（电路图如图 8-2 所示），只有 3.5V。由于是 ECM 发出 0~12V 的方波信号电压，因此正常情况下万用表电压应为 5V 以上，说明此线路存在虚接。

故障排除：修复 ECM 和 J538 的连接线。发动机起动时连接线电压为 6.8V，故障修复。
原因分析：起动时，J519 向 J538 发送预供油信号，低压油泵正常工作，并在高压产生正常的油压。起动后，转由 ECM 控制，由于线路虚接，导致 J538 没有收到 ECM 发出低压油泵供油信号，导致起动后十多秒熄火。

8. 高压油泵原因导致油压过高

车型：装配 BVJ 发动机的 2011 款奥迪 A8L 4.2FSI，行驶里程 12 万 km。
故障现象：排放故障灯点亮，感觉不到发动机异常。
故障诊断：
1）读取发动机控制单元故障码，有"16472/P0088- 燃油蓄压管压力 / 系统压力过高"偶发的故障码。
2）已更换燃油高压传感器 G247；检查 G247 的线束，没有发现异常。
3）此车装配了 MED9.1.1 的发动机管理系统。在行车中，转速在 3000r/min 时读取燃油压力相关的数据流，发现超出了允许范围，判断是带燃油压力调节阀 N276 的高压泵故障。

103	装备 HFM	怠速	按需调节低压泵诊断	在功能 04 基本设定
数据项	当前燃油压力（低压）	燃油泵压力调节 I 控制	燃油泵适配值	燃油泵状态
实际值	7bar	165	715	测试关闭
经验值	7bar			系统正常
140		N290 诊断	N290- 博世 HDP2 高压泵	在功能 04 基本设定
数据项	N290 开度（打开 / 关闭）	油轨目标压力	实际油轨压力	N276 状态
实际值	84.1°KW	110bar	130bar	01
经验值		25~110bar	25~110bar	1

故障排除：更换高压泵，如图 8-11a 所示。

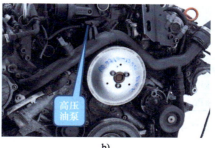

图 8-11　装备燃油压力调节阀 N276 的高压泵和 BPK 发动机高压油泵位置

9.冷却系有空气导致高压油泵工作异常

车型：装备 BPK 发动机的 2008 款奥迪 A8L 3.2L。

故障现象：更换短发（只含缸盖、缸体、活塞和油底壳）后，急速运转 20~30min 就自动熄火。熄火后多数情况下能迅速再次起动，再急速运转 1min 后就熄火。急速运转时，有时踩下加速踏板就会熄火。

故障诊断：

1）从正常急速到熄火时，读取数据流如下

033	前为 LSU	急速	前氧修正值 / 瞬时修正	
数据项	B1S1 修正值	B1S1 电压	B2S1 修正值	B2S1 电压
实际值	7.1% → 19.6% → 39.5%	1.51lV → 2.247V → 2.469V	8.2% → 31.1% → 39.5%	1.517V → 2.148V → 2.469V
经验值	−10%~10%	1.5V	−10%~10%	1.5V
102	装备 HFM	急速	TSI	
数据项	发动机转速	水温	进气温度	喷油脉宽
实际值	680r/min → 720r/min → 460r/min	73.5℃	48.0℃	1.12ms → 4.33ms → 9.61ms
经验值	680r/min	84~94.5℃	>外界温度	0.51~0.75ms
140		N276 诊断	博世 HDP1 高压泵	在功能 04 基本设定
数据项	燃油低压压力	燃油高压压力		N276 诊断结果
实际值	5.62bar → 5.92bar → 5.68bar	35.1bar → 10.25bar → 5.68bar		测试关闭
经验值	6bar	35bar		1

2）发现以下问题：转速下降时，燃油低压压力正常，但高压一直下降，直到与低压一致；空燃比修正和喷油脉宽不断增大，但排气仍不断变稀；急速已很长时间，水温仍低于 80℃。

3）尝试拆下高压油泵，发现高压油泵非常热，估计达 100℃，高于数据流中的 73.5℃ 水温。初步判断是由于更换短发后，冷却系没有彻底排空，导致缸盖温度过高，高压油泵产生气阻，如图 8-11b 所示。

故障排除：按维修手册将冷却系排空，加注防冻液，故障排除。

10.高压油泵驱动凸轮偏转导致高压油压过高

车型：2016 款奥迪 A3 1.4TFSI，行驶里程 1.4 万 km，使用时间 1 年。

故障现象：排放灯点亮。
故障诊断：
1）通过诊断仪读取发动机故障码，有"P0088- 燃油油轨／系统压力 过高"的故障码。
2）读取相关数据流，可看到燃油高压实际压力过高。

	燃油低压目标值	低压油泵控制	燃油高压目标值	燃油高压实际值
实际值	340kPa	75%	10MPa	12.659MPa
经验值	340kPa	40%	10MPa	10MPa

3）通过油压表测量燃油低压油压为 6.5bar，属正常范围。初步判断故障在高压部分。
4）根据故障码内容，重点检查高压油泵的驱动凸轮布置。以装配凸轮轴时使用的正时定位槽作为基准，发现故障车的驱动凸轮偏转（图 8-12）。由于驱动凸轮偏转，导致高压油泵的开启角度过早，油压过高。

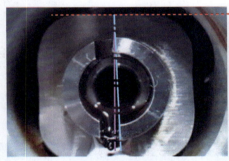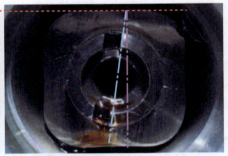

图 8-12　高压油泵驱动凸轮的布置（左为故障车，右为正常车）

故障排除：更换带凸轮轴壳体。
故障总结：如果出现"P0088- 燃油高压压力过高"的故障码，应检查配气正时和驱动凸轮的位置。

11.故障码"P0089-燃油压力调节1缺失功率"的故障分析

涉及车型：所有缸内直喷车型。
故障现象：可能不能起动；车辆行驶过程中，OBD 故障灯点亮，起停功能失效，急加速无力。
故障诊断：

1）通过诊断仪读取故障码，如图 8-13 所示。

地址：0001系统名：01-发动机电子设备(UDS)协议改版：UDS/ISOTP(故障:1)
　+ 识别：
　− 故障存储器记录：
　　故障存储器记录
　　编号：　　　　　　　　　P008900　燃油压力调节器1缺失功率
　　故障类型2：　　　　　　　被动/偶发
　　症状：　　　　　　　　　15005
　　状态：　　　　　　　　　01101000
　　+ 标准环境条件：
　　+ 高级环境条件：

图 8-13　P0089 故障码

可能还有以下故障码：
P008700- 燃油油轨/系统压力 过低；
P008A00- 燃油低压系统 压力过低；
P307300- 燃油泵 电路电气故障；
P025A00- 燃油泵模块促动 电气故障/断路；
P025C00- 燃油泵模块促动 对地短路；
P229400- 燃油压力调节器2 电气故障/断路。

2）P0089故障码产生的条件：J623计算目标高压油压，向N276输出PWM信号，通过G247反馈实际油压。当G247反馈的实际油压超过目标油压±25bar达5s以上，ECM就会设置P0089故障码，如图8-14所示。

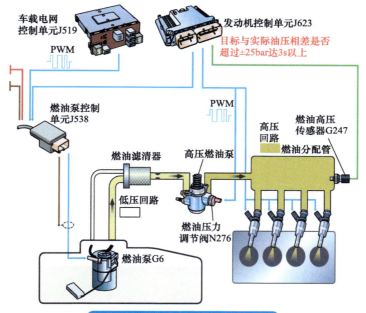

图8-14　P0089故障码设置原理图

3）可能产生故障码的原因如下：

① 燃油低压。通过油压表检查低压油压，检查压力是否足够和有波动；检查油管是否弯折或变形。

例如，大众车型在爬上陡坡时，会有超过7L的汽油在"不可抽吸容积"中，如图8-15所示，可能导致熄火或不能起动。

② 高压油泵。通过元件测试功能检查N276是否正确工作。

③ 燃油高压。通过数据流，对油压的目标值和实际值进行对比。

12.汽油滤清器卸压导致高尔夫A6停机后再次起动困难

车型：装备CFB发动机的1.4TSI高尔夫A6，VIN为LFV2B21K9C32xxxxx，行驶2.8万km，使用时间1.5年。

故障现象：停机后半小时内，每次需要10多秒才能起动发动机，起动时起动机转速正常，起动后所有工况正常。

图 8-15 油箱停在坡路上有"不可抽吸容积"

故障诊断：

1）通过诊断仪进行诊断，没有故障码，相关数据流正常。

2）进行基础保养，故障仍不能排除。对高压喷油器进行清洗和检查，确保不会出现滴油。

3）再认真检查，发现如果停机后立即起动就正常，停机超过1min就起动困难，但停机超过半小时后又正常。

4）对供油系统进行检查。连接油压表，打开点火开关时预供油油压为4bar，正常；起动后，油压5bar，正常；关闭点火开关后，油压在30s内就下降到0bar，而维修手册的标准是"在10min后压力不允许低于3.0bar"。

故障排除：更换带限压阀的汽油滤清器。

故障说明：

1）油压止回阀的安装位置不同，歧管喷射发动机在汽油泵，缸内直喷发动机在汽油滤清器。

2）停机后仍有油压，停机超过半小时预供油功能起作用，所以能正常起动。

第九章

130~139组 冷却系

奥迪/大众将130~132组定义为电子节温器控制组，将133~139组定义为电子扇控制组。

第一节

130~132组 电子节温器控制组

一、数据流说明

1. 第130组 脉谱图控制的冷却系

130	装备电子节温器系统	急速，AC OFF	电子节温器诊断	在功能04 基本设定
数据项	发动机出口水温	散热器出口水温	电子节温器占空比	诊断结果
规定值	80~115℃	0~115℃	0~100%	正在测试/测试关闭/系统正常/系统错误
经验值	84~94.5℃	45~85℃	%	系统正常

主要数据流解释：

在06~08年部分的宝来、高尔夫（发动机代码为AVU）和奥迪（发动机代码为APF）车装备了电子调节冷却系统，一般称为电子节温器。它能将水温与当前的工作状态相匹配，从而达到在部分负荷时降低燃油消耗、降低未完全燃烧的CO和HC含量。

130_1和130_2：发动机出口水温的值总是高于散热器出口水温的值。

130_4：在水温正常和空调关闭的情况下，可通过功能04基本设定对电子节温器进行诊断。正常情况下诊断结果应显示为"系统正常"。

2. 第131组 脉谱图控制的冷却系

131	电子节温器，APF发动机	急速，AC OFF	电子节温器	
数据项	发动机出口水温	散热器出口水温	电子节温器占空比	电子节温器状态
规定值	80~115℃	0~115℃	0%~100%	1111 0011
经验值	84~94.5℃	45~85℃		0011 0011

(续)

数据项	电子节温器，AVU 发动机		电子节温器	
	发动机出口水温	发动机出口水温（目标）	散热器出口水温	电子节温器占空比
规定值	80~115℃	90~100℃	0~115℃	0~100%
经验值	84~94.5℃	97.5℃	45~85℃	
	非电控冷却系发动机		电子节温器	
数据项	发动机出口水温	发动机出口水温（目标）	散热器出口水温	
规定值	80~115℃	90~100℃	0~115℃	
经验值	84~94.5℃	90~97.5℃	45~85℃	

APF 发动机第 131_4 区电子节温器状态位的说明：

第 131 组 第 4 区：电子节温器状态								
1	2	3	4	5	6	7	8	诊断
					1			电子扇 1 档运行（低速）
						1		电子扇 2 档运行（高速）
					0			（空）
				0				（空）
				1				温度控制偏差（0= 超过目标值；1= 目标值范围内）
			1					电子扇正在工作
		1						电子节温器正在工作
1								有电子节温器故障码

1= 满足条件；0= 未满足条件

数据流说明：为了更精确地控制水温和调节电子扇，现在的奥迪 / 大众车发动机冷却系管理普遍采用双水温传感器对发动机温度进行检测，如图 9-1 所示。

130~139组 冷却系 第九章

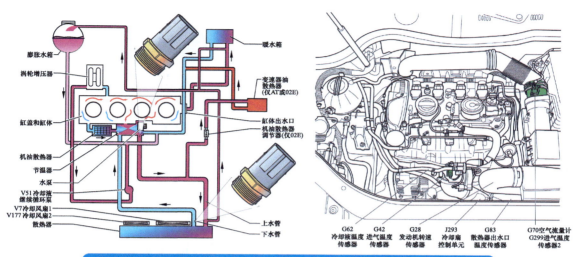

图 9-1 双水温传感器的冷却系示意图及元件布置图（以 EA888 发动机为例）

3.第132组 脉谱图控制的冷却系

132	装备电子节温器系统	怠速	冷却	
数据项	散热器出口水温（目标）	发动机/散热器温差	暖风电位计	冷却系控制状态
规定值	0~115℃	0~100℃	0~4.8V	1111 1111
经验值	45~85℃	0~2℃		0010 1100

第 132_4 区的冷却系控制状态位说明：

								第 132 组 第 4 区：冷却系控制状态
1	2	3	4	5	6	7	8	诊断
							1	冷却系统有故障
						1		电子节温器工作
					1			电子扇工作
				1				温度控制偏差（0= 超过目标值；1= 目标值范围内）
			1					电子扇 2 档运行（高速）
		1						电子扇 1 档运行（低速）
	1							冷却液循环泵（可能为空）
1								驻车加热功能编码（可能为空）

1= 满足条件；0= 未满足条件

数据流说明：

132_2：表示（发动机出口水温 - 散热器出口水温）- 发动机通过电子扇控制（发动机出口水温 - 散热器出口水温）。

故障案例： 装备电子节温器的车，如果水温一直低于 80℃，先检查一下电子节温器，很有可能是电子节温器的两只固定脚断裂导致，如图 9-2 所示。

图 9-2 电子节温器外观（左为正常，右为故障）

二 相关原理说明

1.电子节温器

第一代电子节温器主要装备在 2006 款 APF 发动机的高尔夫 A4 上。

发动机理想的工作温度，是根据发动机负荷和转速，快速调节到合适的水温，可提高发动机功率、降低油耗和排放、减少发动机磨损，如图 9-3 所示。

部分负荷时目标水温：95~110℃，可降低油耗和排放；全负荷时目标水温：85~95℃，可提高功率，通过降低发动机温度，从而降低进气温度，使更多的空气进入燃烧室。

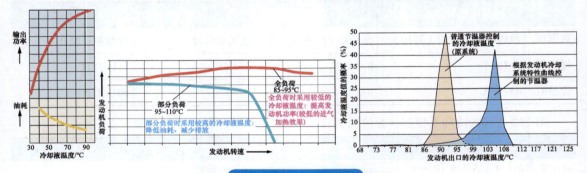

图 9-3 合适水温的影响

传统的节温器执行动作慢、滞后时间较长，而且控制精度不高、误差大，因此部分奥迪和大众车型采用了电子节温器控制冷却系的温度，对冷却系做了很小的改动（图 9-4），就能达到节能减排的目的。

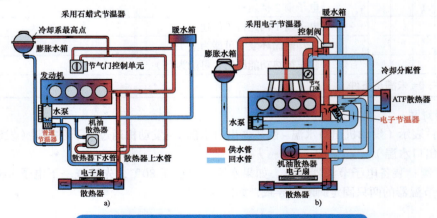

图 9-4 装备石蜡式节温器和电子节温器冷却系的对比

130~139组 冷却系 第九章

采用石蜡式节温器，由于其控制慢而精度不高，为防止发动机过热，控制的水温较低。电子节温器能实现较精确的控制。

第二代电子节温器主要装备在 EA888 Gen3 发动机上，称为 N493 发动机温度调节伺服元件（旋转滑阀）。它是创新式热管理系统的一部分，可以根据比传统节温器实现更精确的水温控制和快速升温等功能，如图 9-5 所示。

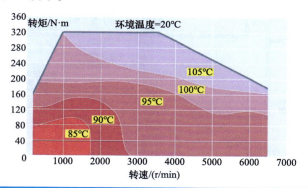

图 9-5 在环境温度为 20℃时，在额定转矩和转速下最佳的水温

N493 内有两个电动机控制旋转滑阀。滑阀 1 控制机油散热器、缸盖和主散热器的冷却液液流；滑阀 2 控制缸体液流。其冷却液循环如图 9-6 所示。

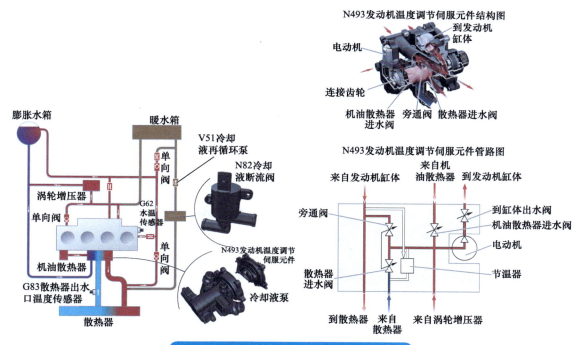

图 9-6 EA888 Gen3 的冷却系及 N493 管路

2.创新热管理系统

在传统内燃机中，有 33% 的能量被冷却系吸收并散发，7% 辐射，36% 通过排气跑掉，只有 24% 的有用功驱动曲轴。

231

奥迪/大众的创新热管理（ITM）系统，是对车辆中的热气流进行专门控制，在发动机预热时控制热气流、达到操作温度后即对发动机进行冷却，如图9-7所示。

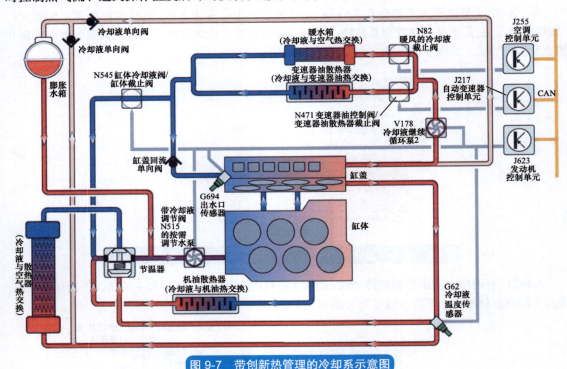

图9-7 带创新热管理的冷却系示意图

其主要改变是增加了真空控制的按需调节水泵（简称真空水泵），工作原理如图9-8所示。

1）水泵开启工况：当水温 <-15℃或>75℃，N515切断真空，挡板打开，冷却液与传统的冷却系一样。

2）水泵关闭工况：当水温在 -15~75℃时，水泵根据发动机转矩和转速，可能关闭。ECM控制N515连接真空，将振动膜拉向右侧。由于挡板和振动膜通过连杆相连，挡板被推向叶轮，直到达到其止挡限制。冷却液受挡板的阻挡而停止，冷却液不再循环。

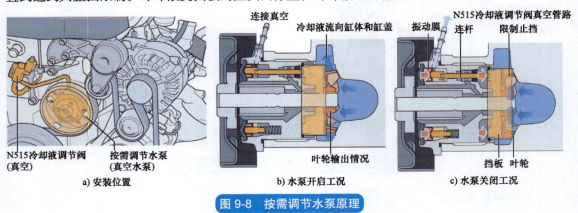

图9-8 按需调节水泵原理

第二节

106/133~139组 电子扇控制组

一、数据流说明

1.第106组 燃油压力

106	EA888/MED17.5	急速	燃油压力	高压泵
数据项	燃油分配管目标压力	燃油分配管实际压力	高压油泵占空比	燃油温度
规定值	40~150bar	40~150bar	0~100%	
经验值	40bar	40bar	60%~70%	<100℃

106_4：模型计算的高压泵中的燃油温度。由于TSI高压直喷发动机需要高压油泵来获得较高的燃油喷射压力，而油泵在工作时部件温度很高，需要及时冷却。急速时由于没有外界迎风冷却，只能通过电子扇工作来对高压油泵进行降温；车辆行驶时，车头进风口的迎风对高压油泵进行冷却，在计算出高压油泵燃油温度较低时，电子扇停止工作；停车急速时，如果计算出燃油温度再次上升，电子扇再次工作。

2.第133组 电子扇配置

133	装备电子节温器系统	急速	冷却	
数据项				冷却系控制状态
规定值				0000 0111
经验值				0000 0111

第 133 组 第 4 区：电子风扇配置								
1	2	3	4	5	6	7	8	诊断
							1	电子扇配置合理
						1		0= 单电子扇；1= 双电子扇
					1			风扇配置/检测完成
（未使用，常为 0）							（未使用）	

1= 满足条件；0= 未满足条件

3.第134组 水温控制

134		急速	温度调整	
数据项	仪表显示机油温度	仪表显示外界温度	进气温度	发动机出口水温
规定值	75~135℃	-40~60℃	15~95℃	80~110℃
经验值				84~94.5℃

数据流说明：

134_1：机油温度。仪表J285使用这个信号来判断保养间隔。发动机控制单元通过动力CAN总线来获取这个信号，并在机油温度较高时使用机油温度信号来控制排气凸轮轴的延迟调节。当机油温度传感器出现故障时，控制单元会使用水温传感器的信号来替代。

4. 第135组 水温控制-短行程测试

135	不带电子扇诊断功能	行车	电子风扇控制	
数据项	散热器出口水温	电子扇1占空比	电子扇2占空比	
规定值	0~115℃	0~100%	0~100%	
经验值	45~85℃	40%~47.8%	40%~47.8%	
	带电子扇诊断功能	行车	电子扇控制诊断	在功能04基本设定
数据项	散热器出口水温（目标）	电子扇1占空比	电子扇2占空比	电子扇诊断结果
规定值	0~115℃	0~100%	0~100%	正在测试/测试关闭/系统正常/系统错误
经验值	45~85℃	40%~47.8%	40%~47.8%	系统正常

数据流说明：发动机控制单元控制两个电子扇进行温度控制，其控制系统如图9-9所示。

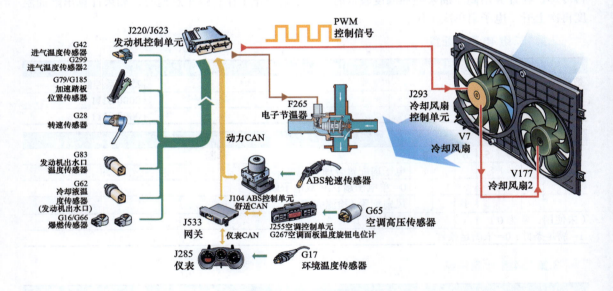

图9-9 电子扇控制系统

电子扇控制单元J293工作原理如图9-10所示。J293工作时，在T4i/3脚发出12V电压，J623根据目标温度在T94/28脚产生占空比（又名PWM）接地信号，用于控制电子扇的转速：控制接地的占空比率越高，需要电子扇的转速越低；反之亦然。电子扇由蓄电池正极（经SA3-50A熔丝）由J293通过占空比控制转速（即散热能力），J293的工作电源由J271供给。

关闭点火开关后，J623仍工作。当J623检测到水温过高需要冷却时，向J293发出信号，J293也可继续工作。为了防止此信号线接地或短路至电源，J293做了失效保护，即检测到0V或12V时，J293会控制电子扇高速常转。

130~139组 冷却系 第九章

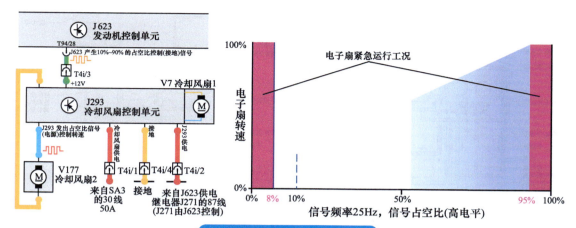

图9-10 电子扇控制工作原理图

电子扇控制的电路与风扇状态关系见表9-1。

表9-1 电子扇电路电压与电子扇状态

点火开关	J293 供电（T4i/2）	信号线（T4i/3）		电子扇状态	故障状态
		测量电压	对应占空比		
打开	12V（蓄电池电压）	0V	0%	高速常转	信号线对地短路
		1.2V	约10%	不转	（正常）
		约7V	恒定77.3%	较高速转	G42/G299/G62 有故障
		1.2~10.2V	10%~90%	低速~高速调控（根据水温控制工作时间和转速）	（正常）
		10.2V	约90%	高速转	（正常）G83 有故障
关闭	由 J623 控制供电从 25s 至 30min	12V	100%	高速常转	信号线对电源短路

5.第136组 电子扇继电器和冷却液继续循环泵

136		急速	冷却液继续循环泵 V51	
数据项	电子扇继电器 1 工作	电子扇继电器 2 工作	循环泵 V51	电子扇停机后继续工作
规定值	ON/OFF	ON/OFF	Pump ON/OFF	ON/OFF

装备涡轮增压的奥迪/大众发动机中，一般都在冷却系中装备一个冷却液继续循环泵 V51。它的作用是在发动机停机后，通过发动机控制 V51 电子泵工作，使得冷却液继续循环流动，可降低大负荷停机后涡轮增压器过热的问题，并减少涡轮增压器轮轴的积炭。当发动机停机后，它最多能工作 15min。此时，V51 将冷却液泵入相反的方向，即从散热器到涡轮增压器，如图 9-11 所示。

235

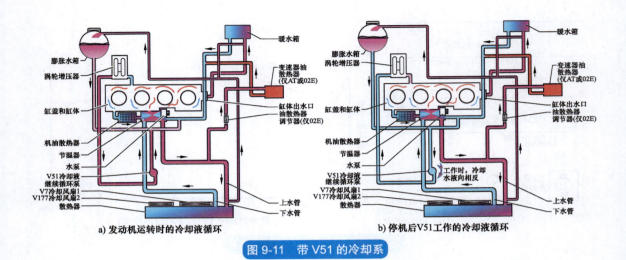

图 9-11 带 V51 的冷却系

6.第137组 空调压缩机吸合请求

137		行车	空调请求	
数据项	空调压缩机吸合请求	空调压缩机吸合	空调压力/空调开关	来自AC电子扇请求
规定值	AC ON/OFF	Compr.ON/OFF	4~12bar/ON-OFF	10%~90%
经验值	AC OFF	Compr.OFF		49.8%~51%

数据流说明：参看第六章相关说明。

二 相关原理说明

1.电子扇控制方式

（1）根据水温被动控制

早期根据水温被动控制的电子扇控制方式如图 9-12 所示。此系统的电子扇通过以下两路控制：

1）发动机控制单元根据单水温传感器控制电子扇控制，或采用水温开关直接控制电子扇。

2）空调通过压力开关或压力传感器的信号，控制电子扇。

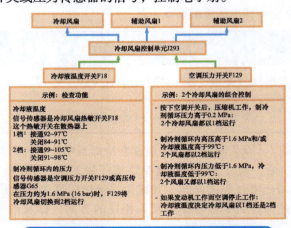

图 9-12 根据水温被动控制的电子扇控制方式

（2）目标水温的控制策略

恰当的发动机水温能提高发动机性能，发动机负荷与发动机水温必须相一致。目标水温的控制策略如图 9-13 所示。

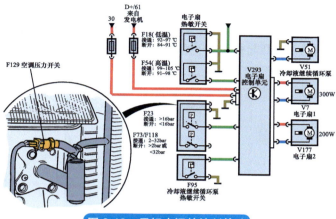

图 9-13　目标水温的控制策略

发动机控制单元储存了目标水温的特性曲线图（MAPs）。第一个特性曲线图：其中发动机负荷是主要的因素，目标水温根据发动机负荷（进气量）和发动机转速计算得出；第二个特性曲线图：根据车速和外界温度计算出目标水温。

2. 对PQ35/PQ46平台的电子扇异常转动的故障诊断流程

这两个平台的车型经常遇到电子扇异常转动的情况，现总结出检测流程，如图 9-14 所示，供维修时参考。

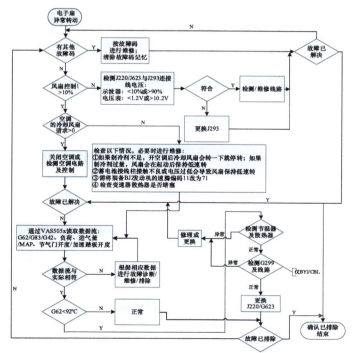

图 9-14　PQ35/PQ46 平台的电子扇异常转动的故障诊断流程

三 故障案例

1.节温器安装的技术信息

车型： 装备 EA113 发动机的 2010 款速腾/新宝来/迈腾，发动机型号为 BWH 和 BJZ 等。
故障现象： 如果没有按维修手册安装节温器，会导致发动机水温偏高。
安装要求： 节温器的环形凸起必须处于垂直位置，如图 9-15 所示。

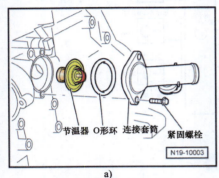
a)

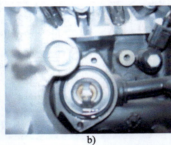
b)

c)

图 9-15 节温器安装技术规范（以新宝来 BWH 发动机为例，b 为正确安装，c 为安装错误）

环形凸起与节温器座的凸起必须相配合，否则会造成孔径较小，使冷却水循环不良而水温过高。经对节温器安装位置进行测试，结果如下：

环形凸起位置	水温	结果
垂直	93℃	正常
水平（或非垂直方向）	108℃	水温过高

2.电子扇偶尔高速运转

车型： 装备 BWH 发动机的 2009 款速腾 1.6L，VIN 为 LFV2A21K093xxx。
故障现象： 电子扇偶尔高速运转。
初步分析： 读取全车故障码，在 09-J519 车载电网控制单元中记忆了故障码（图 9-16），但可以删除。

a)

b)

c)

图 9-16 J519 记忆的故障码及故障部位

数据流分析： 在发生电子扇高速运转故障时，读取发动机的相关数据流如下：

130~139组 冷却系 第九章

053	不带VVT		急速	发电机负荷	
数据项	发动机转速		目标转速	蓄电池电压	发电机负荷
实际值	960r/min		960r/min	11.54 V	42.30%
经验值	740r/min		740r/min	14V	35%~40%
131	非电控冷却系发动机			电子节温器	
数据项	发动机出口水温		发动机出口水温（目标）	散热器出口水温	
实际值	91.5℃		97.5℃	16.5℃	
经验值	84~94.5℃		90~97.5℃	45~85℃	
135	不带电子扇诊断功能		行车	电子风扇控制	
数据项	散热器出口温度		电子风扇1占空比		
实际值	16.5℃		71.00%		
经验值	45~85℃		40%~47.8%		

从131组可看到，发动机的水温正常、散热器散热正常。但053_3蓄电池电压过低，发动机控制单元为增强电子扇的散热能力，发指令让它高速工作。当风扇高速运转时，打转向（此车装备EPS）时一顿一顿的。可以判断故障是由于电压不足导致。

故障排除：经检查，是蓄电池负极与车身连接处接触不良（图9-16c），导致车载电压不稳定。固定后故障排除。

3. 起动后电子扇一直异常地高速运转

车型：装备BYJ发动机的2007款迈腾1.8TSI，行驶里程15000km，使用时间1年半，VIN为LFV3A23C673xxx。

故障现象：车辆起动后，电子扇常转。

初步检查：冷车起动后，电子扇就以较高速运转；水温高和开空调后，风扇高速运转。用诊断仪对全车控制单元进行扫描，没有任何故障码。

数据流分析：读取数据流，如图9-17a所示。

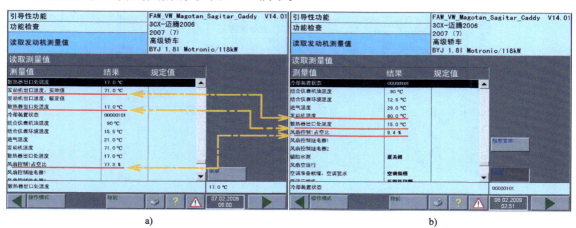

a)　　　　　　　　　　　　　　　b)

图9-17　电子扇控制的VAS5052A屏幕截图（左图为故障车，右图为正常车）

1）从数据流中看到，风扇控制 1 的占空比为 77.3%，这个控制信号是由发动机控制单元 J623 和电子扇控制单元 J293 发出的，可确认与 J293 无关。将 J293 断开，故障仍没有解决，并且确认其线路正常。

2）从数据流中可看到，G62（发动机出水口温度）、G83（散热器出水口温度）都正常，并且确认没有开空调，J623 也没有接收到空调开关信号。

3）怀疑发动机控制单元 J623 故障。更换后风扇控制 1 占空比仍为 77.3%。

4）从图 9-18 可看到，进气温度 G42 是 21℃，车速为 0；空调压缩机处于关闭状态，没有向发动机系统发出请求电子扇工作的信号。

5）在 G70 中带有 G299（进气温度传感器 2），作为内部计算进气温度，并且数据流不提供此数据，有故障时不一定报故障码（与发动机控制单元软件版本号有关）。更换 G70 后故障仍没有解决。当对 G70 电路进行检测时，发现 G70 的 1 脚 -G299 进气温度传感器 2 的信号线断路，如图 9-19 所示。修复后，故障排除。

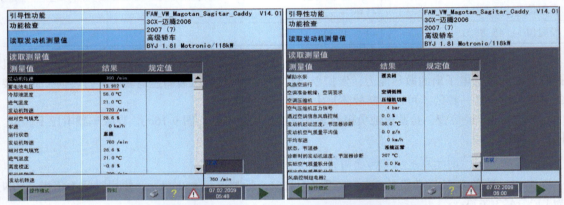

图 9-18 电子扇异常高速转动时的 VAS5052A 屏幕截图

图 9-19 断路的空气流量计及其电路图

解决方案：修复空气流量计中的进气温度传感器 2 的信号线。
故障说明：部分发动机能对 G299 进行诊断，并记忆故障码，如图 9-20 所示。

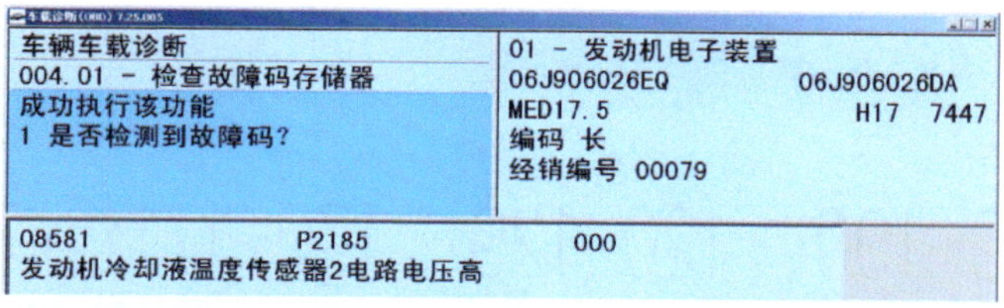

图 9-20　有些发动机控制单元能对空气流量计中的 G299 进行诊断

4.按需调节水泵真空膜片损坏导致进气翻板不工作

车型：装备 CADA 的 2012 款奥迪 A4B8 2.0TSI，VIN 为 LFV3A28K7B30xxxxx，行驶里程 1.7 万 km。

故障现象：排放灯点亮，低速时偶尔还会熄火。

故障诊断：

1）通过诊断仪读取故障码，有"P2015-进气翻板位置信号不可信"的故障码，如图 9-21a 所示。

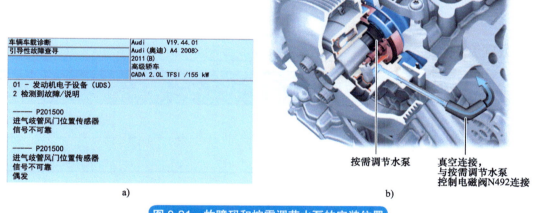

图 9-21　故障码和按需调节水泵的安装位置

2）根据故障码，对进气翻板进行诊断。步骤如下：

① 检查进气翻板电位计 G336 的电压及连线，正常。

② 读取进气翻板的开度数据，急速时 0.989%（目标值 0%）、急加速时 0%（目标值为 99%），判断进气翻板不工作。

③ 尝试进行基本设置，不成功。

④ 拆下进气翻板，转动正常。

⑤ 检查真空，发现开始半分钟时有真空，翻板能控制，超过半分钟后就没有真空。说明真空系统存在泄漏。

3）检查真空管路及连接元件，发现按需调节水泵控制电磁阀 N492 工作后，此真空管路长期与大气相通（图 9-21b）。这说明按需调节水泵内部的膜片破损。

故障排除：更换按需调节水泵。

第十章

089、099~100、120~129、170~171组 其他功能

奥迪/大众将 089 组定义为状态代码组，将 099~100 组定义为兼容旧系统组，将 120~129 组定义为数据通信组，将 170~171 组定义为起动机控制组。

第一节

089组 状态代码组

一 数据流说明

089	故障状态 /OBD		
数据项	故障灯点亮后行车距离	燃油箱油位	
规定值	0~65535km	正常/过低	

二 故障案例

1.四驱车燃油表显示1/3时就会熄火

车型：装备 CCE 发动机的 2011 款奥迪 A6L 2.8 quattro，行驶里程 2.1 万 km。
故障现象：燃油表显示到燃油还有 1/3 时，发动机就象没有燃油一样自动熄火。加满油后正常。
故障诊断：
1）用诊断仪对发动机和电气系统进行诊断，正常。
2）车主在燃油表显示 1/3 之前将车开到维修站。维修人员对油位传感器进行测量，其电阻都在正常范围；重新匹配油位传感器，故障未能解决。测量燃油低压，低于 6bar，更换燃油泵，当时能正常起动。但第二天试车，故障再现。
3）重新对车辆进行分析，发现此车的燃油表计算与前驱车不同，如图 10-1 所示。再对油箱进行仔细检查，发现左侧油箱的引流泵滤网堵住，导致左侧油箱的燃油不能流到右侧油箱，但燃油表计算是正确的。

089、099~100、120~129、170~171组 其他功能 第十章

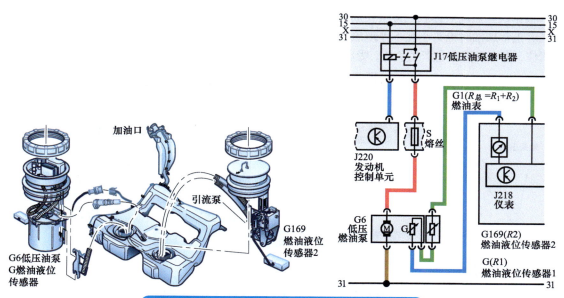

图 10-1 Quattro 车型的油箱结构和燃油表计算原理

故障排除：彻底清理油箱，疏通滤网和油管。

案例说明：

由于四驱车型的特点，燃油箱分为左侧和右侧腔体。为了将燃油从油箱的左半部分向右输送到燃油输送单元的蓄油壳内，需要增加引流泵，如图 10-2 所示。

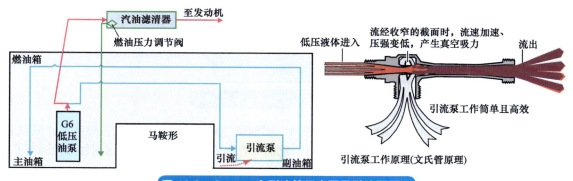

图 10-2 Quattro 车型油箱示意图及引流泵原理

当燃油表显示 1/4~1/3 时发动机熄火，加燃油后正常，需检查以下项目：

1）仪表的燃油表是否正常。

2）引流泵是否正常，例如引流泵破损、引流泵进油口堵塞、与引流泵连接的管路破损等。

3）低压油泵和汽油滤清器检查。只有当燃油压力高于 3.5bar 时引流泵才能吸汽油，因此需要检查汽油泵工作时的压力和流量、熄火后的保持压力，以及汽油滤清器是否堵塞和损坏。

2.加满油不跳枪或提早跳枪故障

故障现象：到加油站加油时，有可能出现汽油加到溢出才跳枪，或未加满就跳枪的故障。

故障原因分析：

（1）加油枪工作原理

根据快速流动液体或气体会在周围产生负压的原理，加油枪管内快速流动液体会带走周围的空气。正常加油时枪头小孔不停地灌进空气以补充达到平衡。但当加满油时，汽油达到小孔位置并堵住，将会在真空仓产生负压，吸动开关连杆的一个支点滑落，从而关闭油枪，如图10-3所示。

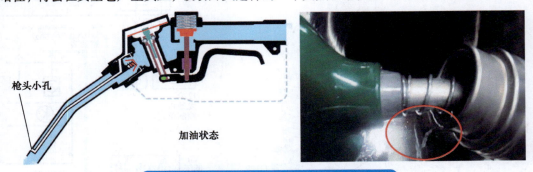

图10-3 加油枪工作原理图（右图为汽油溢出）

（2）加油跳枪原理

燃油通过加油枪进入油箱的加油管。油箱内空气通过两条路径排出：主要是通过通风管，另有一部分通过EVAP的炭罐吸收。此时枪头小孔通过燃油蒸气，油枪不跳枪，如图10-4所示。

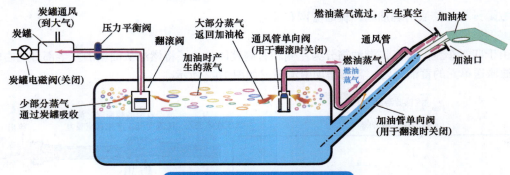

图10-4 燃油箱未满时油枪加燃油

当燃油加到额定容积，EVAP的翻滚阀密封，燃油蒸气和汽油都不能通过；燃油液面淹没通气管，此时油箱内无法排气，油箱内压力上升，汽油顺着通风管流到加油枪，密封加油枪通气孔，使加油枪跳枪，如图10-5所示。

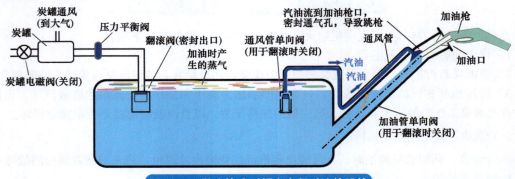

图10-5 燃油箱达到额定容积时油枪跳枪

（3）加油提前跳枪原因分析

加油提前跳枪的原因是汽油提前打到枪口上。其原因及流程图如图10-6所示。

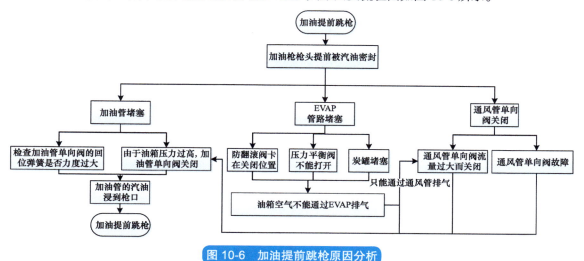

图10-6 加油提前跳枪原因分析

例如，当压力平衡阀通过气孔堵塞时（图10-7），油箱空气只能通过通风管排出。如果快速加油，会使用油箱内部压力不断升高，油箱空气以很快的速度通过通风管单向阀排出时，空气带动阀芯上升堵住通风管的出气。

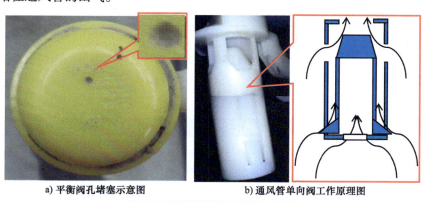

a) 平衡阀孔堵塞示意图　　b) 通风管单向阀工作原理图

图10-7 加油提前跳枪故障原因

当EVAP和通风管的两条通气口都被堵住后，油箱压力不断上升，会导致加油管单向阀（相当于阀门）关闭。汽油充满加油管后，浸到加油枪口，导致跳枪。由于不是由通风管将汽油打到枪头，而是加油管的汽油浸到枪口才跳枪，因此加油枪的高速汽油流冲击上升的汽油液面，会导致少量汽油流出加油口。

解决方案：清理压力平衡阀上的孔。

（4）加油不跳枪

严格意义上，不存在加油不跳枪的情况。其原因与加油提早跳枪类似，跳枪过程不是由通风管将汽油打到枪头，而是加油管的汽油浸到枪口才跳枪，因此加油枪的高速汽油流冲击上升的汽油液面，会导致少量汽油流出加油口。加油不跳枪原因分析如图10-8所示。

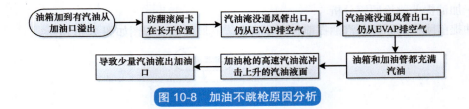

图 10-8 加油不跳枪原因分析

第二节

099~100组 旧系统兼容组

一、数据流说明

1. 第099组 切断空燃比调节

099	空燃比调节控制	急速	04-λ 调节 OFF	08-λ 调节 ON
数据项	发动机转速	水温	TWC 前氧修正值	空燃比修正
规定值	640~6800r/min	80~115℃	−15.0%~15.0%	ON/OFF
经验值	760r/min	84~94.5℃	−10.0%~10.0%	ON

主要数据流解释：

在早期的系统中，进入"基本设置"的099组后，关闭空燃比调节，以便进行故障诊断。退出"基本设置"或在"读取测量数据块"时，空燃比调节正常工作。

2. 第100组 准备就绪代码

100	准备就绪代码	急速	上次发动机起动时间	OBD 状态
数据项	状态代码	水温		
规定值	00000000	80~115℃	xxxx s	xxxxxxxx
经验值	00000000	84~94.5℃	xxxx s	xxxxxxxx

状态位的含义：

1	2	3	4	5	6	7	8	第100组第1区、第200组第2区：准备就绪状态		第100组 第4区：OBD 状态
								诊断	对应子系统	
							0	TWC	046_4	没达到暖机循环
						0		TWC 加热器（现无诊断，常为0）		检测到暖机周期
					0			炭罐系统和泄漏诊断	070_4	—
				0				二次空气系统	077_4	—
			0					空调（现无诊断，常为0）		至少检测到1个故障
		0						氧传感器老化	034_4	行驶过程完成
	0							氧传感器加热器		识别到的行驶循环
0								EGR（无装备时常为0）		排放故障灯点亮

1= 未结束；0= 已结束（如果没有装备，则一直为0）目标值 =00000000

089、099~100、120~129、170~171组 其他功能 第十章

二 相关原理说明

政府排放监管部门对车辆排放控制功能（图10-9）是否正常工作进行监管。当准备就绪代码全部为0（通过测试），判断排放控制系统工作正常。因为在删除故障码的过程中，就绪代码会初始化，全部设置为"1"，即未完成检测状态，试图通过删除故障码逃避监管的漏洞被堵死。

如果清除发动机故障码、发动机控制单元断电或安装新的发动机控制单元后，准备就绪代码就会显示为1。现在大部分车都没有对EGR、空调和TWC加热进行诊断或无此子系统，所以这几位一直为0。

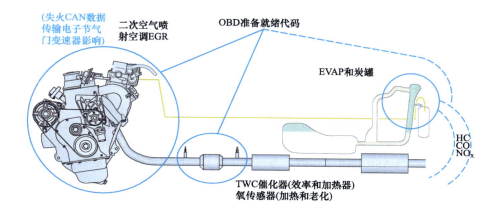

图10-9 准备就绪代码相关的系统

可通过以下几种方式生成准备就绪代码：
1）按欧洲行驶循环NEFZ工况行驶。一般维修站会有相应的试验台，如图10-10所示。

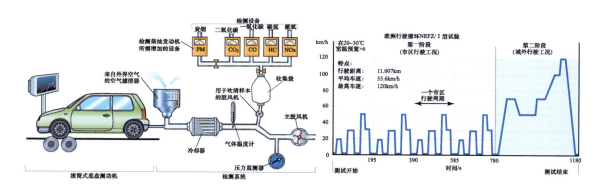

图10-10 NEFZ工况行驶

2）正常行驶。但可能需要较长的时间并且经历多种工况。
3）通过诊断仪的"短行程"或"产生就绪代码"功能测试和生成。

常见准备就绪代码不能设置为"0"的原因：对应状态位的系统存在故障；诊断仪选择错误的发动机代码；不能满足诊断条件（例如水温<80℃）；没有按要求进行驾驶等。

第三节
120~129组 控制单元通信组

一、数据流说明

1.第120组 ASR/ESP

120	ASR/ESP	行驶		
数据项	发动机转速	ASR/ESP 目标转矩	发动机输出转矩	TCS 状态
规定值	640~6800r/min	0~399N·m	0~260N·m	TC active/n.active
经验值	680r/min	（＞发动机标定转矩）	0N·m	无激活

主要数据流解释：

120_2：当 ASR/ESP 不工作时，此值为最大的发动机指示转矩，此数据是表示发动机在最理想状态（无爆燃、节气门全开、无水温限制、无排气阻力、无发动机内阻等）时计算得到的转矩，低于标定转矩；当 ASR/ESP 工作时，为保证行驶安全而需要降低转矩时，此值为 ASR/ESP 输出的目标转矩，如图 10-11 所示。

120_3：发动机输出转矩 = 燃烧转矩 − 发动机内阻。怠速时，没有转矩输出，所以为 0。

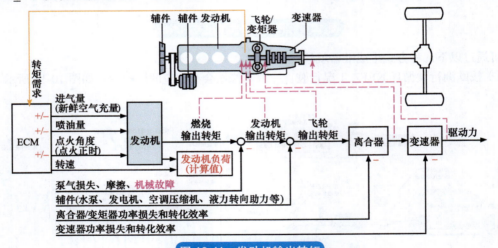

图 10-11　发动机输出转矩

120_4：如果 ASR 工作 / 激活，120_2 的数据会降低。

2.第122组 变速器

122	自动变速器 AT	怠速		
数据项	发动机转速	AT 目标转矩	发动机输出转矩	AT 限制转矩状态
规定值	640~6800r/min	0~800N·m	0~560N·m	转矩降低 / 转矩无变
经验值	680r/min	（＞发动机标定转矩）	0N·m	转矩无变

089、099~100、120~129、170~171组 其他功能 第十章

主要数据流解释：

122_4：当 AT 换档、有故障、处于低温时，显示"转矩降低"，此时 122_2 的目标转矩也会降低。

3.第125~129组 控制单元间通信

125	控制单元通信		CAN 数据线	
数据项	AT 状态	ABS 状态	组合仪表状态	空调状态
规定值	Gear 1/0	ABS 1/0	Combo 1/0	Clima 1/0
126	控制单元通信		CAN 数据线	
数据项	距离控制	转向角传感器	气囊状态	中央电气控制
规定值	距离 1/0	转向角 1/0	Airbag 1/0	Elect. CE 1/0
127	控制单元通信		CAN 数据线	
数据项	四轮驱动	自调水平高度悬架	电子转向	制动增压器
规定值	4WD 1/0	Level 1/0	St. Wheel 1/0	Brake Booster 1/0
128	控制单元通信		CAN 数据线	
数据项	点火开关电气	NO_x 传感器 1	NO_x 传感器 2	主/副发动机控制单元
规定值	点火开关电气 0/1	NO_x 传感器 1 0/1	NO_x 传感器 2 0/1	Engine 1/0 Slave_1 1/0
129	控制单元通信		CAN 数据线	
数据项	蓄电池/电源管理	机油油位传感器/保养周期，通过 CAN	网关	驻车制动
规定值	电源管理 1/0	Oil level 1/0	Gateway 1/0	Parkbremse 1/0

主要数据流解释：

无显示：无系统，或所选的编码没有此系统。

0：尚未获得信息，可能是 CAN 线连接故障或控制单元故障。

1：与该控制单元的连接正常。

二 相关原理说明

1.通过VCDS采集数据，分析发动机功率和转矩

维修时，有客户反映发动机动力不足，绝大部分的维修站都没有底盘测功机，多是采用跑高速、急加速的方法。

对于奥迪/大众车型，可通过 VCDS 采集 120 组数据流进行判断，如图 10-12 所示。

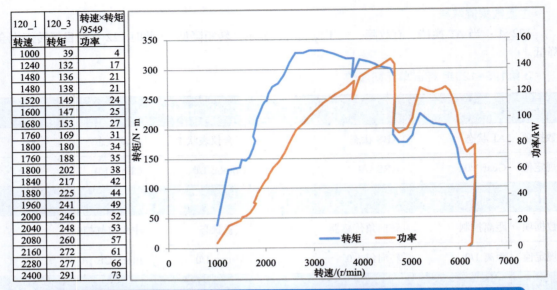

图 10-12 通过数据分析发动机输出功率和转矩（以装备 EA888 发动机的 CC 2.0TSI 为例）

2. 数据总线故障维修技巧

现在控制单元间的数据通信，基本上是采用总线形式，如图 10-13 所示。

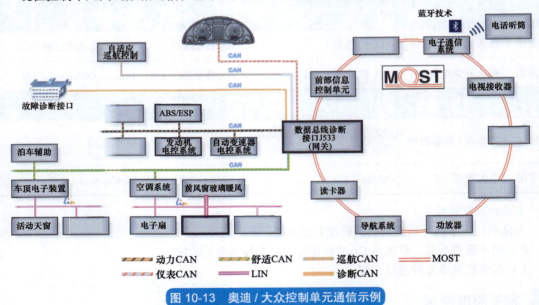

图 10-13 奥迪 / 大众控制单元通信示例

CAN 采用广播通信的数据传输方式（图 10-14），即 CAN 上的每个节点（控制单元）都发送 / 接收数据，并对数据接收的数据进行校验；也会向其他控制单元发出数据请求的信号，当发出数据请求而得不到应答时，就会出现 "与 xx 控制单元失去通信" 的故障码。因此，多数控制单元同时指向某个控制单元有故障时，很有可能是此控制单元有故障（包括电源及接地线）。

089、099~100、120~129、170~171组 其他功能 第十章

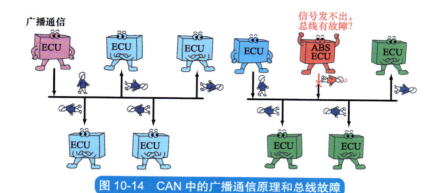

图10-14 CAN中的广播通信原理和总线故障

对于CAN故障，一般是采用示波器或万用表进行诊断。其流程图如图10-15所示。

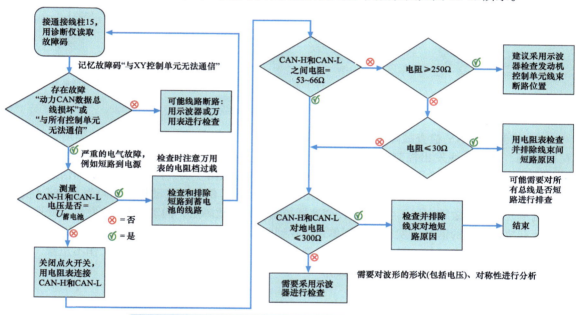

图10-15 用示波器或万用表对动力CAN进行故障诊断流程

如果系统有记忆故障码，我们可根据故障码的含义进行快速诊断。主要故障码如下：

1）动力CAN/舒适CAN总线故障。若因为本控制单元发现CAN总线有故障导致无法发送信息，本控制单元就会将故障码记忆在本控制单元中。例如，ABS故障码为01316（ABS控制单元：无信号/通信），它表示：由于ABS控制单元检测到自己不能向动力CAN总线发送数据，所以ABS控制单元就记忆了01316这个故障码。

2）数据总线硬件故障。与故障信息"动力CAN/舒适CAN总线故障"意义相同。

3）与控制单元XY无通信。若本控制单元发现因故障无法从XY控制单元接收到的信息，本控制单元就会记忆此故障码，如图10-16a所示。

例如，发动机故障码为18057（动力CAN，丢失来自ABS控制单元的信号），它表示：发动机控制单元偶尔不能接收到ABS控制单元发出的信息；经过向ABS控制单元发送信息请求的信息后，仍不能正常的应答，发动机控制单元记忆了18057这个故障码。

4）失来自控制单元 XY 的信息。与故障信息"与控制单元 XY 无通信"意义相同。

5）来自控制单元 XY 的不合理信息。若本控制单元发现无法从控制单元 XY 收到正确的信息，本控制单元存储记忆此故障（如发送控制单元软件版本错误），如图 10-16b 所示。例如，发动机故障码为 29087（从 ABS 控制单元有不合理的信息），它表示：发动机控制单元接收到 ABS 的不合理信息，发动机控制单元经多次向 ABS 控制单元质询后，发动机控制单元经校验后仍判断不合理，此时发动机控制单元就会记忆 29087 这个故障码。

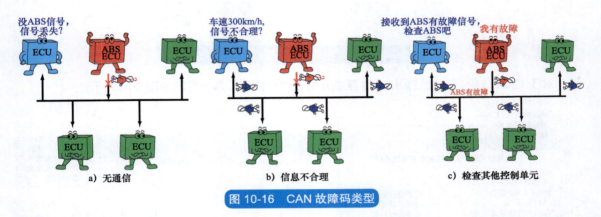

图 10-16　CAN 故障码类型

6）控制单元 XY 检查故障记忆。若控制单元 XY 发送信息时，识别自身有故障后，就会记忆故障码，并向总线发出控制单元 XY 有故障的信息。本控制单元（接收方）接收到控制单元 XY 有故障的信息后，必须跳至替换功能（如惯性运行），但由于丢失控制单元 XY 的信息，将产生"控制单元 XY 有故障"的故障记忆，如图 10-16c 所示。例如，发动机故障码为 53286（变速器控制单元，检查故障记忆），它表示：变速器控制单元有故障后，向动力 CAN 发出"变速器控制单元有故障码"的信息；发动机控制单元接收到此信息后，由于没有换档/档位/油温等信息，只能按故障保护状态运行，但此时变速器控制单元的故障导致发动机控制单元工作不正常，因此发动机控制单元会记忆 53286 这个故障码。

三　故障案例

1.电源线松动导致ABS/ASR灯有时闪烁

车型：装备 BWH 的 2008 款新宝来 1.6，VIN 为 LFV2A2157830xxxxx，行驶里程 2000km，使用时间 4 个月。

故障现象：正常行驶 ABS/ESP 故障灯有时闪烁，关闭点火开关后重新起动就会正常。

故障诊断：

1）用 VAS5052 进行检测，结果如下：

① 发动机故障码为"18057- 动力 CAN，丢失来自 ABS 控制单元的信号 偶发"，如图 10-17 所示。

② ABS 故障码为"01316-ABS 控制单元：无信号/通信 偶发"。

③ 组合仪表故障码为"U111100- 由于信号缺失而造成功能受限 被动/偶发"。

④ 气囊故障码为"U012100- 与以下系统失去通信 防抱死系统 ABS 控制单元 被动/偶发"。

089、099~100、120~129、170~171组 其他功能 第十章

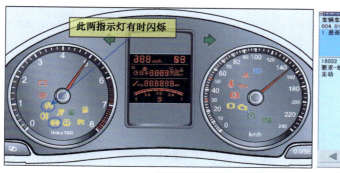

图 10-17　仪表上的故障灯和发动机故障码

2）根据以上故障码分析，ABS 控制系统线路故障可能性较大。根据电路图检查有关线路，在检查中发现蓄电池上主熔断器的 SA5 熔丝连接处接触不良，如图 10-18 所示。

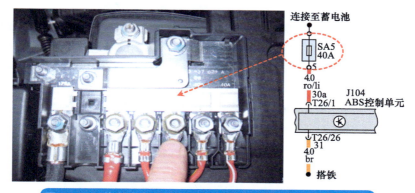

图 10-18　蓄电池盒上的 SA5 熔丝（仅供 ABS 控制单元电源）

故障原因分析：SA5 熔丝是提供给 ABS 控制单元的主电源线路，由于接触不良导致 ABS 系统有时供电不足或断电，因此 ABS 系统有时无法正常工作和与其他系统传递信息。

故障处理方法：按规定拧紧 SA5 熔丝的固定螺栓。

2. 网关的电源熔丝接触不良导致排放灯点亮

车型：装备 CGM 发动机的 2011 款大众 GTI 2.0TSI，VIN 为 LFV3B21K6A32xxxxx，行驶里程 3.7 万 km，使用时间 4 年。

故障现象：发动机起动后排放灯点亮，车主感觉不到异常。

故障诊断：

1）分别连接 VAS5052a 和 6150，但都显示无法通信，故障点可能在诊断仪、诊断座或 J533。

2）这两台诊断仪与其他车辆连接正常，说明诊断仪是正常的。

3）打开点火开关时，诊断座的接脚 1 和 16 有 12V 电压，接脚 4 和 5 对接电阻为 0Ω。用电压表测试接脚 6 和 14，正常应有 2V 左右的电压，但此车电压为 0；测试诊断座 6 脚和 14 脚与 J533 的连续电阻为 0Ω，说明 J533 没有输出诊断信号。诊断座和 J533 网关的线路图如图 10-19 所示。

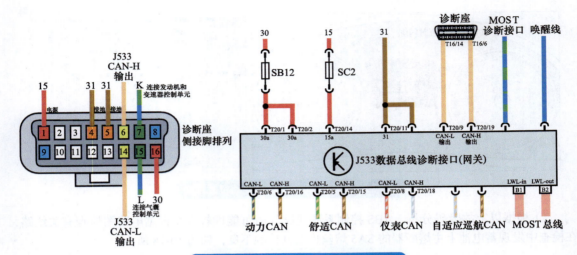

图 10-19 诊断座和 J533 网关的线路图

4）J533 没有输出诊断信号的原因，可能是 J533 的电源或接线地故障、J533 本身故障。经检查，打开点火开关时，T20/4 有 12V 电压，但 T20/1 和 T20/2 没有电压。再检查 SB12 熔丝插座，发现其较松，初步判断其存在虚接的故障。将插座修复后，打开点火开关，诊断仪能对此车进行诊断，并记忆了较多的故障码，如图 10-20 所示。

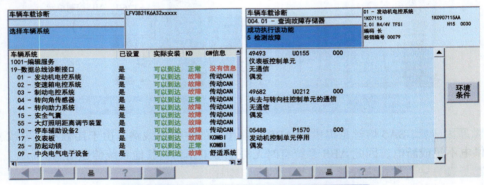

图 10-20 诊断仪能与车辆通信后读得的故障码

5）由于多个控制单元都显示与 J533 失去通信，判断故障点在 J533。

故障排除：修复 SB12 熔丝插座。清除故障码，起动后仪表上的发动机排放灯不再点亮。

案例说明：

1）J533 供电接脚的说明如下：

① J533 上 T20/14 的接线柱 15：其主要作用是 J533 得到此信号，判断打开点火开关，会唤醒动力 CAN 上的控制单元；当"总线端接线柱 15 关闭（即关闭点火开关）"后仍要进行数据交换，J533 内部将接线柱 15 切换到接线柱 30，可使用延迟几秒到十几分钟。当此接脚信号切断后，因为没有唤醒，发动机不能起动，仪表上排放故障灯也不会点亮。

② J533 上 T20/1 的接线柱 30：其作用是供给 J533 工作电源、总线端接线柱 15 延迟关闭时提供电源。当此接脚没有输入时，发动机能起动，排放故障灯点亮。

2）诊断仪中车辆列表的项目说明如下：

089、099~100、120~129、170~171组 其他功能 第十章

①"已设置"中"否"，表示控制单元没有在网关登记/没有编码，但它是被构建的且与外界存在信息交流。

②"实际安装"中"无法到达"，表示控制单元连接在网关上编码，与这个控制单元不能进行信息交流。

③"KD"中"故障"，表示此控制单元保存记录了一个故障码。

④"GW信息"表示此控制单元所在的CAN子网络中存在故障。

3.蓄电池负极松动导致发动机控制单元熔丝烧断

车型：装备CFB发动机的2015款新速腾1.4TSI，VIN为LFV2A21K7E41xxxxx，行驶里程800km，使用时间25天。

故障现象：起动机不工作，发动机不能起动。

故障诊断：

1）诊断仪不能进入发动机控制单元进行诊断，其他控制单元很多都报"01314-发动机控制单元无信号通信 静态"的故障码，并且不能清除，如图10-21所示。

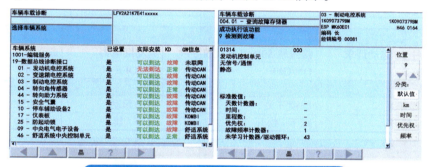

图10-21 车辆列表和ABS控制单元故障码截图

2）由于网关和多个控制单元都与发动机控制单元不能通信，判断故障点在发动机控制单元。可能原因是发动机控制单元的电源线/接线地断路、发动机控制单元CAN故障、发动机控制单元本身故障。

3）经检查，发现连接J623的30电源线SB2已熔断，判断为由于J623没有工作电源而不工作。但换了新的熔丝后打开点火开关，又立即熔断。电路图如图10-22所示。

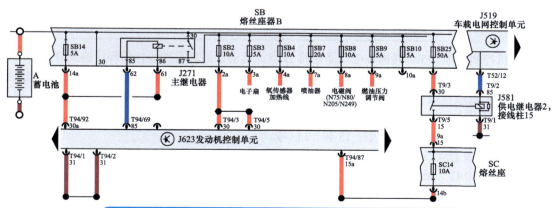

图10-22 2012年款装备CFB发动机的新速腾电路图（电源部分）

255

4）由于是新车，发动机控制单元出现故障的可能性较小；经检查，SB2 熔丝到 J623 的线路没有对地短路。再对全车线路进行检查，发现蓄电池负极接线柱松动。

故障排除： 紧固蓄电池负极接线柱，打开点火开后车辆能正常起动，SB2 不再熔断。

案例分析： 打开点火开关后，当蓄电池负极接触不良时，在通断时较多的电磁阀、电动机（例如电子节气门电动机）、发动机控制单元本身同时工作，SB2 过载而熔断。

第四节

170~171组 起动机控制组

一、数据流说明

170			起动控制	
数据项	接线柱 50 起动请求	接线柱 50R 测量反馈导线	起动继电器	起动继电器 2
规定值	ON/OFF	ON/OFF	ON/OFF	ON/OFF
171			起动机控制	
数据项	离合器开关	联锁开关	自动起动	起动机控制状态位
规定值	踩下 / 松开	踩下 / 松开	允许 / 禁止	11111111

								第 171 组 第 4 区：起动机状态位
1	2	3	4	5	6	7	8	诊断
							1	起动机机械
						1		起动机继电器开关触点
					1			起动机继电器激活
				1				接线柱 50R 测量反馈导线
			1					接线柱 50 起动请求
		1						PN 档位开关（仅自动变速器）
	1							联锁开关（仅手动变速器）
1								离合器开关（仅手动变速器）

1= 满足条件；0= 未满足条件

起动机控制原理：J527 转向柱电气系统将 D 点火起动锁的所有接线柱信号传递到舒适 CAN；另外，J519 车载电网控制单元从 J527 接收接线柱 15 和 50 的离散（独立）信息；J519 接收这些信息后，控制输出接线柱 15、30、50 和 75；控制 J682 输出接线柱 50，如图 10-23 所示。控制系统需要以下信号：

①接收到点火开关 D 的接线柱 15 和 50 信号。
②（仅 AT 或 DSG）接收到自动变速器的 P/N 信号。
③（仅美规 MT）接收到离合器踩下的联锁信号。
④接收到 J623 的启动允许信号，J623 允许信号包括防盗、发动机正在运转等逻辑。
⑤与 J527 进行信号合理性判断。

089、099~100、120~129、170~171组 其他功能 第十章

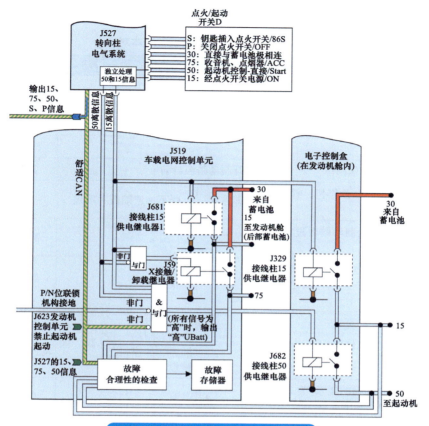

图 10-23 电源检测和输出控制原理图

二 起停系统相关原理说明

为降低油耗和排放,现在大部分的纯汽油发动机都装备了起停系统。它的工作过程是,短时间临时停车时,发动机自动关闭,再次起步时不需要操作点火开关发动机就能起动。起动机控制电路图如图 10-24 所示。

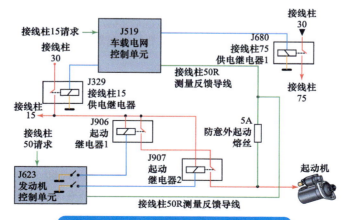

图 10-24 带起停功能的起动机控制电路图

奥迪大众的起停系统有几个版本，其设计略有差异，见表10-1。

表10-1 奥迪大众起停系统各版本对比

起停版本	1.4	1.5	1.7	2.0
停机车速阈值	DSG为0，MQ为1	DSG为0，MQ为1	V<7	
导航中显示起停原因	无	有	无	有
原地重起次数	3	4		5
停机后，P位切换到其他档位	松开制动踏板自动重起			立即重起
开启Autohold功能，D位停机，松开制动踏板后	立即重起	踩下加速踏板后重起		
断电后，必须有踩/松制动踏板过程，起停功能才生效	不需要			需要
停机时，不能满足某条件，发动机重起。在没有人为干预时，之前不满足的条件又满足时，停机	无	仅P位		所有都可以
条件从不满足到满足，停机	无	有，包括空调、制动助力、加速踏板等	有，不包括空调、加速踏板	有，包括空调、制动助力、加速踏板等
N位停机后，Autohold自动关闭、EPB不工作，即N位时车辆能移动	无	有	无	有
松开安全带后，有些条件下发动机仍可重起	不可以			可以
连续3次停机、停机时间<3s、重起后车速<12km/h，不会再停机	无		有	仅1.4T DSG有
转动方向盘，重起	无		有	
按下起停键60s后	亮	熄灭	亮	熄灭

常见起停系统故障及解决方案如下：

1）停机后起动时间过长，有时不能重起，或重起后容易熄火，有可能记忆了"P167E00-起/停重新起动 超出最大起动时间"的故障码。多数是节气门脏导致，需清洗甚至更换节气门。

2）不能停机。应从数据流进行检查。

3）很难停机，停机后容易重起。从数据流进行检查，有可能是制动踏板传感器信号不良导致。

三 故障案例

本案例是J329故障导致不能起动。

车型：装备EA888的途观1.8TSI，行驶里程3.4万km，使用时间2年。

故障现象：打开点火开关后仪表不亮，喇叭、前照灯、空调鼓风机等能工作。将点火开关转到起动档，起动机无任何反应。

089、099~100、120~129、170~171组 其他功能 第十章

故障诊断：

1）打开点火开关，连接诊断仪，发现不能识别车辆信息并且所有系统均不能进入。通过图 10-23 进行分析，判断接线柱 15 没有输出。

2）喇叭、前照灯、空调鼓风机等能工作，说明接线柱 75 控制的附件有电源输出。通过图 10-23 进行分析，可判断 D、J527 和 J519 正常。

3）检查 J329。打开点火开关时，接线柱 15 和 30 有电源，接线柱 31 接地正常。测量 J329 的线圈电阻，正常值应是约 65Ω，但此车为无穷大，判断是 J329 故障。

故障排除： 更换 J329。